마음을 다스리는
그림책 읽기와 활동

임성관·민경애·홍경심·김은하
이연실·이현정·이환주·오순열·전영실

마음을 다스리는 그림책 읽기와 활동

마음을 다스리는 그림책 읽기와 활동

이제 우리나라에도 어른들이 그림책을 읽는 문화가 자리를 잡았습니다. 따라서 그림책은 아이들만 읽던 책에서 어른들도 읽는 책이 되었고, 수업 시간 등의 기회를 통해 청소년과 노인들에게도 적극적으로 소개가 되면서 모든 세대가 읽을 문학 작품이 되는 중입니다. 추측컨대 이런 문화의 형성 배경에는 다음과 같은 이유들이 있겠습니다.

첫 번째로 과학기술의 발전은 여러 미디어를 출현시켰습니다. 따라서 과거에는 인쇄자료를 통해 단편적으로 얻을 수밖에 없던 정보를, 컴퓨터나 스마트 폰을 통해 빠르면서도 다양한 분야에 걸쳐 탐색할 수 있게 되었습니다. 그야말로 다양한 장르를 쉽게 접할 수 있는 미디어가 많아진 것입니다. 때문에 인쇄자료를 읽는 사람들의 수는 점차 줄어들었고, 영상에 몰입하는 사람들은 계속 늘어났습니다. 물론 이제는 영상도 짧으면서 자극적이어야 관심을 받을 수 있는 단계에 이르렀지만요. 그럼에도 인쇄자료는 여전히 남아 있고, 상대적인 가치는 더 높아졌습니다. 하지만 사람들의 입장에서 읽기는 해야겠는데, 이미 영상에 빼앗긴 관심과 집중력을 인쇄자료로 돌리기에는 어려움이 있겠지요. 그래서 상대적으로 분량이 적은 그림책에 관심을 갖게 된 것입니다. 쉽고 재미있으면서 통찰이 가능할 정도의 깊이도 느껴지니 계속 빠져들 수밖에 없는 거지요.

두 번째는 그림책 작가들의 활약입니다. 우리나라 그림책의 역사는 서양이나 일본에 비해 짧은 편입니다. 그래서 아직도 번역서의 비중이 높은 편이고, 특히 권위가 있는 상을 받은 작가들의 작품은 쉽게 베스트셀러가 되는 실정입니다. 그런데 점점 우리나라에서도 그림책 작가를 지망하는 이들이 많아지더니, 이제는 개성 있는 이야기로 국내 독자들을 넘어 외국 평론가들의 마음까지 빼앗은 글쟁이와 그림쟁이들이 다수 등장했습니다. 그 결과 해마다 세계 굴지의 아동문학상을 수상하는 작가와 작품이 많아지면서, 이제는 그림책도 한류의 한 축을 담당할 수 있을 정도로 성장했습니다. 그러니 이렇게 우수한 작품들을 읽지 않을 수가 있을까요? 특히 자녀들에게 읽힐 요량으로 그림책을 선택했던 엄마들이 그 매력에 빠져 함께 읽고 이야기를 나누는 모임을 결성했다는 점, 마치 연예인들을 추종하는 팬클럽처럼 특정 작가들을 사모하는 사람들의 모임이 결성 및 운영되고 있는 점은, 우리나라 그림책 작가와 작품의 성장 정도를 보여주는 단면이라고 생각합니다.

세 번째로 그림책이 치유(healing)에 도움이 되기 때문입니다. 읽기에는 여러 효과가 있습니다만, 개인의 입장에서 가장 중요한 것은 결국 '적응'과 '성장'입니다. 이때 한 개인이 '적응'을 통해 '성장'까지 해내려면 필요한 여러 지식과 정보를 얻어 지적으로 유능해질 필요도 있겠고, 사람들과의 관계를 잘 하기 위한 노력도 부단히 이루어져야겠지만, 무엇보다 스트레스 등의 고충을 이겨내 심적으로 단단해지는 것이 최우선입니다. 이에 짧은 책을 한 권 읽었을 뿐인데 스스로 잊고 있었거나 몰랐던 어떤 측면에 대해 깨닫고, 변화를 꾀하여 결국 적응 및 성장의 기회를 마련하는 것, 그것이 바로 그림책이 갖고 있는 치유의 힘입니다.

이상과 같이 정리한 세 가지 이유 이외에도 현대인들이 그림책을 읽는 까닭은 더 있을 것입니다. 하지만 중요한 것은 현재 많은 사람들이 그림책을 읽는다는 것, 나아가 앞으로는 그 수나 양이 훨씬 더 많아질 것이라는 점입니다. 드디어 그림책의 전성기가 찾아왔기 때문에 당분간(어쩌면 오래도록, 아니면 영원히) 그 기세가 이어질 테지요.

따라서 이 시점에 다시 한 번 고려해봐야 할 것은 '어떻게 읽을 것인가'와, '그 감상을 어떻게 표현할 것인가'입니다. 물론 이미 그림책을 어떻게 읽어야 하는가에 대해서는 아동문학 평론가의 관점이나 교사의 입장, 부모의 측면 등에서 정리한 책들이 있습니다. 또한 독후 활동에 대해 소개한 책들도 이미 출간이 되었습니다. 그러나 그림책 읽기와 표현 활동의 대상을 아동부터 청소년, 성인 및 노인으로 각각 구분 지으면서, 자가 치유를 통한 성장에 초점을 맞춘 내용과 구성은 없었습니다.

이에 이 책의 내용은 독서치료적 맥락에서 마음을 다스리고 치유하는 그림책 읽기를 제안하는 것으로부터 시작됩니다. 제안을 위해 선정한 총 80권(아동 20권, 청소년 20권, 성인 20권, 노인 20권)의 그림책은 휴독서치료연구소에서 2018년 1월부터 홈페이지 내 '이달의 문학'이라는 코너에 소개했던 것들 중 엄선한 것입니다. 각각의 작품들은 정확한 서지사항부터 내용 요약, 나아가 치료적 적용을 어떻게 하면 좋을 것인가에 대한 방안까지 포함해 일정한 형식에 따라 정리를 했습니다. 그러므로 독자들은 각 설명을 토대로 해당 그림책을 찾아 읽는 작업부터 실천해야 합니다.

이어서 그림책을 읽은 뒤에는 독서치료전문가들이 뽑아 놓은 발문에 대한 답을 떠올려 적어보는 활동에 참여해 보시라 권했습니다. 이 과정은 동일시에서부터 카타르시스, 통찰의 원리를 거치도록 구성되어 있기 때문에, 자신을 이해할 수 있도록 도울 것입니다. 나아가 자신의 삶에 적용할 수 있는 방안을 마련하고 실천까지 한다면, 심리 정서적으로 보다 건강한 삶을 살아갈 수 있게 될 것입니다. 그러므로 가능한 모든 발문에 대한 답변을 떠올려 정리하려는 노력을 기울이는 것이 좋습니다. 다만 각각의 발문에 대해 정해진 답은 없기 때문에 자유롭게 임하고, 도저히 생각이 떠오르지 않으면 통과를 해도 됩니다.

동일시부터 내 삶 적용에 이르는 발문에 답변을 적으며 '나'를 다시 한 번 생각하면서 정리를 마쳤다면, 이제 마지막 단계의 활동으로 넘어가십시오. 독서치료는 선정한 문학작품을 읽고 발문을 통해 이야기를 나눈 뒤 글쓰기 또는 미술 등의 활동까지, 총 3단계로 이루어집니다. 즉, 세 번의 상호작용 과정을 통해 심리 정서적 어려움을 해결할 수 있도록 돕는데, 일반적으로 활동은 마지막 단계에 실행됩니다.

이때 실제 치료 장면이라면 치료 목표, 선정한 문학작품, 치료실의 여건 등을 고려해 적정 활동을 선정할 텐데, 이 책에서 제안하는 것들은 불특정 다수가 대상이라는 한계가 있습니다. 그러므로 모든 독자들에게 도움이 되지 않을 수도 있습니다. 그럼에도 시도해 볼 수 있는 활동이라면 기꺼이 실습해 보고, 특히 글쓰기 활동은 자신을 통합할 수 있도록 해줄 것이므로 꾸준히 실천할 것을 권합니다.

만약 현장에서 활동 중인 독서치료전문가 및 독서심리상담사, 그리고 여러 치료 현장에 계신 심리치료사들, 나아가 학교 등에 근무 중인 선생님들께서 이 책의 내용을 활용하고자 한다면, 발문과 활동을 대상자들에게 알맞게 응용하실 것을 권합니다. 아마 그렇게만 해도 대상자들에게 큰 도움을 줄 수 있을 것이라 확신합니다.

어떤 주제 및 내용의 책을 기획하면서 자연스럽게 생기는 걱정은 '과연 이 책이 독자들에게 도움이 될까?'입니다. 덕분에 더 많은 측면에 걸쳐 고민을 했고, 더욱 성실히 썼으며, 여전히 조심스러운 마음도 남겨 두었지만, 분명 누군가에게는 도움이 될 거라는 믿음으로 출간이라는 결과를 얻었습니다.

집필진을 대표하여 치료 장면에 활용했을 때 도움이 되었던 책을 대상별(아동·청소년·성인·노인)로 구분해 고르고, 내용 및 치료적 적용 방안과 관련 활동까지 제안하느라 애쓰신 휴독서치료연구소 소장님, 부소장님, 연구원 선생님들께 감사드립니다. 또한 그 결과가 더욱 빛날 수 있도록 작업해주신 출판사 대표님과 여러 관계자 분들께도 감사드립니다.

집필진 대표
휴독서치료연구소
임성관

Table of contents

◆ 시작하며 | 4

1장 **그림책 독서치료**

1절 : 그림책 읽기의 치료적 효과 | 12

2절 : 독서치료 발문에 대한 이해 | 24

3절 : 독서치료에서의 활동 | 36

2장 **대상별 그림책 소개와 발문 및 활동**

1절 : 아동편 | 47

2절 : 청소년편 | 116

3절 : 성인편 | 188

4절 : 노인편 | 258

◆ 마치며 | 330

◆ 부록 : 대상별 그림책 목록 | 332

마음을 다스리는 그림책 읽기와 활동

1장 그림책 독서치료

 1장

그림책 독서치료

 1절
그림책 읽기의 치료적 효과

   일반적으로 독서치료전문가들은 "독서는 어떠한 것을 읽느냐의 그 선택적 기능에 따라, 또 어떻게 읽고 소화하느냐는 이해의 방향에 따라, 또 그것을 어떻게 지도하느냐의 교육적 기능에 따라, 인격 형성에 긍정적인 영향을 줄 수 있는가 하면 반대로 인간을 파괴하는 독약과 같은 역할을 할 수 있다."면서 양질의 문학작품 선정의 중요성을 강조한다.[1]

   특히 적정 문학작품은 치료 작업에 있어 '촉매' 역할을 한다고 규정하는데, 이는 해당 작품을 읽고 발문을 통해 이야기를 나누며 활동까지 하는 과정이 치료 대상자의 반응 및 변화를 일으켜 결국 갖고 있는 문제 해결에 도움을 주기 때문이다. 따라서 독서치료를 위한 문학작품 선정 원리를 제안한 학자들도 많다.

---

[1] 임성관. 2019. 『(개정판) 독서치료의 모든 것』. 파주: 시간의 물레.

우선 Menninger[2]는 독서치료를 위한 문학작품 선정에서 기본적으로 고려해야할 요소들은 '독서치료의 필요성 확인, 대상자의 개인적 배경 확인, 문제의 증상 확인' 세 가지라고 이야기한다.

> 1) **독서치료의 필요성 확인** : 교육을 위해서, 심리적 통찰력을 갖도록 돕기 위해서, 사회화를 돕기 위해, 오락적 기능의 제공을 위해서 등
>
> 2) **대상자의 개인적인 배경 확인** : 대상자의 지적 능력, 독서와 인생의 다방면에 걸친 관심 분야, 남녀 구분, 직업 등
>
> 3) **문제의 증상 확인** : 진단 상 구분해 놓은 분류나 원인에 관계된 요소, 혹은 감정 상태와, 현실에서 겪은 좌절의 양, 그리고 현재의 독서능력과 독서수준 등 현재의 심리적 상태

더불어 독서치료 문학작품은 대체로 다음과 같은 기준에 의하여 선정된다고 하였다.

> 1) 문학작품에서 다루는 주제 자체가 대상자가 당면하고 있는 문제와 한 가지 이상의 측면에서 관련이 될 것
>
> 2) 대상자의 특정한 요구나 문제에 적합한 현실적인 접근 방법, 납득할 만한 해결 방법, 동일시를 할 수 있는 등장인물들이 있을 것
>
> 3) 독자의 실제 연령(책에 대한 흥미의 수준을 결정), 독자의 성숙도(책의 등장인물들과 동일시할 수 있는 능력) 및 독서능력에 맞을 것, 포맷이 적당할 것(형태, 활자 크기)

이어서 Beth Doll & Carol Doll[3]은 독서 치료를 위한 자료의 선택 방법을 다음과 같이 제안하였다.

---

2) Menninger, W. C. 1936. "Bibliotherapy". *Bulletin of the Menninger Clinic.* 1(November 1936). pp. 263-274.

3) Doll, B. & Doll, C. 1997. *Bibliotherapy with young people : Librarians and mental health professionals working together.* Englewood, Colorado : Libraries Unlimited.

> 1) 첫째, 대상자의 흥미와 독해력 수준에 맞는 양서를 선택한다.
>   ① 대상자의 독해 능력은 어느 정도인가?
>   ② 대상자가 좋아하는 책의 장르는?
>   ③ 대상자의 신체적·정서적 발달 정도는?
>
> 2) 둘째, 대상자가 지닌 문제의 성격에 적합한 책을 선택한다.
>   ① 해결해야 할 심리적 과제가 무엇인가?
>
> 3) 셋째, 대상자가 해결하고자 하는 문제의 해결책이 있는 책이어야 한다.
>   ① 보편적이고 바람직한 주제, 긍정적인 해결책이 제시되어 있는가?

또한 Hynes & Hynes-Berry[4]는 독서치료 문학작품의 선택 기준을 작품의 질적인 면에서 주제 차원과 문제 차원으로 나누어 제시했다. 즉, 바람직한 독서치료 문학작품의 주제는 '보편적 주제, 감동적인 주제, 이해 가능한 주제, 긍정적인 주제'가 좋으며, 개인적인 경험의 주제나 진부한 주제, 애매한 주제나 부정적인 주제는 나쁘다고 했다. 또한 문제 면에서는 '리듬, 심상, 언어, 복잡성'을 검토해야 한다고 말했다.

마지막으로 Pehrsson과 McMillen[5]이 정리한 독서치료 문학작품을 선정할 때 검토되어야 할 사항들은 다음과 같다.

> 1) 책의 구성과 구조가 아동용인지 청소년인지, 책의 내용은 독자의 성장을 돕는 내용인지, 객관적인 사실을 담고 있는지를 살펴야 한다.
>
> 2) 책의 주제가 아동 문제에 접근되어 있으며 구체적이고 적절하게 다루어져 재미가 있어야 하며, 가능한 해결책도 제시되어 있어야 한다.
>
> 3) 이해가 가능하도록, 어휘는 쉽고 재미있으며 특정 연령에 적절한지 고려해야 한다.

---

4) Hynes, A. M. & Hynes-Berry, M. 1994. *Biblio/Poetry therapy-The Interactive process : A Handbook*. St. Cloud, MN : North Star Press of St. Cloud.

5) Pehrsson, D. & McMillen, P. S. 2005. A bibliotherapy evaluation tool : Grounding counselors in the therapeutic use of literature. *The Arts in Psychotherapy*, 32(1): 47-59.

4) 그림들이 주제와 발달상에 적합하고, 흥미를 유발하는지 검토되어야 한다.

5) 활자와 본문의 크기는 적절한지, 어휘 수나 문장의 길이가 적절한지가 고려되어야 한다.

6) 책의 길이 또한 중요하게 고려해야 하는 사항으로, 책이 너무 길거나 짧지 않은지, 아동의 발달상의 요구나 주의 집중력에 적절한지에 대해 살펴야 한다.

7) 학교 교육 과정이나 특별 프로그램에 적합한지, 환경적 측면의 관점도 다루어져야 한다.

8) 내담자의 가치관, 그리고 치료 목적에 맞는지에 대한 평가도 이루어져야 한다.

9) 유아의 경우는 매력적이고 흥미를 유발시키며 사건에 대한 이해가 쉽게 되는지, 유용한 정보의 제공뿐만 아니라 유머와 호기심이 만족되는 도서를 선정해야 한다.

이들이 제안한 내용은 주로 유아 및 아동, 청소년을 위한 독서치료를 실시할 때 선정되는 문학작품일 때 검토할 사항들이다. 또한 영상 자료나 음악 자료, 그림 자료나 사진 자료, 실물 자료 등을 선정할 때에도 두루 적용할 수 있는 지침도 아니다. 그럼에도 독서치료를 위해 선정되는 문학작품의 대부분은 인쇄 자료 가운데 책이라는 점, 그 중에서 동화나 소설 등에는 삽화 정도만 있거나 그마저도 없는 경우가 많기 때문에, 특히 4)번 항목은 그림책을 선정할 때 반드시 고려해야 할 사항이라고 할 수 있다.

최근 그림책 장르의 발전과 함께 기존의 시나 소설, 동화 등의 문학작품 외에 그림책의 활용이 급속히 증가하고 있다. 이는 그림책에 담겨지는 주제들이 정상적인 발달 과업의 위기에 있는 일반적인 독자에서부터 심각한 특정 문제를 지니고 있는 내담 독자에게 적합한 다양한 삶의 주제와 문제들을 반영하고 있기 때문이다. 또한 글과 그림의 결합으로 만들어지는 그림책의 특성상 어린 유아는 물론 아동과 청소년, 성인, 노년에 이르기까지 넓은 연령 범위에서, 또 현장에서 짧은 시간에 쉽게 공유할 수 있는 장점을 지니기 때문이다.[6] 즉, 치료적 자원으로써의

---

6) 신혜은. 2012. 그림책 치료의 새로운 접근 : 그림책 몸으로 읽기와 첫그림책 찾기.『문화예술교육연구』, 7(1): 115-137.

그림책은 대화의 주제와 소재를 담은 편안하고 시간-효율적인 독서치료 자원이므로 참여자들에게 행복하고 효과적인 대화와 소통의 경험을 제공할 수 있다.[7]

또한 그림책을 활용한 독서치료가 심리치료 대상자에게 활용 및 보급되는 이유는, 무엇보다 아름다운 그림과 간명하고도 응축된 치료적 메시지를 내포하면서 심리 정서를 치료할 수 있는 이야기 자원을 담고 있는 치료적 자원의 그림책 출판의 기여를 간과할 수 없다.[8] 그림책 출판의 활성화, 독서자료 활용 대상의 확대라는 사회적 현상에 힘입어, 그림책을 활용하는 독서치료 대상자도 유아 및 아동뿐만 아니라 청소년, 성인, 노인에 이르기까지 확대되고 있다.

그림책을 활용한 독서치료는 사회문제의 해결을 위한 적극적이고도 예방적, 치료적 해결책이 될 수 있다. 치료적 자원을 담은 그림책의 메시지는 독자로 하여금 주인공이 겪는 정서적 불안, 고통, 분노, 상함, 카타르시스, 해방감 등에 몰입하면서 대리만족을 얻도록 한다. 독자들은 그림책을 읽는 것만으로도 무한한 공감을 얻게 된다. 자신의 문제를 제3의 인물인 주인공이 겪는 문제로 객관화하며 유사한 자기 문제에 대한 통찰을 얻기 때문이다. 그림책 독서치료 집단 내에서 신뢰할 만한 집단 구성원과 독서 내용을 나누는 동안, 자신과 타인의 문제 해결과 치료 경험의 공유 과정에서 독서치료 집단은 심리 정서적 지원 그룹의 역할을 제공하기도 한다.[9]

결론적으로, 그림책의 주제와 소재에 담긴 이야기들은 참여자들의 관심과 흥미에 친숙하게 만나주고 일상적 감성, 현실 경험과 유사하거나, 오랫동안 기다렸던

---

[7] Yontz-Orlando, J. 2017. Bibliotherapy for mental health. *International Research in Higher Education*, 2(2): 67-73.

[8] 탁정은. 2006. 『비교해 보는 재미, 그림책 이야기』. 서울: 한림출판사.

[9] 박순선. 2018. 『행복한 가족 만들기를 위한 유아기 자녀 어머니들의 그림책 함께 읽기』. 박사학위논문, 경남대학교 대학원 교육학과.

대리만족의 상황들을 제공한다. 독자들은 주인공이 자신의 문제를 풀어나가는 과정에 몰입하여 주인공의 문제 해결과 행복한 결말을 통한 안도감, 자신의 문제에 대한 객관적 직면과 통찰, 그리고 그 문제 해결을 위한 치료 주체자로서 감정 표현을 통해 해방과 정화(catharsis)의 경험을 하게 되며, 문제 해결을 위한 자발적이고 능동적인 동기를 부여하게 된다.

이상과 같은 이유들 때문에 독서치료 장면에서는 그림책을 많이 활용한다. 그런데 이 모든 것들을 앞서는 가장 큰 이유는 치료에 참여하는 대상자들에게(내담자 및 참여자들) 있다. 그 말은 즉, 독서치료는 치료사가 선정해 제안하는 문학작품을 치료 대상자들이 읽고 이해하는 것이 중요하다. 그래야 발문과 활동으로 이어지는 상호작용도 무리 없이 이어가면서 결국 문제 해결을 도울 수 있기 때문이다. 하지만 읽어야 할 문학작품의 분량이 많으면, 즉 책이 두꺼우면 치료 대상자들은 바쁜 일상 등을 핑계로 외면하거나 완독하지 못한다. 이런 상황은 결국 치료 목표를 달성하지 못하게 만들기 때문에, 치료사로서는 대안을 생각할 수밖에 없고 그 결과가 바로 그림책을 선택하는 것이다.

따라서 독서치료를 위한 문학작품으로 그림책을 선택하는 것은 이제 필수불가결한 상황이다. 그런데 신혜은(2012)[10]은 그림책을 통한 독서치료가 매체의 장르만 바뀌었을 뿐, 그 치료 기법이나 접근에 있어서는 기존의 시나 소설 등 다른 문학작품을 매개로 한 전통적인 독서치료 기법과 크게 다르지 않다고 지적한다. 나아가 그림책을 활용한 독서치료가 다른 문학작품을 매개로 한 기존의 방식과 특별히 구분되지 않는다면, 이는 그림책이 지닌 미디어적 특성을 충분히 반영하지 못한 것이라며 스스로 개발한 그림책 치료 기법을 제시했다. 다음은 그 내용을 간략히 요약한 것으로, 그림책 독서치료를 계획 중이라면 참고할 필요가 있다.

---

10) 신혜은. 2012. 앞의 논문.

1 감각 동작표상을 경험하게 하는 그림책

그림책은 상징표상 양식(symbolic representational mode)과 심상표상 양식(iconic representational mode)의 절묘한 통섭(consilience)의 결과물이다. 이는 두 표상양식의 결합은 글 단독일 때, 혹은 그림 단독일 때와는 다른 새로운 지각적 효과를 만들어 낸다는 의미를 담고 있다. 상징과 심상의 두 표상 양식이 처음과 끝이 있는 일련의 내러티브 장면들 안에서 다양한 방식으로 담겨질 때, 그림책은 일반 문학작품과도 다르고 일반 미술작품과도 다른 새로운 미디어적 특성을 지니게 된다. 그러한 대표적인 특성 중 한 예가 바로 그림책 안에서는 '글 없음도 글이 되고, 그림 없음도 그림이 되는' 특성이다. 또한 글도 없고 그림도 없는 흰 여백의 장면이 그림책을 보는 독자들에게는 '글이 되고 그림도 되는' 그림책만의 고유한 문법을 만들어 낸다.

더욱이 그림책 속의 이러한 두 표상 양식의 독특한 결합과 교차는 독자로 하여금 그림책의 장면에서 상징과 심상 표상의 결합을 넘어서는 표상 발달의 초기 양식인 감각과 동작 표상(enactive representation) 양식을 더 많이 경험하게 하는 기제로 작동한다. 이는 그림책을 활용하는 기존의 교육적 접근이나 예술적 접근에서 대부분 간과하고 있는, 그림책이 독자인 인간에게 미치는 아주 중요한 부분이자 특성이다.

감각이나 동작 표상 양식의 활성화를 인지심리학의 용어로 바꾸면 외현화(externalization)나 언어화되기 힘든 암묵기억(implicit memory), 절차기억(procedural memory) 등의 자동화된 동작이나 감각 지각을 의미한다. 이러한 암묵기억이나 절차기억 등의 자동화된 감각과 동작은 대부분 대뇌 피질의 처리나 통제를 거치지 않는 의식하 수준에서 매우 빠르게 일어나는 처리이다. 이러한 처리적 특성 때문에 우리는 그림책의 어떤 장면에서 알 수 없는 감정과 정서에 휩싸인다. 또 해당 장면과는 전혀 관련이 없는 알 수 없는 감각이나 내재적인 동작 경험을 하게 되어도 그것이 무엇 때문인지 쉽게 언어화 표현할 수 없는 이유이다.

2 자기 조절적, 자기 주도적 읽기를 요구하는 그림책

그림책 읽기는 상당한 정도의 자기 조절적(self-regulated), 자기 주도적(self-initiated) 인지처리의 과정이다. 그림책은 독자에게 페이지를 넘기는 것도, 한 장면에 제시된 텍스트와 이미지를 지각하는 순서도, 그 장면에 머무르는 시간도 스스로에게 선택하고 결정하게 한다. 독자는 한 장면 한 장면에서 교차되어 나타나는 글과 텍스트를 한 장면의 이야기로 구성하고, 또 페이지를 넘기면서 나타나는 이미지들을 통합하여 자신의 마음속 이야기로 재구성하게 한다.

프랑스의 계몽주의 작가 Voltaire(볼테르)에 의하면 아무리 유익한 책이라도 그 절반은 독자 자신에 의해 만들어 지는데, 특히 그림책은 독자가 읽어낼 이미지나 글의 분량이 다른 장르에 비해 훨씬 더 적기 때문에, 상대적으로 독자가 만들어 가야하는 영역의 범위와 세계가 훨씬 더 넓어진다. 수용자인 독자에게 적극적 읽기를 요구하는 그림책은 독자의 참여를 단순히 메시지의 내용에 대한 해석 차원을 넘어, 무의식적이며 반사적인 인지성과 감각적 차원에서의 '메시지 완성에의 참여'를 유도한다.

이러한 측면에서 보자면 그림책을 통한 마음의 변화나 치료는 원래 저자가 그림책에 담고자 했던 텍스트나 이미지를 근거로 이루어지는 것이 아니라, 수용자인 독자가 그림책을 읽을 때 개별적으로 경험하는 주관적인 감각과 동작, 그리고 그러한 하위 표상 양식의 경험 재료를 토대로 이루어지는 것이 타당할 것이다. 마음의 변화나 치료는 결코 일반적인 통념이나 논리에 의해 이루어지지 않는다. 오히려 개인이 지닌 인생의 핵심 감정이나 갈등은 비논리적이고 정서적이고 일반적 상식으로 설명되지 않는 경우가 대부분이다.

그렇다면 그림책을 활용한 치유적 접근은 많은 사람들이 함께 공감하는 그림책의 전형적인 어떤 부분-대부분 주제, 등장인물에 대한 동일시, 갈등의 해결 방식, 등등-에 의거하기 보다는, 독자 자신만의 그림책 경험을 통해 자기도 모르는 사이에 느끼고 경험한 정서와 몸의 감각과 동작들을 통해 구성해 가는 의외의 뜻밖의 텍스트들을 기반으로 해야 할 것이다. 단지 저자가 구성해 놓은 심리적 시공간이 아닌, 자신이 의식하지도 못하는 사이에 만들어 가는 독자 자신의 텍스트를 어떻게 감지해 내고 구성하게 하며 지속적이면서도 반복적으로 경험하게 할 수 있을까? 이 부분이 바로 그림책을 활용한 새로운 치유적 접근의 중요한 지점이며, 그림책을 통한 치료에서 가장 핵심이 되는 기제이다

3 시뮬라시옹(simulation)을 만들어 내는 그림책

그림책은 시간과 시간 사이, 공간과 공간 사이에서 존재하는데, 이는 보통의 그림책이 각각의 개별 장면이 아닌 일련의 장면과 장면 사이에서 완성되기 때문이다. 그림책만의 고유한 특성이라 할 수 있는 '페이지 넘김 효과'가 바로 여기서 나타난다. 그림책의 페이지 넘김 효과와 장면 구성은 쇼트(shot)와 쇼트를 연결해서 제3의 새로운 의미를 창출하는 영화의 몽타주 기법과 유사하다. 그림책이 지닌 독특한 페이지 넘김 효과는 종종 그림책을 경험하게 독자에게 독특한 심리현상을 경험하게 하는데, 이는 독자로 하여금 원래 그림책에 있던 장면과는 다른 변형된 장면을 만들어 내게 하거나, 혹은 그림책에는 결코 없었던 전혀 새로운 장면을 출현시키는 것이다. 독자에 의해 새로이 출현된 가상의 장면은 존재하지 않지만 마치 존재하는 장면처럼, 때로는 존재하는 다른 장면 보다 훨씬 더 생생하게 독자에게 인식되고 영향 주어 실제 삶에 영향을 주는 시뮬라크르가 일어나게 한다.

4 생생히 재 경험되는 기억(participatory memory)

그림책을 읽을 때 독자가 종종 경험하는 현상 중의 하나로, 과거의 어떤 시점에서 내가 느꼈던 것과 유사한 정서 상태를 현재에 다시 경험하는(re-experienced) 듯한 경우가 있다. Allan Fogal은 설명할 수 없는 강력한 정서, 신체 감감, 시각적 이미지 등을 동반하는 이러한 심리적 현상을 '불러일으켜져 현재에 생생히 재 경험되는 기억(participatory memory)'이라 명명하였다. 그에 의하면 이는 외현 기억(externalized memory)이나 내현 기억(internalized memory)과는 또 다른 제3의 기억 형태이며, 이 상태를 경험하는 주체에게 과거를 다시 살게 하고(reliving), 다시 동작하게(reenacting) 한다. 그렇게 때문에 무의식적 과정과 의식적 과정에 다리를 놓는 역할을 하며, 이러한 특성 때문에 인생 초기의 트라우마를 치유하는 치료적 과정의 경로라 주장하였다.

과거의 어떤 시점에서 내가 느꼈던 것과 유사한 정서 상태를 생생히 재경험(re-experience)한다는 의미에서, 그 순간 독자에게는 현재 자신이 존재하는 시공간에서 전혀 다른 시 공간으로의 이동이 일어난다고 볼 수 있다. 그런데 이러한 시공간의 이동은 단순히 과거의 기억을 회상하거나 떠올리는 수준이 아니라, Fogal이 언급한 바처럼 마치 지금 현재(here and now)에 그 사건이나 상황이 일어나고 있는 듯, 나의 몸과 마음에서 동일한 정도의 정서적 각성과 그에 따른 다양한 몸의 감각과 지각을 동반한다. 그림책을 통해 현재에 내 몸이 다른 시간과 공간으로 이동하여 그 시공간의 맥락을 생생히 경험하게 된다면, 이는 그 개인의 삶의 이야기에 어떤 강력한 변화를 가져오게 할 수 있는 문(gate)의 역할을 하게 될 것임에 틀림없다. 언어화 되지 않던 암묵기억을 스스로 지각할 수 있는 외현 기억으로 전환시킬 수 있다면, 일상적으로는 감지되지 않던 무의식의 부분을 의식의 영역으로 이동 통합할 수 있다면, 이는 더 이상 통제 불가능한 어떤 것이 아니라, 스스로 통제 가능한 형태로 바꾸는 작업이 될 것이다. 이는 모든 치료적 접근에서 내담자에게서 일어나기를 기대하는 궁극적 지향점일 것이다. 그림책을 통해 까맣게 잊고 있었던 인생의 어떤 시점에 대한 단서, 혹은 쉽게 말해지지 않던 부분에 대한 이야기를 시작하는 발화지점을 포착하려면, 지금까지 당연히 행해지던 일반적인 방식의 그림책 읽기 과정과는 다른 수준과 다른 처리 방향으로의 그림책 읽기가 이루어져야 할 것이다.

5 개인적 연결의 다리 놓기(transderivational search)

그림책을 치유적 목적으로 사용하는 상담가나 교육자, 연구가들은 독자의 개인적 경험이나 상황과 유사한 책을 고르려고 노력한다. 이유는 그렇게 유사한 상황이나 등장인물이 나오는 그림책이 다른 책보다 그 개인에게 더 적합할 거라고 생각하기 때문이다. 이는 논리적으로는 타당해 보인다. 하지만 실제 임상이나 교육장면에서 오히려 내담 독자와 표면적으로 유사한 상황을 지닌 책을 통해 원하는 마음의 변화를 가져오기 쉽지 않으며, 오히려 내담 독자로 하여금 회피나 거부 반응을 불러일으키는 경우가 허다하다.

따라서 책이 내담자의 주관적인 경험과 그렇게 유사한 상황이 아니어도 '개인적 연결의 다리 놓기(transderivational search)'라는 기제를 통해 얼마든지 원하는 치유의 지점을 찾을 수 있다. '개인적 연결의 다리 놓기'는 표면적으로 제시된 자극과 상황이 모호하더라도 인간이 자신만의 의미를 적극적으로 찾아가는 심리적 과정을 지칭한다. 예를 들어 사람들은 영화 ET에서 엘리엇과 ET가 이별하는 장면을 보면서 눈물을 흘린다. 여기서 연상되는 표면 구조, 이별은 일반적이고 비개인적이다. 그러나 우리가 이 장면을 볼 때, 우리는 표면구조가 아니라 숨겨진 심층구조에서 의미를 추출하게 된다. 이 숨겨진 심층 구조 속의 이별은 아주 특수하고 개별적이다. 이러한 인간 마음의 작동 원리에 의해 표면적으로는 전혀 연결이 되지 않을 것 같은 한 권의 그림책이, 그림책 속의 어떤 한 장면이, 혹은 한 문장이, 표지의 이미지가, 심지어는 그림책의 면지의 어떤 부분이 내담 독자의 숨겨진 심층구조로 연결되어 마음을 강력하게 사로잡게 된다. 독자는 그림책의 표면구조에 반응하는 것이 아니라, 그 표면구조 하부의 심층구조에 반응하는 것이다. 이별에서 연상되는 심층구조는 독자마다 다르다. 이 서로 다른 심층구조는 독자 개인의 사적인 내적 세계-개인사 기억-와 연결되어 있다. 서로 다르게 연상되는 심층구조는 독자 개인의 숨겨진 심층구조로 다리를 놓는다. 이 부분이 매우 중요하다. 겉으로는 아무 연결도 없는 듯한 그림책에서 우리는 눈물을 흘릴 수도 있고, 기쁨과 희열을 경험할 수도 있다. 이때 그림책의 원래 장면이나 텍스트와는 별개의 독자가 새로이 구성하거나 왜곡하는 장면과 텍스트가 만들어 진다. 이렇게 새롭게 출현된 장면은 원래는 존재하지 않았는데 마치 존재했던, 그리고 지금 존재하는 장면처럼 생생히 독자 자신에게 인식되고 실제 현실의 삶에 영향을 미치게 된다.

독서치료 발문에 대한 이해

독서치료는 최소 세 번의 상호작용을 통해 내담자 및 참여자들의 심리 정서적 어려움을 해결할 수 있도록 돕는다. 그 첫 단계는 치료사가 선정한 문학작품을 읽는 것으로, 이때 내담자 및 참여자들은 그 안에 담긴 치료적 정보를 읽어내야 한다. 문학작품 읽기가 끝나면 바로 이어서 두 번째 단계인 발문이 시작된다.

발문은 문학작품을 읽은 뒤 내담자 및 참여자들이 동일시와 카타르시스를 경험하고 통찰을 할 수 있도록 치료사가 의도적으로 던지는 물음이다. 이 과정은 언어화 되지 않던 암묵기억을 스스로 지각할 수 있는 외현기억으로 전환시킬 수 있도록 돕는 것으로, 일상적으로는 감지되지 않던 무의식의 부분을 의식의 영역으로 끌어오는 과정이자, 스스로 통제 가능한 형태로 바꾸는 작업이다. 따라서 치료사들은 동일시부터 내 삶 적용에 이르는 네 단계와, 텍스트 수준 및 내담자 수준으로 구분되는 체계를 정확히 숙지한 채 발문을 실시해야 한다.

발문이 끝나면 마지막 단계로 활동이 이루어진다. 활동은 아동 및 청소년들처럼 비자발적으로 치료에 임하기 때문에 저항을 많이 하거나, 자신의 생각이나 감정을 언어적으로 표현하기 어려운(혹은 일부러 하지 않으려는) 사람들을 위한 것이기 때문에, 말을 대신하는 표현 수단이라고 할 수 있다. 그런데 내담자 및 참여자들이 다양하기 때문에 작문, 미술, 음악, 연극, 놀이 등 여러 분야의 기법들을 두루 활용해, 최대한 그들의 표현을 도우려 한다.

그럼 지금부터 독서치료 상호작용의 두 번째 단계이자, 선정한 문학작품과 연결을 지으면서 보다 심층적으로 내담자 및 참여자들이 자신을 탐색할 수 있도록 돕는 기법인 발문에 대해 살펴보려고 한다.

1 발문의 개념

발문은 치료사가 대상자들을 이야기 속으로 안내할 목적으로, 또는 그의 내면세계 속에 동일시, 카타르시스, 통찰이 일어나도록 촉진할 목적으로 계획된 물음을 던지는 것을 말한다.[11] 여기서 계획된 물음이란 단계에 따라 체계적으로 발문을 던진다는 것이지, 모든 사람에게 같은 형태로 묻는다는 의미가 아니다. 즉, 핵심이 명확하면서도 간결하게, 다양한 사고활동이 기대되는 확산적 사고를 유발시키는 발문을 개개인에게 알맞게 하면, 비로소 문제 해결의 단서가 되는 것이다.

2 발문의 원리와 체계

발문은 '동일시'-'카타르시스'-'통찰'-'내 삶 적용'이라는 네 단계에 걸쳐 이루어지고, 그 안에서 '텍스트'와 '내담자' 수준으로 구분되어 총 일곱 개로 완성된다. 다음 그림은 일곱 개의 발문이 어떤 흐름으로 이어지는가를 간략하게 표현한 것이다.

〈그림〉 독서치료 발문의 흐름

---

11) 임성관. 2019. 『(개정판) 독서치료의 모든 것』. 서울: 시간의 물레.

'내 삶 적용' 단계의 발문을 제외한 나머지 단계에서의 발문은 항상 '텍스트 수준'에서 시작이 되는데, 그 의미는 독서치료 세부목표에 맞게 선정해서 읽은 문학작품 내용 안에서만 묻는다는 것이다. 즉, 이번 세션에 선정한 문학작품이 그림책 『강아지 똥』이라면, 그 내용 안에서 찾아 답을 해야 하는 물음을 던진다는 것이다. 이런 흐름은 독서치료에 대한 저항을 줄이는 효과가 있는데, 즉 함께 읽은 문학작품으로 이야기를 시작하니 내담자 및 참여자들에게는 자신의 이야기가 아닌 이야기를 할 수 있다는 편안함을 준다는 것이다. 사실 내담자 및 참여자들은 자신들의 이야기를 하고 있음에도 말이다. 텍스트 수준의 발문이 끝나면 바로 이어지는 내담자 수준의 발문은, 치료를 받는 사람의 측면을 직접 물어보는 것이다. 그렇다면 내담자 및 참여자들은 꼼짝없이 자신의 이야기를 해야 하는 상황에 직면할 테니 비로소 저항이 시작될 텐데, 다행스럽게도 앞서 텍스트 수준의 발문과 계속 이어진다고 생각하며 대답을 자연스럽게 하는 편이다.

자, 그럼 동일시-카타르시스-통찰-내 삶 적용의 네 단계, 그리고 텍스트 및 내담자라는 두 개의 수준으로 구분되어 체계적으로 이루어지는 독서치료 발문에 대해 자세히 살펴보도록 하자.

1) 동일시를 촉진하는 발문

임성관[12]은 '동일시(identification, 또는 동일화)'를 내담자가 문학작품을 읽는 가운데 등장인물과 자신을 비슷하다고 생각하는 것이라고 정의했다. 더불어 다른 사람이나 사물과 자신의 처지를 바꾸어 생각해 볼 수 있는 능력은 사람만이 가진 고유한 것으로, 동일시는 긍정적인 방향과 부정적인 방향 모두에서 일어날 수 있다고 했다. 즉, 등장인물 가운데 특정한 사람에게 호감이 가는 것은 긍정적인 면에서의 동일시라 할 수 있고, 어떤 사람에게 혐오감을 느끼는 것은 부정적인 면의 동일시로 볼 수 있다. 다시 말해서 문학작품을 읽어 가는 가운데 그 속

---

12) 임성관. 2019. 앞의 책.

의 누군가를 좋아하거나 싫어하는 것 또한 모두 동일시의 결과다. 이를 프로이트(Sigismund S. Freud)의 정신분석적인 개념에서 본다면 전이의 한 과정이라고 볼 수 있다. 그것이 무의식적으로 일어났다면 말이다.

손정표[13]는 동일시를 다른 사람에게 애정을 느껴 자기와 다른 사람을 일체로 생각하도록 하는 자아의 자각 과정으로, '투영(projection)'과 '섭취(ingestion)'가 있다고 하였다. 여기서 '투영'이란 자기의 감정, 사고, 성격, 태도를 다른 사람 가운데서 찾아내는 것을 말하며, 섭취는 그 반대로 다른 사람의 감정, 사고, 성격, 태도를 자기 가운데서 찾아내는 것을 말한다.

동일시는 일반적으로 타인의 감정, 사고, 행위 등의 성향적 특징이나 지위, 소속, 집단 등의 상황적 특징을 그대로 다룸으로써, 자신의 성향적 또는 상황적 특징으로 간주하거나 인정하는 정상적 학습 과정을 말한다. 즉 무의식 혹은 반의식적으로 자기와 관계되는 자기 이외의 대상과 자신을 동일하게 보는 것이다. 이러한 동일시는 명확한 의식과 지각 적용이라기보다는 잠재의식적인 반응의 결과라고 볼 수 있다.[14]

본래 인간은 자기의 욕구, 목적, 방어나 가치에 부응하여 행동한다. 동화 읽기도 예외일 수 없다. 독자는 자아의 욕구에 만족하는 생각을 섭취하고 위협하는 생각은 거부한다. 작품 중 등장인물에게 감명을 받는다든지, 타인과 다른 견해로 환원하는 데에 따라, 등장인물로부터 섭취하고 그와 동일한 감정을 증대시키면서 자아의식을 높여간다. 그리하여 자신의 한계와 능력을 고양시키도록 그 태도를 향상시킬 수 있다.[15]

---

13) 손정표. 1999. 『신독서지도방법론』. 대구: 태일사.

14) 최명선. 2002. 『동일시와 거리두기를 통한 동시 감상 교육 연구』. 석사학위논문, 서울교육대학교 교육대학원 초등교육학과 초등국어교육전공.

15) 안지은. 2008. 『동일시와 거리두기를 활용한 동화 감상 지도 방법 연구』. 석사학위논문, 광주교육대학교 교육대학원 초등국어과교육전공.

따라서 치료사가 동일시를 촉진하는 발문을 하게 되면 대상자는 내가 왜 이 등장인물을 좋아하는지 또는 혐오하는지를 돌아봄으로써, 자신도 모르게 작품 속의 등장인물들에게 전이했던 무의식적 과정을 의식화할 수 있다. 따라서 동일시를 촉진하는 직접적인 발문을 하기 전에 서사적으로 문학작품을 분석할 수 있는 치료사라면, 한 걸음 뒤로 물러서서 대상자로 하여금 등장인물들을 함께 관찰할 수 있는 발문을 던질 수 있을 것이다. 이렇게 하면 훨씬 부드럽기 때문에 치료의 저항도 줄일 수 있다. 이밖에도 공간을 함께 분석해 본다든지, 사건을 부차적인 사건과 주 사건으로 분류하여 요약하는 활동을 하는 등, 이야기의 세계에 내담자가 몰입할 수 있도록 안내하는 가운데 동일시를 촉진할 수 있다. 얼핏 본 피상적인 인물보다 정교한 분석을 통해 깊이 알게 된 인물들에게 더욱 동일시를 할 수 있는 것은 자명한 이치다. 그러나 작품만 분석하느라 자신을 들여다보지 못한다면, 독서치료가 독서지도로 빠질 위험성이 있다는 것도 항상 염두에 두어야 한다.[16]

동일시 원리를 한마디로 요약하면, 동화 속 주인공의 성격, 행도, 태도를 자신의 내면에 섭취해서 같은 감정을 증대시키는 것이다. 동일시는 동화 텍스트와 독자와의 역동적인 상호작용에서 독자가 작품 속의 주인공 또는 등장인물을 통한 대리경험의 과정을 통해 자아를 인식하는 과정이다.[17]

다음은 동일시를 촉진하는 발문의 기본 형태이다.

> ▶ **동일시를 촉진하는 발문**
>
> 텍스트 수준 : "만약 이 이야기를 연극으로 만든다면 어떤 역할을 해보고 싶은가요?"
> "이야기 중 가장 마음에 와 닿은 부분은 어디입니까?"
>
> 내담자 수준 : "왜 그 역할을 해보고 싶은가요?",
> "왜 그 부분이 가장 마음에 와 닿았습니까?"

---

16) 임성관. 2019. 앞의 책.

17) 안지은. 2008. 앞의 논문.

제시한 발문 예시 중 "만약 이 이야기를 연극으로 만든다면 어떤 역할을 해보고 싶은가요?"는, 선정한 문학작품 속 등장인물이 최소 두 명 이상이어야 한다는 전제가 있다. 즉, 시처럼 시인이 곧 화자이면서 주인공일 뿐 그 외 등장인물이 없는 문학작품을 읽은 뒤에는 사용할 수 없는 발문이라는 뜻이다. 그러므로 이와 같은 구분점이 복잡하다고 여겨진다면 두 번째 발문인 "이야기 중 가장 마음에 와 닿은 부분은 어디입니까?"만을 외워서 사용해도 좋다.

2) 카타르시스를 촉진하는 발문

카타르시스의 어원인 그리스어 'κάθαρσις(katharsis)'는 청결, 곧 '깨끗하고 순결한 상태'를 의미한다.[18] 즉, 본래는 의학 용어로 몸 안의 불순물을 제거하는 배설(排泄)과 정화(淨化)를 나타내는 말이었다. 후에 이 용어는 정신분석학에서 프로이트와 같은 학자들에 의해 무의식 속에 잠겨 있는 마음의 상처나 콤플렉스를 말, 행위, 감정으로써 밖으로 발산시켜 노이로제를 치료하는 요법으로 활용되기도 하였다. 즉, 카타르시스는 어원적으로 치료 행위와 밀접한 연관이 있었기에, 최근 문학치료와 같은 연구 분야에서도 논의되고 있다.[19]

일반적으로 카타르시스는 억압된 감정의 해소나 정화로 이해되지만 이는 카타르시스를 치료 효과로만 이해하는 한계를 지닌다. 아리스토텔레스의 『시학』에 기원을 두고 있는 카타르시스는, 원래 무엇인가를 치우고 제거하는 치료 행위를 의미했다. 따라서 카타르시스는 치료 행위와 치료 효과라는 이중적 성격을 갖는다. 전자가 카타르시스가 지닌 능동적 성격을 강조한다면 후자는 수동적이고 부수적인 성격을 지닌 것으로 파악된다. 이와 같은 카타르시스의 이중적 성격은 이

---

18) 고유식. 2021. 상담자의 영혼 돌봄 과제와 카타르시스: 상담자와 내담자에게 '상담에 대한 저항'으로 등장하는 카타르시스 연구. 『신학과 실천』, 76: 279-306.

19) 김혜진. 2021. 독자의 능동성에 대한 문학교육적 고찰: 카타르시스와 정동 이론을 중심으로. 『문학교육학』, 71: 73-106.

개념을 원용한 정신분석학에서 명료하게 드러난다. 맨 처음 카타르시스 치료법을 발견한 브로이어(Joseph Breuer)는 환자가 자신의 환상을 이야기로 말함으로써 히스테리 증상을 완화시킨다는 측면에서 '치료 효과'로써 카타르시스를 사용했지만, 이 요법을 하나의 심리 치료술로 이론화하려 했던 프로이트는 '치료 행위'로써 카타르시스를 강조했다. 지금까지 잘 알려지지 않았던 치료 행위로써 카타르시스의 능동적 성격은, 글쓰기 치료나 창작 치료 등에서 확인할 수 있는 것처럼 문학치료가 지닌 적극적이고 능동적인 측면을 강조하는데 유리한 이론적 지점을 제공할 수 있다. 또한 이러한 카타르시스의 이중성은 카타르시스에 대한 기존의 문학치료 이론들을 재조정할 것을 요구한다. 구체적으로 '정화 이론'과 '명징화 이론'은 치료 행위로서 카타르시스의 능동적 성격을 반영하지 못하고 있으며, 반대로 '조정 이론'은 치료 효과로써 카타르시스의 사후적 측면을 간과한 점이 지적되어야 한다. 한편, 카타르시스와 문학치료의 관계에서 치료 행위와 치료 효과의 이중성과 동시성의 문제라든가, 치료 주체의 모호성, 그리고 카타르시스가 전적으로 언어로 수행된다는 사실에서 말미암은 사회적 지평의 문제 등은 더 섬세하게 탐구되어야 할 부분이다.[20]

카타르시스(catharsis)는 우리의 삶에 깊숙이 관여되어 있는 비교적 친숙한 개념이다. 각종 예술 작품이나 영화 관람 시 자연스럽게 언급되며, 심리적 스트레스를 해소한다는 의미로도 종종 쓰인다.[21]

결론적으로 '카타르시스(Catharsis)'란 감정의 정화, 정동해발(情動解發)이라고도 한다. 치료적인 면에서 볼 때는 대상자의 내면에 쌓여 있는 욕구불만이나 심리적 갈등을 언어나 행동으로 표출시켜 충동적 정서나 소극적인 감정을 발산시키는

---

[20] 김동우. 2011. 시적 카타르시스의 이중적 개념과 문학치료.『문학치료연구』, 21: 65-91.

[21] 최진희, 정현주. 2023. 음악 체험에서 카타르시스 경험에 기여한 음악의 역할에 대한 질적 분석.『인간행동과 음악연구』, 20(1): 1-19.

것을 말한다.[22] 이를 프로이트 식으로 설명하자면 무의식 속에 억압된 부정적인 사건과 그에 얽힌 감정을 의식의 수준으로 끌어올려 말로 표현하는 과정이다.

카타르시스를 촉진하는 발문 역시 텍스트 수준에서부터 시작이 되는데, 생텍쥐페리의 『어린 왕자』라는 작품에 나오는 장면을 바탕으로 예를 들어 본다면 다음과 같다. 어린 왕자는 자신이 살고 있던 별의 유일한 장미꽃과의 관계가 어려워져서 떠나기로 결심한다. 이 장면은 대부분의 사람들이 겪고 있는 관계에서의 갈등을 보여준다. 따라서 만약 어린 왕자와 장미꽃처럼 관계에서의 어려움을 느끼는 대상자들에게 다음과 같이 발문하여, 결국 자신의 감정이 어땠는지 표출할 수 있도록 도울 수 있다. "어린 왕자가 자신의 별을 떠나기로 결심하고 마지막으로 장미꽃에게 물을 주었을 때의 심정은 어땠을까요?" 물론 이 발문은 "어린 왕자가 자신을 떠나려고 했을 때 장미꽃의 기분은 어땠을까요?"와 같이 장미꽃의 입장으로 전환시킬 수도 있다. 이어서 내담자 수준의 발문은 "당신이 만약 어린 왕자였다면 어떤 기분이었을까요?" 혹은 "당신이 만약 그 입장이었다면 어떤 기분이었을까요?"와 같이, 텍스트 수준의 발문에 본인만 대입을 시켜 과거 자신이 겪었던 일에서의 감정을 끌어 올릴 수 있도록 돕는다.[23]

이상의 내용을 담은 카타르시스 발문의 기본 형태는 다음과 같다.

> ▶ **카타르시스를 촉진하는 발문**
>
> 텍스트 수준 : "○○가 ○○했을 때 기분이 어땠을까요?"
>
> 내담자 수준 : "당신이 만약 그 입장이었다면 기분이 어땠을까요?"

---

22) 손정표. 2003. 『신독서지도방법론』. 대구: 태일사.

23) 임성관. 2019. 앞의 책.

3) 통찰을 촉진하는 발문

통찰(insight)이라는 개념은 흔히 세 가지 용례에 따라 다음과 같이 활용된다. 첫째, 통찰은 복잡한 상황에 대한 직관적인 이해를 지칭하는 용어로써 사용된다. 이는 통칭 '아하 경험(Aha-experience)'이라 불리는 것으로, 사유의 과정이 일어났는지 개인이 자각하지도 못할 만큼 빠르게 일어나는 의식 과정을 대변한다. 둘째, 임상 장면에서 흔히 활용되는 용례로써 통찰은 개인의 자원을 평가하는 능력 또는 성격적 특질을 의미한다. 예를 들어, 우울 및 불안 등의 신경증 환자는 자신의 문제에 대한 인식이 있지만, 조현병 등의 정신증 환자는 자신의 문제를 자각하지 못하는 경우가 많다. 이처럼 통찰은 특히 임상 장면에서 환자 또는 내담자의 병식 존재 여부를 지칭하는 용어로써 사용되곤 한다. 셋째, 통찰은 문제 해결 과정에서 새로운 학습 및 재구조화가 일어나는 과정을 지칭한다. 흔히 통찰 학습이라 불리는 이러한 과정은 문제의 구성 요소들을 전체적으로 파악하고, 분석하며, 종합하는 절차를 거치게 된다. 통찰 학습은 조건화나 시행착오와 같이 점진적으로 일어나는 것이 아닌 즉각적이고 빠르게 나타나는 과정이며, 이러한 학습 및 재구조화 과정에서 '아하 경험'이 동반되는 것으로 여겨진다. 임상 장면 등 특정 맥락에서의 용례를 제외하면, 통찰이란 문제 해결 과정에서 경험하게 되는 새로운 학습 및 그에 따른 심리적 반응을 지칭하는 것으로 여겨진다.[24]

통찰은 동일시와 카타르시스 다음에 오는 심리적 과정으로 간주된다. 왜냐하면 부정적인 감정에 꽉 차 있는 사람은 합리적으로 사고하는 것이 불가능하기 때문이다. 따라서 극도로 분노에 꽉 차 있는 사람이 먼저 해야 할 일은 분노의 감정을 처리하는 것이다. 일단 카타르시스를 경험하면 그러한 부정적 감정에서 해방되면서 통찰이 가능하게 된다. 통찰이란 "자기 자신이나 자기 문제에 대하여 올

---

[24] Hartman, G. W. 1931. The concept and criteria of insight. *Psychological Review*, 38(3): 242-253.

바른 객관적인 인식을 체득하는 것"[25]을 의미한다. 프로이트 식으로 말하자면 내담자가 자신의 문제(증상)의 원인이 무의식에 억압된 과거의 상처와 감정에 기인한 것임을 깨닫게 되는 것이다. 치료사는 대상자가 자신과 비슷한 문제에 봉착한 책 속의 등장인물이 어떻게 그 문제를 생산적으로 해결해 나가는지를 스스로 깨닫도록 도움으로써, 결국 통찰이 일어나도록 촉진한다. 즉, 책 속의 등장인물들이 대상자의 모델 역할을 하는 것이지, 치료사가 답을 알려주는 것이 아니다. 따라서 통찰을 촉진하는 발문의 원리 역시 앞의 두 경우와 마찬가지로 텍스트 수준에서 내담자 수준으로 전환된다.

Shen 등[26]은 언어적으로 표현되는 통찰 경험을 네 가지 범주로 요약하였다. 첫째, 통찰은 해당 순간에 긍정 정서를 수반하는 경험이다. 행복, 기쁨, 흥미, 성취감 등의 긍정 정서는 통찰과 관련되어 나타나는 대표적인 정서적 경험이라는 것을 의미한다. 둘째, 통찰은 갑작스러운 재구조화 과정을 거치는 것이다. 기존 표상의 변화 및 새로운 관점의 재구축은 통찰을 정의하는 핵심 요소로 여겨진다. 대안적 가능성을 염두하고 중도적인 가치를 추구하는 변증법적 사고 역시 통찰로 대변되는 재구조화 과정 중 하나로 볼 수 있다. 셋째, 통찰은 해결과 관련된 인지적 반응을 동반한다. 이때의 인지적 반응은 떠오른 해결책에 대한 강한 확신을 갖는 것으로, 흔히 '아하 경험'으로 대변된다. 넷째, 통찰 후 숙고 과정을 거치게 된다. 메타-인지적 과정으로써 숙고와 성찰은 한순간의 통찰 경험이 이후의 기억 및 표상으로 학습되기 위해 필수적인 과정이다. 요약하면, 통찰은 기존의 관점에서 벗어나 새로운 관점을 재구축하는 과정과 더불어, 그에 따른 정서 인지적 반응 및 숙고(메타-인지) 과정까지 포함하는 다차원적 개념이라고 할 수 있다.

그럼 계속해서 『어린 왕자』를 바탕으로 통찰 발문의 예를 살펴보자.

---

25) 손정표. 2000. 『신독서지도방법론』. 대구: 태일사.

26) Shen et al. 2018. Defining insight: A study examining implicit theories of insight experience, Psychology of Aesthetics, *Creativity, and the Arts*, 12(3): 317-327.

"어린 왕자가 자신의 별에 있는 장미꽃과 갈등이 생겼을 때 처음에 대처한 방법과 나중에 대처한 방법에는 어떤 차이가 있을까요?", "장미꽃과 어린 왕자는 서로 사랑하면서도 괴로워하는데, 그렇게 된 원인이 무엇일까요?" 등은 직접적으로 텍스트 차원에서 통찰을 촉진하는 발문이다. 내담자 수준에서 통찰을 촉진하는 발문으로 바꾸어 보면, "당신이 만약 가족 가운데 한 사람과 불편한 관계에 있다면 어떻게 대처하겠습니까?"라고 물을 수 있다. 그러나 이 또한 매우 직접적인 발문이기 때문에, "이 작품을 읽고 깨달은 점이 있습니까?"와 같이 간접적으로 물을 수 있다.[27]

치료에 참여하는 대상자들은 자신의 문제와 함께 수반되는 분노, 극도의 좌절감, 슬픔과 같은 부정적인 감정에 사로잡혀 있기 때문에, 자신의 문제를 다른 시각에서 객관적으로 볼 수가 없다. 이런 현상을 '좁은 시야(Narrow Eye)'라고 부르는데, 통찰(insight)은 그 시야를 넓혀 결국 깨달음에 이르는 것을 말한다. 통찰의 단계에 이르면 치료사와 대상자는 문제를 해결해 가는 방안들을 문학작품 속에서, 또는 현실 속에서 찾아내기 위하여 브레인스토밍과 같은 기법을 활용할 수 있다. 즉, 문제를 해결하기 위한 창의적 아이디어들을 모은 다음 비슷한 것끼리 분류하여 실천 가능한 것들을 실행에 옮기도록 격려할 수 있다. 하지만 대상자 스스로 통찰을 할 수만 있다면, 이는 역기능적 습관과 행동을 바꿀 수 있는 가장 강력한 힘이 될 것이다. 따라서 치료사는 촉진자가 될 수 있도록 노력해야 한다.

통찰을 촉진하는 발문의 기본 형태는 다음과 같이 정리할 수 있다.

> ▶ **통찰을 촉진하는 발문**
>
> 텍스트 수준 : "○○가 이렇게 행동한 이유는 무엇일까요?"
> "○○의 전과 후를 비교해 보세요. 어떤 차이점이 있나요?"
>
> 내담자 수준 : "이 작품을 읽고 나서 생각이 달라진(깨달은) 점이 있나요?"

---

27) 임성관. 2019. 앞의 책.

4) 내 삶 적용을 촉진하는 발문

발문의 마지막 단계인 '내 삶 적용'은 동일시와 카타르시스 과정을 거쳐 얻은 통찰을 실생활에 어떻게 적용하여, 어떤 변화를 꾀할 수 있을지 직접적인 방안을 모색해보는 단계이다. 따라서 문학작품을 바탕으로 한 텍스트 수준의 발문은 없으며, 바로 내담자 수준으로만 이어진다. 다소 직접적일 수 있으나, 이미 대상자들은 동일시에서부터 통찰에 이르는 단계까지의 발문을 경험했기 때문에 저항 없이 답을 찾아볼 것이다.

내 삶 적용을 촉진하는 발문의 기본 형태는 다음과 같다.

> ▶ **내 삶 적용과 관련된 발문**
>
> 내담자 수준 : "그럼 당신도 이와 비슷한 경험이 있나요? 그럴 때 어떻게 했었나요?
> 그렇다면 앞으로는 어떻게 할 수 있을까요?"

그것이 어떤 단계에서의 어떤 활동이든, 치료사는 항상 내담자 및 참여자들을 돕고자 노력해야 한다. 따라서 발문 또한 성실하게 준비하고 세심하게 적용하여 내담자 및 참여자들 스스로 문제 해결 방안을 모색할 수 있도록 해야 한다.

독서치료에서의 활동

1 독서치료 활동의 정의

'활동'의 뜻을 사전에서 찾아보면 명사로써 '몸을 움직여 행동함. 어떤 일의 성과를 거두기 위하여 힘씀'이라고 설명되어 있다. 따라서 '독서치료 활동'은 독서치료를 통해 내담자 및 참여자가 갖고 있는 어려움을 해결하기 위해 힘쓰는 행동'이라고 정의할 수 있다.

2 독서치료에서 활동의 필요성

독서치료에서의 활동은 '말'을 대신하는 기능을 갖고 있다. 따라서 치료사들은 내담자 및 참여자들이 기꺼이 마음을 열어 하고 싶은 이야기를 가감 없이 해주기를 바란다. 그런데 어떤 이들은 비자발적으로 치료에 참여하게 되었다는 이유로, 또 어떤 사람들은 생각이나 감정의 정리가 덜 되어서, 또 어떤 대상자들은 적정 표현 방법을 알지 못해서 말을 하지 않거나 못한다.

이에 독서치료에서의 활동에는 말을 대신할 수 있는 작문, 미술, 연극, 놀이, 요리, 음악 등 다양한 활동이 적용되는데, 대부분 '표현' 중심인 예술 분야들이다. 그렇다고 해서 이와 같은 분야가 모든 사람들에게 항상 적극 수용되는 것은 아니다. 특히 아동 및 청소년과 같이 비자발적인 대상자이면서 통찰에 이르기가 어려운 이들과의 작업 시에는 반드시 활동이 필요하다. 또한 성인 및 노인과 같이 자발적 참여자이면서 통찰에 이르는데 훨씬 유리한 대상자인 경우에도, 그 속도를 높이거나 다양한 접근이 필요할 때 활동이 활용될 수 있다. 그러므로 치료사들은 다양한 활동을 익히면서 새로운 것을 개발하기 위한 노력을 끊임없이 해야 한다.

더불어 중요한 것은 활동의 과정과 결과를 해석할 줄 알아야 한다는 점이다. 활동은 대상자 각자의 은유와 상징에 의해 이루어진다. 일례로 미술 활동은 여러 재료를 활용해 무엇인가를 그리거나 만들 텐데, 이때 그 재료가 무엇인지, 어떤 색깔을 골랐는지, 그것을 바탕으로 어떻게 표현했는가는 모두 해석의 대상이다. 고로 해석을 잘하고 그 결과를 치료에 반영하기 위해서는 각 영역에 대한 전문적 이해가 뒷받침되어야 한다.

3 독서치료 활동 적용

독서치료 프로그램에서의 '활동'은 일반적으로 문학작품을 읽고, 발문을 통해 이야기를 나눈 뒤 마지막 작업으로 적용되는 경우가 많다. 하지만 치료사의 판단에 따라 프로그램을 시작할 때, 혹은 중간이나 마무리 단계에서 활용할 수도 있다. 이는 곧 반드시 특정 순서에만 적용해야 한다고 정해진 바가 없다는 뜻이다. 다만 치료사에게 필요하고 중요한 것은 그 활동을 정한 이유와 함께, 왜 그 시점에, 어떤 목적에서 실행하려 했는가에 대한 나름의 당위성이다.

4 독서치료 활동의 종류

독서치료 활동에도 작문과 미술, 연극과 음악, 놀이 등이 주로 활용되는데, 이와 같은 예술 분야들의 특징은 대상자의 표현을 돕는다는 점이다. 그러므로 독서치료는 각각의 예술 분야로 표현된 작품들을 읽으며 치료적 정보를 읽어낸 뒤, 다시 자신의 심상을 담아 예술 분야로 표현하는 작업이라고 정의할 수도 있다.

그렇다면 치료사의 입장에서 세션을 위해 선정한 문학작품 및 대상자에게 알맞은 활동을 고르기 위해 어떤 노력을 해야 할까? 이미 갖고 있는 능력을 어떻게 응용 및 적용할 것인가에 대한 고민을 시작으로, 앞서 발표된 많은 사례들로부터 힌트를 얻는 것도 좋은 방법이고, 사례 모임에 참여해 그 방법을 배우는 노력도 필요하다. 독서치료에서의 활동은 세부목표 및 선정된 문학작품에 따라 정해진 원리나 과정이 없기 때문에 치료사의 역량을 자유롭게 펼칠 수 있는 기회이지만, 대상자들의 문제 해결을 위한 만남이라는 점에서 생각해보면 책임감을 갖고 준비해야 하는 시간임에 분명하다.

다음은 임성관(2019)[28]이 정리한 내용을 바탕으로, 독서치료 장면에서 가장 자주 활용되는 활동에 대한 설명과 예시를 간략하게 제시한 것이다.

1) 작문(글쓰기) 활동

독서치료는 대상자들에게 활동지를 작성하게 하는 세션이 많기 때문에, 활동 대부분이 작문 활동으로 이루어진다고 할 수 있다. 나아가 작문 활동에는 일기 쓰기나 편지 쓰기, 시 쓰기 및 자서전 쓰기 등 널리 알려진 여러 문종을 쓰는 활동이 포함된다.

우리나라에서는 오래 전부터 독서를 하고 나면 감상을 글로 쓰게 했다. 물론 그렇다고 해서 많은 사람들의 글쓰기 실력이 향상되었거나 독서에 대한 흥미가 증진되었다고 할 수는 없지만, 적어도 여러 차례 생각을 정리한 결과의 집약체인 글쓰기는 자신을 통합하는데 도움이 될 수 있다. 특히 상담 치료 장면에서는 말로써 자신을 표현해야 하는데, 이 과정은 정리되지 않은 날것 그대로를 표출하는, 그래서 대상자 본인도 당황스러울 수 있는 시간이다. 따라서 그 내용을 다시 체계적으로 정리할 수 있는 글쓰기는 통합에 도움이 되는 것이다.

---

28) 임성관. 2019. 앞의 책.

그러나 대상자들 중에는 글쓰기에 대해 부담을 느끼는 분들이 많다. 따라서 치료사에게는 그 부분을 어떻게 극복할 것인가가 관건이라 할 수 있다. 만약 이 부분만 극복이 된다면 적은 기회비용을 바탕으로 큰 효과를 볼 수 있을 것이고, 대상자들이 쓰기 방법을 익힌다면 향후에도 계속 실천할 수 있다는 점이 강점으로 작용할 것이다.

2) 미술 활동

독서치료에서는 미술 활동도 많이 활용된다. 왜냐하면 미술 활동은 대상자들에게 작문 활동에 비해 거부감이 적은 편이기 때문이다. 물론 어른들 중에는 그림을 그리거나 만들기에 대한 부담을 호소하는 경우가 많지만, 아동 및 청소년들은 미술 활동을 더 선호하는 편이다.

미술 활동의 최대 장점은 많은 재료와 다양한 방법을 통한 표현이 가능하다는 것이다. 그러나 이런 장점을 충분히 살리기 위해서는 치료사들이 재료에 대한 이해가 있어야 하며, 더불어 구입을 위한 비용, 프로그램 세션 중에 할애해야 하는 많은 시간에 대한 부담부터 떨쳐내야 한다. 또한 재료 및 표현에 대한 해석도 정확하게 할 수 있어야 한다. 만약 그렇지 못하면 투자한 비용이나 시간 대비 원하던 결과를 얻을 수 없을 것이므로, 괜한 낭비를 했다는 자책감을 느낄 수도 있다.

미술 활동은 크게 채색 도구를 활용한 그리기, 점토나 찰흙과 같은 재료를 활용한 만들기로 양분할 수 있다.

3) 연극 활동

연극 활동은 대상자들이 직접 어떤 상황 속으로 들어가 그 안에서 느꼈던 감정이나 떠올린 생각을 표현할 수 있다는 측면에서 강점을 갖고 있다. 물론 이와 같은 효과를 얻기 위해서는 여러모로 준비가 되어 있어야 하는데, 특히 대상자들이 참여해보겠다는 의지를 발휘하지 않으면 활동 자체가 성립될 수 없다는 한계도 갖고 있다.

연극도 치료의 한 분야로 정립이 되어 있다. 따라서 이 분야를 활동에서 제대로 활용하기 위해서는 공부가 필요하다. 만약 치료사와 대상자 모두 충분한 준비가 되어 있어서 연극을 독서치료 활동으로 활용한다면, 전이와 역전이의 문제 등을 다룰 수 있을 것이다. 연극 활동에 활용할 수 있는 기법으로는 역할극에서부터 빈 의자 기법, 조각 세우기 등이 있다.

4) 게임(놀이) 활동

사람들은 게임(놀이)을 좋아한다. 따라서 독서치료 활동으로도 선택 및 활용할 수 있는데, 다만 대상자의 연령에 따라 선호하거나 참여할 수 있는 놀이가 다를 것이고, 프로그램이 운영되는 장소나 도구 준비 상황에 따라 적용할 수 있는 범위에도 차이가 있을 것이다.

게임(놀이) 활동에는 전래놀이, 보드 게임, 레크리에이션, 인터넷 및 스마트 폰 게임이 모두 포함되는데, 종류에 따라 참여할 수 있는 사람의 수나 규칙이 정해져 있다. 따라서 상황에 맞게 선택 및 활용하면 되는데, 게임(놀이) 활동을 하면 특히 대상자들의 친밀감 형성이나 사회성 향상에 도움을 줄 수 있다. 또한 그들이 맺고 있는 타인들과의 관계 방식을 보거나 증진시키는 데에도 도움 받을 수 있다. 그러므로 게임에 필요한 도구와 충분한 공간을 준비할 수 있다면 적극적으로 적용해보는 것도 좋다. 다만 몸을 활용하며 서로 접촉이 많은 게임에서는 옷이 찢어지거나 다치는 사고가 발생할 가능성도 있으므로, 대상자들에게 안전에 대한 주의를 줄 필요가 있다.

5) 음악 활동

치료사의 조예가 깊거나 다룰 수 있는 악기도 많다면 독서치료 활동에 음악을 적극적으로 활용하는 것이 가능할 것이다. 그런데 종류별 음악을 독서치료 문학작품으로 선정하는 경우는 많아도, 활동에서까지 활용하는 경우는 사례를 찾아보기 힘들만큼 아직까지는 드물다. 그 이유로는 여러 가지가 있겠지만 짐작을 해보면, 음악을 치료적 맥락에서 어떻게 활용할 수 있는가에 대한 치료사의 이해 부족에서부터, 악기 사용에 대한 어려움도 있기 때문이리라. 독서치료 프로그램을 계획 및 운영하는 치료사의 입장에서는 효율성과 효과성을 따질 수밖에 없는데, 그때 상대적으로 준비할 것은 많은데 효과를 담보할 수 없다면 최종 선택으로까지 이어지지 않는 것이다. 그럼에도 음악은 정서적인 측면의 어려움을 돕는 데 탁월한 힘을 갖고 있다. 따라서 충분한 효과가 예상된다면 기꺼이 준비를 해보시라 권하고 싶다.

5) 활동을 보는 치료사의 관점

치료는 여러 과정으로 이루어지는데, 활동은 그 중 한 축을 담당한다. 그러므로 활동이 제대로 이루어져 결국 치료 목표를 달성할 수 있으려면, 치료사가 상세히 안내(설명)를 할 때부터 대상자들 각자의 결과가 나올 때까지의 모든 과정에 대한 관찰과 분석이 필요하다. 치료사의 입장에서는 대상자들로부터 충분한 결과를 얻고 싶을 텐데, 이는 혼자만의 바람으로 이루어질 수 없는 욕구이다. 다행히 대상자들이 성실히 참여해준다면 좋겠지만, 만약 그러지 않거나 그렇게 못하고 있는 대상자가 있다면, 우선 왜 그런지 이유를 파악하고 난 뒤 더 적극적으로 참여할 수 있도록 독려를 해줄 필요가 있다. 또한 대상자가 최선을 다했다고 하거나 그런 모습을 봤다면, 만족감과 감사함을 드러낼 필요도 있다.

2장

대상별 그림책 소개와 발문 및 활동

대상별 그림책 소개와 발문 및 활동

치료사와 내담자 및 참여자들의 만남은 철저히 심리 정서적 문제를 해결하는 데 목적이 있다. 이때 치료사는 적정 방안을 통해 문제 해결을 돕는 역할이라면, 내담자 및 참여자들은 자신에게 알맞은 방법을 찾아야 하는 입장이다. 따라서 치료사들은 "나는 누구의 어떤 측면을 도울 수 있는가?"라는 질문을, 내담자 및 참여자들은 "어떤 치료 방법이 나에게 도움이 될 것인가?"라는 질문을 통해 그 답을 모색할 수 있다.

서로 다른 입장에서의 이 물음은 결국 독서치료에 참여할 수 있는 대상자를 결정할 수 있도록 돕는데, '휴독서치료연구소'에서는 독서치료 대상을 아동, 청소년, 성인, 노인으로 구분 짓고 있다. 이 대상 안에는 장애인이 포함되지만, 아직 인지 발달이 부족해 독서치료적 상호작용이 어려운 영·유아는 제외된다. 그렇다면 아동, 청소년, 성인, 노인들은 치료 대상으로 어떤 특징이 있는지 간단히 살펴보자.

1) 치료 대상으로서의 아동

일반적으로 우리나라에서의 아동은 초등학생들을 의미한다. 이들은 상담 치료 영역에서 가장 많이 만날 수 있는 대상이지만 비자발적 참여 경향이 높다. 또한 인지 능력의 부족으로 자신의 생각과 감정을 표현하는데 한계가 있으며, 통찰은 거의 불가능하다. 따라서 보다 상세한 내용을 준비해서 실천할 필요가 있다.

2) 치료 대상으로서의 청소년

일반적으로 우리나라에서의 청소년은 중학생 및 고등학생들을 의미한다. 하지만 발달적인 측면에서는 대학생까지 포함시키는 것이 좋다. 이들도 상담 치료 영역에서 많이 만날 수 있는 대상이지만 비자발적 참여 경향이 높다. 또한 인지 능력은 아동기 때보다 향상되었겠지만 여전히 부족하여 자신의 생각과 감정을 표현하는데 한계가 있으며, 통찰도 아직 어렵다. 게다가 학습 및 진로, 또래관계, 게임 등의 과몰입, 성(性)적인 문제 등이 동시다발적으로 발생하는 특징을 갖고 있다. 그러므로 인내심을 갖고 견디고 지지하며 치료 작업을 수행할 필요가 있다.

3) 치료 대상으로서의 성인

아동 및 청소년에 비해 성인의 가장 큰 차이점은 치료에 자발적으로 참여한다는 점, 인지 발달의 완성으로 대부분 통찰이 가능하다는 점이다. 따라서 그들의 문제가 아동 및 청소년기와 연결되어 있다고 해도, 적극적인 상호작용을 통해 도움을 줄 수 있을 것이다. 또한 문제가 크지 않으면 자가 독서치료도 가능할 수 있다. 다만 성인기는 전기 및 중기로 구분했을 때 발달 과업이 다르기 때문에, 그 시기에 알맞은 치료 목표를 설정할 필요가 있다.

4) 치료 대상으로서의 노인

일반적으로 우리나라에서의 노인은 65세 이상인 사람들을 의미한다. 초고령화의 영향으로 전체 인구 대비 비율이 점점 높아지고 있기 때문에, 독서치료에 참여하는 수도 계속 증가하고 있다. 노인들 또한 통찰이 가능하지만 삶의 과정에서 고착된 경직성 때문에 쉽게 바뀌지 않는 경향이 있다. 또한 문학작품을 읽거나 이야기 나누기, 쓰기 등의 활동에 이르기까지 신체 생리적인 측면에서의 어려움을 느낄 수 있기 때문에, 무리 없이 참여할 수 있도록 준비할 필요가 있다.

두 번째 장은 이상으로 꼽은 독서치료의 대상인 아동, 청소년, 성인, 노인들의 마음을 치료하기 위한 독서치료의 실례이다. 비록 구조화된 단기 및 장기 독서치료 프로그램은 아니지만, 각각의 상황에 도움이 될 한 권의 그림책을 읽고, 의도적인 발문을 통해 이야기를 나눈 뒤, 표현 활동까지 이어갈 수 있는 방안을 정리해 제시하였다. 따라서 이 내용들은 여러 현장에서 독서치료를 실천하고 있는 전문가들은 물론이고, 그림책을 읽고 자가 치료를 해보려는 사람들에게도 도움이 될 것이다.

1절 아동편

휴독서치료연구소 선정 2021년 3월의 문학작품

나는 날 수 있어!

피피 쿠오 지음 | 문혜진 옮김 | 보림 | 2020

대상	아동
종류	도서

 ## 소개

표지에서부터 '나는 날 수 없어!'의 '없어!'를 '있어!'라고 고쳐 쓴 제목과, 하늘을 바라보며 날갯짓을 하고 있는 펭귄의 모습이 눈에 띄는 그림책이다. 다른 새들처럼 날고 싶은 꼬마 펭귄은 계속 도전을 하고, 그 모습을 지켜본 아빠는 그저, 그런 펭귄의 곁을 지켜준다. 바닷속 깊이 수영을 하면서 나는 것에 대해 다시 생각하게 된 펭귄을 통해, 작가는 '누구든 날 수 있어요!'라는 메시지를 보낸다.

 ## 독서치료적 적용

비록 그 꿈이 누군가에게는 하찮거나 허무맹랑하게 보일지라도, 사람들은 저마다 꿈을 갖고 있고, 그것을 이루기 위해 필사적인 노력을 한다. 물론 그럼에도 실패할 수 있지만, 꼬마 펭귄처럼 열심히 부딪혀보면 꿈을 이룰 수도, 뜻하지 않은 답을 얻게 될 수도 있을 것이다. 왜냐하면 그 도전 자체만으로도 충분한 가치를 갖고 있기 때문이다. 따라서 이 그림책은 펭귄의 도전 과정을 통해 아동들에게 어떤 꿈을 꾸든, 중간에 포기하든, 새로운 것을 발견하든, 그 자체로 가치가 있음을 알려줄 것이다.

발문

단계		내용
동일시	텍스트 수준	기억에 남는 부분이 있나요?
	내담자 수준	왜 그 부분이 기억에 남았나요?
카타르시스	텍스트 수준	다른 새들처럼 날고 싶은데 "흥! 원래 펭귄은 날 수 없어!", "펭귄은 날 수 없단다."라는 말을 들었을 때, 꼬마 펭귄은 기분이 어땠을까요?
	내담자 수준	내가 꼬마 펭귄이었다면 기분이 어땠을까요?
통찰	텍스트 수준	"나는 날 수 있어!"라고 말하는 마지막 장면 이후, 꼬마 펭귄은 이전과 어떻게 달라졌을까요?
	내담자 수준	꼬마 펭귄을 보면서 책을 읽기 전과 생각이 달라진 부분이 있나요?
내 삶 적용		무엇인가 하고 싶은 일이 있는데 모두가 '안 돼!'라고 하면 나는 어떻게 할 건가요?

 **활동 소개**

활동 종류	미술	활동 제목	미니 북에 담는 꿈
활동 목표	할 수 있다는 생각으로 꿈 목록을 작성하며 욕구를 표현할 수 있다.		
준비물	하드보지지, 겉표지(벽지, 색종이 등), 속지(A4용지)		

■ 활동 방법

① 미니 북 만들기

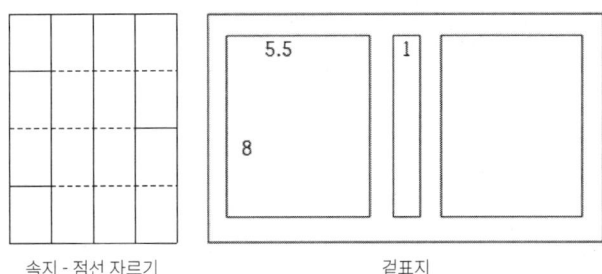

속지 - 점선 자르기   겉표지

겉표지는 하드보드지를 붙여 4면을 접어 완성하고, 속지는 한쪽 끝에서부터 접어 겉표지에 붙여 완성한다.

② 조용히 내 꿈에 대해 생각하기
③ 할 수 있다는 마음을 담아 구체적인 목록 작성하기
④ 참여자들과 나누기

■ 활동 예시

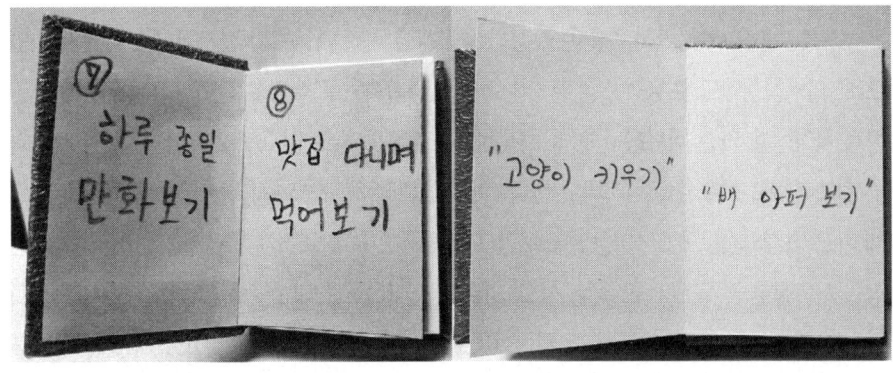

- 하루 종일 만화 보기
- 맛집 찾아다니며 먹어 보기

-고양이 키우기
-배 아퍼 보기

휴독서치료연구소 선정 2021년 4월의 문학작품

내가 잘하는 건 뭘까

구스노키 시게노리 글 | 이시이 기요타카 그림
김보나 옮김 | 북뱅크 | 2020

대상	아동
종류	도서

 소개

　학교 수업 시간, 선생님은 다가오는 공개 수업 때 발표할 거라며 자기가 가장 잘하는 걸 한 가지씩 쓰라고 한다. 주인공 소타는 선생님의 말씀에 따라 집에서나 학교에서 있었던 일을 생각해 보았지만 아무리 생각해도 내가 가장 잘하는 것이 무엇인지 찾을 수가 없다. 선생님께 기어들어가는 목소리로 "선생님, 우리 엄마랑 친구들이 잘하는 건 다 찾았는데 내가 잘하는 건 찾지 못했어요. 전 잘하는 게 하나도 없어요."라고 말한다. 선생님이 내미는 종이에 적힌 내용을 보고 소타는 기분이 좋아 아주 찔끔 눈물이 났다.

 독서치료적 적용

　긍정적인 자아상을 가진 아동은 부정적 자아상을 가진 아동보다 정서적으로 안정되어 있으며, 외부환경에도 효율적으로 대처하고 심리사회적으로 적응을 잘한다고 한다. 또한 긍정적 자아상을 가진 아동은 자신을 과장하지도 부정하지도 않고 자기표현 및 다른 사람과의 관계에서도 상호 협조적이라고 한다. 하지만 경쟁 사회에서 자라는 아동은 어른들에 의해 비교·평가되기도 하고, 아동 스스로가 자신과 타인을 비교하게 되면서 자신에 대해 부정적인 자아상을 갖게 되기도 한다. 책 속 주인공 소타가 자신과 친구들을 비교하면서 자신이 잘하는 것을 한 가지도 못 찾은 것처럼. 이 도서는 긍정적 자아상을 갖고 있지 못한 아동에게 내가 가지고 있는 어떤 것이든 나만의 멋진 능력이 될 수 있다는 것을 알려주는 데 도움이 될 것이다.

 발문

단계		내용
동일시	텍스트 수준	가장 마음에 와 닿은 장면이 있나요?
	내담자 수준	그 장면이 가장 마음에 와 닿은 이유는 무엇인가요?
카타르시스	텍스트 수준	친구들이 잘하는 것을 떠올렸을 때 소타의 기분은 어땠을까요?
	내담자 수준	만약 여러분이 소타였다면 기분이 어땠을까요?
통찰	텍스트 수준	선생님이 소타가 가장 잘하는 것을 적은 종이를 건네준 이유는 무엇일까요?
	내담자 수준	선생님이 소타에게 적어준 종이를 보고 깨달은 점이 있나요?
내 삶 적용		여러분이 가지고 있는 멋진 능력은 무엇인가요?

활동 소개

활동 종류	작문	활동 제목	내가 가진 멋진 능력
활동 목표	긍정적 자아상 갖기		
준비물	활동지, 필기도구		

■ 활동 방법

① '내가 가진 멋진 능력' 활동지를 한 장씩 나눠 준다.
② 내가 가지고 있는 어떤 것이든 나만의 멋진 능력이 될 수 있음을 설명하고, 내용을 채울 수 있도록 한다.
③ 활동지에 적은 내용을 집단 참여자와 함께 나눈다.
④ 활동지를 작성하면서 어떤 생각이 들었는지 이야기를 듣는다.

■ 활동 예시

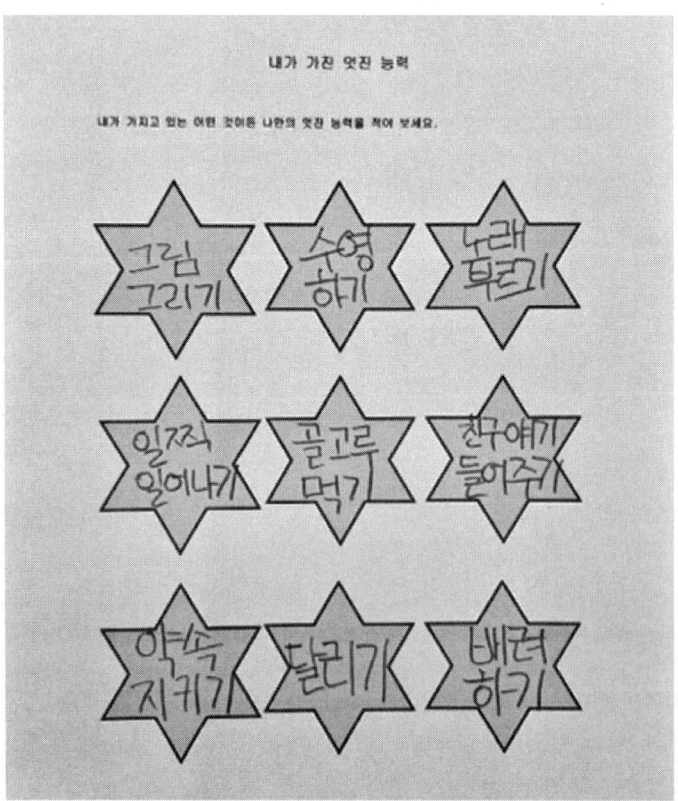

내가 가진 멋진 능력

내가 가지고 있는 어떤 것이든 나만의 멋진 능력을 적어 보세요.

휴독서치료연구소 선정 2021년 8월의 문학작품

위대한 깨달음

토모스 로버츠 글 | 노모코 그림 | 이현아 옮김
키다리 | 2020

대상	아동
종류	도서

 소개

이 책은 저자가 유튜브에 올린 'The Great Realization'이라는 영상을 그림책으로 옮긴 것이다. 시인이자 영화감독인 토모스 로버츠는 바이러스가 가져온 변화된 삶 속에서 발견한 소중한 깨달음과 더 나은 세상을 꿈꿀 수 있는 희망을 어린이들에게 전해주고자 하였다. 마침내 바이러스가 사라지고, 일상이 회복된 미래의 시점에서 바라보는 2020년의 낯선 변화는 단지 절망과 멈춤의 시간이 아니다. 더 나은 세상으로 나아가기 위한 도약과 희망의 기회였음을 이야기하며 우리의 마음 안에 웅크리고 있는 작은 불안과 고통을 따뜻한 온기로 녹이는 책이다.

 **독서치료적 적용**

회복탄력성이란 고난과 역경에 좌절하지 않고 다시 일어서는 과정에서 새롭고 더 나은 삶의 방식을 터득하는 인간 내면의 힘을 말한다. 이제 우리는 혼란과 이해할 수 없는 모순이 할퀸 상처를 회복하고, 새로운 숨을 내쉬어야 할 때이다. 이 책을 읽는 독자는 각 장에서 은은하게 퍼지는 밝은 채색의 물결을 따라가며 자신이 추구하는 희망의 빛을 발견하게 될 것이다. 독서치료 장면에서 이 책을 활용한다면, 새롭게 펼친 한 장의 화선지 위에 낯선 경험이 가져온 얼룩, 그 위에 새롭게 칠하고 싶은 나만의 색과 무늬를 표현하면서 빛을 향해 나아가고 있는 내면의 회복탄력성을 깨닫는데 도움을 줄 것이다.

 ## 발문

단계		내용
동일시	텍스트 수준	가장 마음에 와 닿은 부분은 어디인가요?
	내담자 수준	그 부분이 마음에 와 닿은 이유는 무엇인가요?
카타르시스	텍스트 수준	신종바이러스를 경험하는 과정과 극복을 한 이후에 느끼는 사람들의 기분을 각각 색깔로 표현한다면 어떤 색일까요?
	내담자 수준	당신이 만약 주인공처럼 힘들고 어려운 순간을 경험했다면 기분이 어땠을까요?
통찰	텍스트 수준	바이러스로 인해 힘들고 어려웠던 그 시간을 통해 얻은 위대한 깨달음이란 무엇일까요?
	내담자 수준	당신이 경험한 힘들고 어려운 시간을 통해 깨달은 것이 있다면 무엇인가요? 이 작품을 읽고 나서, 생각이 달라진 점이 있나요?
내 삶 적용		그렇다면 당신도 이런 경험을 한 적이 있나요? 그럴 때 어떻게 했나요?

활동 소개

활동 종류	미술	활동 제목	희망을 그려요!
활동 목표	나만의 색과 그림으로 희망을 표현하는 시간을 통해 회복탄력성을 경험할 수 있다.		
준비물	화선지, 12색 그림물감, 붓, 팔레트, 물통, 연필		

■ 활동 방법

① 치료사는 발문을 통해 참여 아동이 힘들고 어려운 순간이나 사람, 낯선 경험에 대해 자유롭게 이야기를 나눌 수 있도록 돕는다.

② 참여 아동은 그림물감의 12가지 색 중에서 '힘들고 어려운 순간이나 사람, 낯선 경험이 가져온 얼룩의 색'을 한 가지 고르고, 붓을 이용하여 화선지 위에 물방울 형태로 흩뿌린 후 색이 퍼지는 모습에 대해 느낌을 이야기한다.

③ 참여 아동은 얼룩의 색이 퍼진 화선지 위에 자신이 좋아하는 색 또는 새롭게 칠하고 싶은 색과 무늬로 덧칠하거나, 얼룩을 이용하여 그림을 그린 후 색칠하면서 자신의 바람이나 꿈, 희망을 표현한다.

④ 치료사는 참여 아동이 추구하는 희망과 바람이 무엇인지를 구체적인 말로 표현할 수 있도록 돕는다.

⑤ 활동 후 소감을 이야기한다.

■ 활동 예시

휴독서치료연구소 선정 2021년 9월의 문학작품

나는 가끔 화가 나요!

칼레 스텐벡 글·그림 | 허서윤 옮김 | 머스트비 | 2020

대상	아동
종류	도서

 ### 소개

'나는 늘 즐거워요. 그렇지만 가끔 화가 나요!' 동생, 엄마 아빠, 친구들 때문에 화가 나기도 하고, 때로는 나 스스로 때문에 화가 나기도 한다. 가끔은 조금 화가 나기도 하지만, 가끔은 아주 많이 화가 나기도 한다. 화가 날 때는 어떻게 하면 좋을까? 내 마음 그림책 시리즈인 '나는 가끔 화가 나요'는 '나는 가끔 겁이 나요'와 더불어 실제 10살 아이가 직접 적은 삐뚤빼뚤한 글씨로 화가 난 아이의 감정이 그대로 담겨 있는 듯하다.

 ### 독서치료적 적용

화가 나는 모습은 상황이나 장소, 대상에 따라 다르다. 그럴 때 어른들은 말한다. 화를 내지 말고 참아야 한다고, 그러나 작게 시작된 화라는 감정이 쌓이면 내 안의 화가 눈덩이처럼 커져 결국 '뻥'하고 터지는 순간이 온다. 물론 화는 나도 모르게 갑자기 치밀어 오를 때도 있어, 나 자신은 물론 타인에게 공격적으로 나타날 수 있기 때문에 좋은 관계 맺기를 힘들게 만들기도 한다. 따라서 화를 잘 푸는 것이 중요하다. 이 그림책은 화를 어떻게 내고 어떻게 달랠 수 있을지 주인공, 할아버지, 할머니, 엄마, 아빠의 화를 푸는 방법을 통해 배울 수 있도록 돕는다. 더불어 화풀이 리스트 작성을 통해 나만의 화풀이 비법도 찾아봄으로 자신의 감정을 이해하고, 행동을 조절하고 표현하는데 도움을 줄 것이다.

발문

단계		내용
동일시	텍스트 수준	이 그림책에서 가장 마음에 와 닿는 장면은 어디인가요?
	내담자 수준	그 부분이 가장 마음에 와 닿은 이유는 무엇인가요?
카타르시스	텍스트 수준	동생이 내 물건을 빼앗을 때, 주인공이 부모님께 중요한 말을 하려는데 쳐다보지 않을 때의 기분은 어땠을까요?
	내담자 수준	만약 당신이 주인공과 같은 입장이라면 어떤 기분일까요?
통찰	텍스트 수준	주인공이 가족들의 화를 극복하는 방법을 들으면서 알게 된 것은 무엇일까요?
	내담자 수준	이 그림책을 읽고 나서 당신이 깨달은 점이 있나요?
내 삶 적용		당신이 화가 날 때는 언제인가요? 그럴 때는 어떻게 행동하나요? 화를 극복할 수 있는 나만의 화풀이 방법을 생각해 보세요.

활동 소개

활동 종류	요리	활동 제목	감정 샌드위치
활동 목표	자신의 감정을 표현해 보는 요리 활동을 통해 감정을 조절하고 안정감을 갖는데 목표가 있다.			
준비물	식빵 4개, 잼, 방울토마토, 슬라이스 치즈와 햄, 양상추, 오이 등의 야채, 일회용 도시락			

■ **활동 방법**

① 하나의 식빵에 재료를 이용해 행복할 때의 나의 표정을 꾸며 본다.

② 행복할 때는 언제인지 이야기를 나눈다.

③ 식빵에 재료를 이용해 속상하거나 화가 날 때의 나의 표정을 꾸며 본다.

④ 속상하거나 화가 날 때는 언제인지 이야기를 나눈다.

⑤ 완성된 작품을 보며 함께 소감을 나눈다.

⑥ 남은 두 개의 식빵 각각에 잼을 발라 덮어 샌드위치를 만든다.

■ **활동 예시**

휴독서치료연구소 선정 2021년 10월의 문학작품

무지개 마을로 오세요!

에미 스미드 지음 | 윤지원 옮김 | 지양사 | 2021

대상	아동
종류	도서

 ### 소개

피부색도 다르고 좋아하는 것도 다른 사람들이 외딴 마을의 서로 다른 거리에서 끼리끼리 모여살고 있다. 초록이들, 노랑이들, 빨강이들, 주황, 파랑이들이, 자신들만의 거리에서 다른 색의 사람들과는 어울려 지내지 않고 자신들만의 모습으로 살아가고 있다는 것이다. 그러던 어느 날 떠돌이가 마을에 들어오자, 그들은 떠돌이가 자신들과 다르다는 이유로 배척한다. 그러나 마을에 큰 홍수가 닥쳐 엉망이 되었을 때 떠돌이가 돕자, 드디어 그를 받아들이고 알록달록 무지개 마을에서 서로 어울리며 살아가게 된다.

 ### 독서치료적 적용

우리는 관계 속에서 세상을 살아간다. 가족과의 관계가 주가 되는 유년 시기를 거쳐, 또래관계가 더해지는 초등학교시기를 보내면서 사회성을 터득하고 대인관계를 넓혀가게 된다. 그러나 모든 사람들과의 관계가 원만한 것만은 아니다. 모습이 다르다고 해서 놀리거나 왕따를 시키는 경우도 있기 때문이다. 이 책은 나와 피부색이 다르다고 해서, 나와 몸이 다르다고 해서 배척하거나 밀쳐내지 말고, 다름을 인정하며 서로 어울려 살아가면 여러 가지 색의 멋진 무지개 마을처럼, 더 아름답고 멋진 우리가 될 수 있다는 점을 일깨워 준다. 따라서 아동들에게 다름과 다양성에 대하여, 나아가 우리가 함께 살아가는 것의 가치를 알려주는데 도움이 될 것이다.

 발문

단계		내용
동일시	텍스트 수준	이 책에서 가장 인상적인 장면은 어디였나요?
	내담자 수준	그 장면이 가장 인상적이었던 이유는 무엇인가요?
카타르시스	텍스트 수준	떠돌이가 노랑, 초록, 빨강, 파랑, 주황마을 사람들에게, 색도 생김새도 다르다는 이유로 마을에서 살수 없다는 소리를 들었을 때 어떤 기분이었을까요?
	내담자 수준	만약 당신이 다르다는 이유로 어울릴 수 없다는 소리를 들었다면 어떤 기분이 들까요?
통찰	텍스트 수준	폭풍이 일어났을 때 떠돌이는 자신을 배척했던 마을사람들과 함께 아름다운 무지개 마을을 만들자고 제안합니다. 그때 떠돌이를 배척했던 마을 사람들은 어떤 생각을 했을까요?
	내담자 수준	떠돌이와 마을사람들의 경험을 통해 알게 된 점이 있나요?
내 삶 적용		당신이 외모, 피부색, 신체가 다른 사람을 만난다면 어떤 방법으로 대하는 것이 좋을까요?

활동 소개

활동 종류	미술	활동 제목	나, 너, 우리
활동 목표	하트 상자를 만들어 색을 칠하고 하트 모양으로 붙이는 협동 과정을 통해, 다름과 다양성 및 함께 살아가는 것의 가치를 알 수 있다.		
준비물	하트 상자 도안(28개), 싸인펜, 색연필, 가위, 풀, 8절지 6장		

■ 활동 방법

① 하트 상자 도안을 오린다.

② 하트 상자에 있는 하트에 채색을 한다.

③ 하트 상자 도안을 접어 상자를 만든다.

④ 8절지 배경 색지 6장을 가로로 연결해 붙인다.

⑤ 집단원들이 만든 하트 상자를 배경 색지에 하트 모양으로 붙인다.

⑦ 하트 상자가 28개이므로 집단원들이 2~3개씩 만들도록 한다.

⑧ 만든 하트 상자를 다 붙인 후 중앙 부분에 집단원들이 전하고 싶은 메시지를 적는다.

※ 하트 도안 출처 : 네이버 블로거 픽미샘

■ 활동 예시

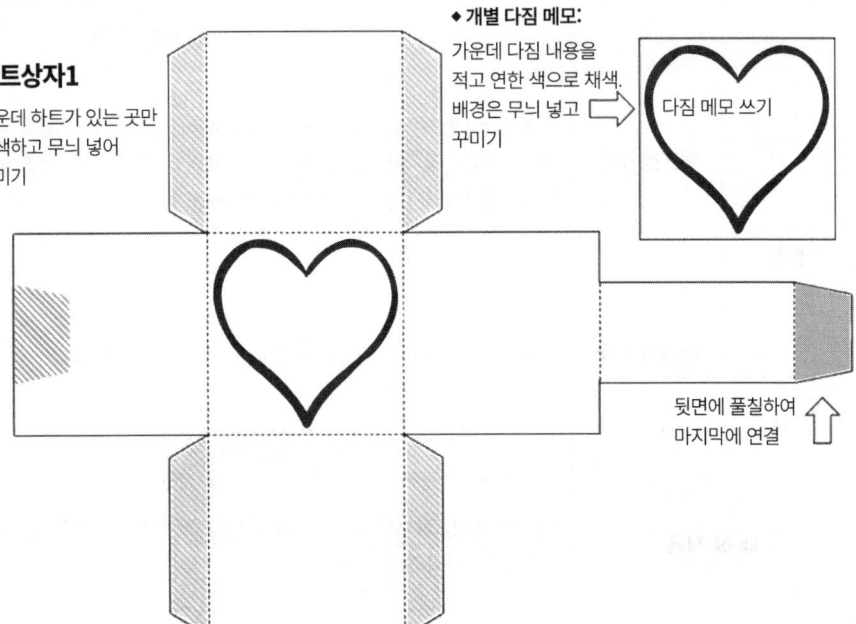

하트상자1
가운데 하트가 있는 곳만 채색하고 무늬 넣어 꾸미기

◆ 개별 다짐 메모:
가운데 다짐 내용을 적고 연한 색으로 채색. 배경은 무늬 넣고 꾸미기 ⇨ 다짐 메모 쓰기

뒷면에 풀칠하여 마지막에 연결 ⇧

휴독서치료연구소 선정 2021년 11월의 문학작품

마음샘

조수경 글·그림 | 한솔수북 | 2017

대상	아동
종류	도서

 소개

숲에 사는 모든 동물들에게는 마음샘이 있다. 이 책은 늑대가 자신의 마음샘을 보게 되는 이야기에서 시작된다. 늑대는 자신의 마음샘을 받아들이기 어려워한다. 자신의 마음샘이 겁 많고 어수룩한 토끼라는 것을 다른 동물에게 들킬까봐 두려워한다. 마음샘 때문에 점점 위축된 늑대는 이 사실을 숨기기 위해 여러 가지 노력을 해보지만, 결국 자신의 마음샘이 토끼라는 사실은 변하지 않는다는 것을 깨닫는다. 또한 자신의 마음샘이 점점 좋아지는 경험을 하게 되고, 다른 동물들에게도 더 이상 숨기지 않게 된다. 늑대를 지켜보던 다른 동물들도 자신의 마음샘을 솔직하게 드러낸다.

 독서치료적 적용

이 책은 자신을 있는 그대로 수용하는 용기에 관한 이야기를 담고 있다. 이 책에서 마음샘은 자신의 일부이지만, 인정하고 싶지 않은 자신의 약점을 비유적으로 표현한 것이다. 약점은 누구나 가지고 있지만 스스로 인정하기도 어렵고, 타인에게 솔직하게 드러내기 어려운 특성이다. 그러나 자신이 부정한다 해도 그것이 자신의 일부라는 사실은 변함이 없다. 늑대가 자신의 마음샘을 수용하고 드러내는 것을 두려워하지 않았을 때, 다른 동물들도 자신의 마음샘을 솔직하게 드러내는 용기를 보여준다. 늑대는 다른 동물들에게 자신을 있는 그대로 수용하고 드러내는 용기를 보여준 긍정적 인물이다. 이 책은 자신을 있는 그대로 수용하는 것이 두려운 내담자나 독자에게 유용한 자료가 될 것이다.

발문

단계		내용
동일시	텍스트 수준	이 책에서 가장 기억에 남는 부분은 어디인가요?
	내담자 수준	그 부분이 가장 기억에 남는 이유는 무엇인가요?
카타르시스	텍스트 수준	늑대가 자신의 마음 샘이 겁이 많고 어수룩한 토끼라고 생각했을 때 어떤 감정이었을까요?
	내담자 수준	만약 여러분이 늑대처럼 자신이 약하다는 생각이 들었다면 어떤 감정을 느꼈을까요?
통찰	텍스트 수준	늑대가 자신의 약점을 솔직하게 말할 수 있었던 이유는 무엇인가요?
	내담자 수준	여러분이 이 책을 통해 알게 된 것은 무엇인가요?
내 삶 적용		여러분이 자신의 약점을 알았을 때 어떻게 하면 좋을까요?

활동 소개

활동 종류	미술, 작문	활동 제목	나의 약점 안아주기
활동 목표	자신의 약점을 인정하고 수용할 수 있도록 돕는다.		
준비물	4절지, 필기도구		

■ 활동 방법

① 종이에 자신의 전체 모습을 그리고 나의 약점과 비슷한 이미지를 그린다.

② 포스트잇에 자신의 약점을 쓴다.

③ 자신의 모습 옆에 약점을 쓴 포스트잇을 붙인다.

④ 나의 약점에게 해주고 싶은 말을 포스트잇에 써서 붙여준다.

■ 활동 예시

▶ 나의 약점

- 몸이 약하다.   - 겁이 많다.
- 걱정이 많다.   - 키가 작다.

▶ 나의 약점에게 해주고 싶은 말

1. 몸이 약하다 : 몸이 약하지만, 건강해지려고 골고루 먹고, 운동도 하는 너의 모습이 멋져.

2. 겁이 많다 : 겁이 많지만 필요할 때는 용기를 낼 줄도 아니까 괜찮아.

3. 걱정이 많다 : 걱정이 많지만, 걱정이 되는 것을 미리 하려고 해서 도움이 될 때도 많잖아.

4. 키가 작다 : 키가 작지만, 나는 네가 귀엽고 좋아.

> 휴독서치료연구소 선정 2021년 12월의 문학작품

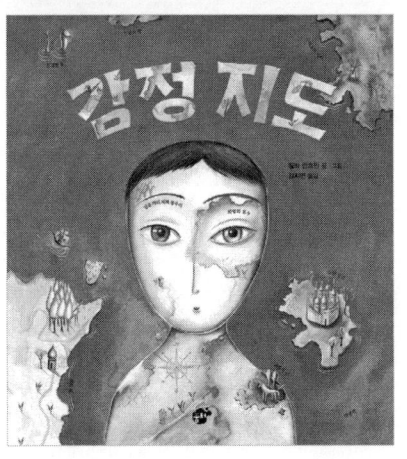

감정 지도

빔바 란트만 글·그림 | 김지연 옮김 | 꿈터 | 2020

대상	아동
종류	도서

 소개

여행에 필요한 짐을 꾸리는 소년의 표정은 다소 어둡다. 감정 지도로 마음 여행을 떠난 소년은 희망, 두려움, 혐오, 질투, 사랑 등 10가지 감정의 땅에서 다양한 감정 단어를 만나게 된다. 다행히 여행에서 돌아올 때는 밝은 표정으로 바뀐 소년, 가방에는 감정의 땅을 지나며 얻게 된 아이템들이 들어 있다. 어려서부터 감정을 알고 조절할 수 있다면 자존감 높은 사람으로 성장할 가능성이 높다. 이 책은 감정의 땅이 넓어질수록 마음도 한 뼘씩 커지는 경험을 하게 해줄 것이다.

 **독서치료적 적용**

내가 느끼는 감정이 어떤지 현재의 감정을 정확하게 표현할 수 있는 사람은 드물 것이다. 또한 각자가 느끼는 감정을 한 단어로 간단하게 정의할 수는 없을 것이다. 하지만, 어떤 상황에서 어떤 감정을 느꼈는지 지도를 그리듯 구체화하고, 상징과 은유를 통해 표현하다 보면, 우리가 느끼는 여러 감정들에 대해 알아가는 것이 조금은 쉬워질 것이다. 이를 위해 어린 시절부터 다양한 감정 단어를 알고 사용하는 일은, 성인이 된 후에 경험하게 될 많은 감정들을 소홀히 여기지 않게 할 것이다. 따라서 이 그림책은 아동들이 각 감정의 땅에 그려질 은유와 상징의 표현을 봐 주고, 함께 머물 수 있도록 돕는데 도움을 줄 것이다.

발문

단계		내용
동일시	텍스트 수준	감정 지도에 나온 장소 중 기억에 남는 곳이 있나요? 그 장소는 어디인가요?
	내담자 수준	그 장소가 기억에 남은 이유는 무엇인가요?
카타르시스	텍스트 수준	분노의 땅에서 날카로운 산, 복수심이 불타는 붉은 거인, 할퀴는 나무들을 만나며 소년은 어떤 기분이었을까요?
	내담자 수준	내가 소년이었다면 어떤 기분이었을까요?
통찰	텍스트 수준	다양한 감정의 땅을 지나며 나만의 감정 지도를 그리는 소년의 지도가 완성되면 무슨 일이 생길까요?
	내담자 수준	나의 감정 지도에는 어떤 땅들이 들어있나요?
내 삶 적용		주인공처럼 감정 지도를 만들게 된다면, 어떤 감정으로 지도를 만들어 갈까요?

활동 소개

활동 종류	미술	활동 제목	00의 감정 지도
활동 목표	내가 알고 싶은 감정을 지도로 표현할 수 있다.		
준비물	도화지, 연필, 지우개, 색칠 도구		

■ 활동 방법

① 책에 담긴 감정 중 더 알고 싶은 감정에 대해 생각한다.

② 책에 있는 감정 중 하나를 선택해도 좋고, 새로운 감정을 자세히 알아보는 것도 좋다.

③ 신체를 활용해 감정 지도에 상황이나 감정 표현을 담는다.

④ 자신의 감정 지도를 발표하고 다른 사람의 감정 지도에 대한 이야기를 나눈다.

■ 활동 예시

휴독서치료연구소 선정 2022년 1월의 문학작품

나는 강물처럼 말해요

조던 스콧 글 | 시드니 스미스 그림 | 김지은 옮김
책읽는곰 | 2021

대상	아동
종류	도서

 소개

아침에 눈을 뜨면 자신을 둘러싼 낱말들의 소리를 듣는다. 하지만 주인공은 그 어떤 것도 말을 할 수가 없다. 말을 잘하고 싶지만 하고 싶은 말을 웅얼거릴 수밖에 없다. 선생님이 나에게 무엇인가를 물어보면 모든 아이들은 내가 말을 하지 못하는 것에만 귀를 기울이고, 내 얼굴이 얼마나 이상해지는지, 내가 얼마나 겁을 먹는지만 본다. 말을 더듬는 자신의 모습으로 놀림을 당하는 주인공이 흐르는 강물을 통해 남과 다른 자신을 수용하는 과정을 담고 있는 그림책이다.

 독서치료적 적용

학령기인 아동들은 또래들과의 접촉 시간이 늘어나게 된다. 이는 또래 집단 내에서 서로를 평가할 수 있는 기회도 많다는 의미로, 집단에서의 부정적인 평가는 아동의 사회적 적응 및 자아존중감에도 영향을 미친다. 반면 자기수용이 높은 아동은 사고가 긍정적이며, 부정적인 정서에 부딪혀도 그것에 대해 무조건 부정하거나 부인하지 않는다. 이 도서는 자기수용이 되지 않던 아동이 아버지의 도움으로 흐르는 강물을 통해 남과 다른 자신을 받아들이는 과정을 담고 있다. 따라서 자기수용 능력이 부족하여 어려움을 겪고 있는 아동들에게 자기수용을 향상시키는데 도움을 줄 것이다.

발문

단계		내용
동일시	텍스트 수준	가장 마음에 와 닿은 장면이 있나요?
	내담자 수준	그 장면이 마음에 와 닿은 이유는 무엇인가요?
카타르시스	텍스트 수준	반 아이들이 겉으로 드러나는 나의 모습을 보고 비웃었을 때 나(주인공)는 어떤 기분이었을까요?
	내담자 수준	만약 내가 주인공이라면 어떤 기분일까요?
통찰	텍스트 수준	아버지가 말씀하신 "너도 저 강물처럼 말한단다."는 무슨 의미일까요?
	내담자 수준	주인공을 통해서 깨달은 점 또는 새롭게 알게 된 점이 있나요?
내 삶 적용		남과 다른 나의 모습이 싫을 때가 있나요?

활동 소개

활동 종류	미술	활동 제목	나 응원하기
활동 목표	긍정적 자아상을 갖기 위해 자신을 응원하는 말을 적어 본다.		
준비물	보석 도안, 풀, 가위, 사인펜(필기도구) 등		

■ **활동 방법**

① 작품 속의 문장을 예시로 들어주고, 강물처럼 당당해지기 위한 나에게 힘이 되는 말을 생각해 보도록 한다.

　예시) 나는 울고 싶을 때마다 이 말을 떠올려요. 그러면 울음을 삼킬 수 있거든요.

나는 강물처럼 말한다.

② 보석을 도안대로 가위로 자른다.

　(보석 도안을 사용한 이유는, 보석은 소중하게 보관하고 함부로 다루지 않는다. 응원을 말을 적으면서 자신을 소중하고 귀하게 여기는 마음을 담았으면 좋겠다는 의도가 담겨 있다.)

③ 자른 보석 도안에 ①에서 생각한 것들을 적도록 한다.

④ 응원의 말을 적은 도안을 접고, 풀로 고정을 하여 보석의 형태로 만들어 준다.

※ 보석 활동지 출처 : 스쿨토리(schooltory.net)

■ **활동 예시**

휴독서치료연구소 선정 2022년 2월의 문학작품

끼인 날

김고은 글·그림 | 천개의바람 | 2021

대상	아동
종류	도서

 소개

한 아이가 집으로 가던 중 하얀 개가 하얀 구름 사이에 끼어 있는 것을 보고 사다리를 타고 올라가 구해준다. 또 다음날에는 슈퍼 할머니의 주름살 사이에 주둥이가 끼어 울고 있던 모기를 구해주고, 또 그 다음날에는 맨홀 구멍에 부리가 낀 펭귄을 구해 준다. 그렇게 매일 누군가를 구하느라 너무 지친 채 집으로 돌아갔더니, 엄마와 아빠 사이에 싸움 요정이 끼어 있다. 과연 이 아이는 싸움 요정을 꺼내 엄마와 아빠, 그리고 자신을 구할 수 있을까?

 **독서치료적 적용**

'고래 싸움에 새우 등 터진다.'는 속담이 있다. '힘센 것들이 싸우는 틈바구니에서 약자가 공연히 피해를 입게 된다.'는 의미로, 이 그림책에 등장하는 부모를 고래에, 주인공 아이는 새우에 대입하면 알맞은 비유가 되겠다. 물론 부모들에게도 갈등이 생길 수 있지만, 그것을 자녀들이 보거나 듣는 상황에서 다툼으로 표출하는 것, 해결을 위해 자녀들을 개입시키는 것은 바람직하지 않다. 물론 다시 화해하는 모습을 보여줌으로써, 긍정적으로 해결해 나가는 과정을 배울 수 있도록 하면 된다. 그러나 부모의 다툼을 지켜보는 어린 자녀들은 심리적 위축과 불안, 죄책감 등 여러 감정을 느낄 수밖에 없기 때문에, 그런 상황을 덜 보여주는 것이 더 좋다. 이 그림책은 부모의 잦은 다툼으로 인해 위축이 되어 있거나, 여러 상황들을 자신의 힘으로 해결해야 해서 지쳐 있는 아동들에게 위로가 되어줄 것이다.

📖 발문

단계		내용
동일시	텍스트 수준	가장 인상 깊게 끼어 있던 장면은 무엇이었나요?
	내담자 수준	왜 그 장면이 인상 깊었나요? 나도 어딘가에 끼여 있다는 느낌을 받은 적이 있었나요? 누군가를 끼인 곳에서 빼내준 경험이 있나요? 끼인 날 누군가의 도움으로 빠져 나와 본적이 있나요?
카타르시스	텍스트 수준	엄마 아빠 사이에 끼인 싸움요정을 빼냈을 때 주인공의 기분은 어땠을까요?
	내담자 수준	천년만년 끼어 있으려던 싸움요정을 내가 빼냈다면 기분이 어땠을까요? 끼인 날 누군가의 도움으로 빠져 나와 본적이 있다면 그때 기분이 어땠나요?
통찰	텍스트 수준	엄마 아빠 사이에 끼인 싸움요정을 어떻게 빼냈나요? 싸움요정은 절대 웃지 않으려 했습니다. 왜 절대 웃지 않으려 했을까요?
	내담자 수준	누군가 사이에 싸움요정이 끼었다면 나는 어떻게 해야 할까요?
내 삶 적용		이와 비슷한 경험이 있나요? 그때 나는 어떻게 했나요? 끼고 싶지 않은 상황이 있다면 어떤 상황일까요? 그럴 때 나는 어떻게 해야 할까요? 끼고 싶지 않지만 끼어야 할 상황이 있다면 어떤 상황일까요? 그럴 때 나는 어떻게 해야 할까요?

 **활동 소개**

활동 종류	작문	활동 제목	상황극 작성하기
활동 목표	곤란한 상황에서 현명하게 빠져 나오는 방법을 알 수 있다.		
준비물	필기도구		

■ **활동 방법**

① 엄마 아빠사이에 끼인 싸움요정을 빼려고 주인공이 시도한 방법에 대해 이야기 나눔을 한다.

   ▶ **실패한 방법**

   - 나오라고 부탁하기   - 안 나오면 화낸다고 하기   - 딴 곳으로 시선 돌리기
   - 내가 구해준다고 할 때 나오라고 하기   - 나오면 과자, 인형 준다고 하기

   ▶ **성공한 방법**

   - 간지럼 태우기

② 위의 성공한 방법이 안 통한다면 어떻게 할까? 이야기 나눔을 한다.
③ 나만의 방법을 생각하여 상황극 만들어 보기 2~3개의 방안을 생각해 보기

■ **활동 예시**

   ▶ **상황극 작성하기**

엄마 아빠 사이에 끼인 싸움 요정이 간지럼을 태워도 안 웃고 끼인 상태에서 빠지지 않습니다. 나라면 어떻게 할까요?

휴독서치료연구소 선정 2022년 5월의 문학작품

어려워

라울 니에토 구리디 글·그림 | 문주선 옮김
미디어창비 | 2021

대상	아동
종류	도서

 소개

'심장이 빨리 뛰고, 손에서 땀이 난다. 숨이 막힌다.' 나는 집을 나서 낯선 환경과 많은 사람, 시끄러운 소리로 복잡한 세상에 한 걸음 한 걸음 내딛는 순간 모든 게 힘들고 어렵다. 다른 사람들과 시선이 마주치거나 말하는 건 몹시 어려운 일이라서 머릿속으로 수를 세어가며 불안을 줄이려 애쓴다. 이 책은 날카롭고 거친 선과 담담한 독백의 글을 통해, 낯선 환경에 불안하고 의사소통의 어려움이 있는 주인공의 복잡하고 긴장된 내면을 보여줌으로써 독자의 깊은 공감을 이끈다. 잔뜩 긴장한 하루를 보낸 주인공이 어려워도 용기를 내어 빵집 주인아저씨에게 "안녕하세요."라고 작게 인사를 건네는 순간 박수가 저절로 나올 것이다.

 독서치료적 적용

학령기 아동은 생활의 중심이 가정에서 학교, 사회로 옮겨지면서 또래, 교사 등의 외부 인물로 관계 영역이 확대된다. 그리고 직접적 혹은 간접적 상호작용의 기회를 통해 사회적 관계를 형성 및 유지하게 된다. 그러나 복잡하고 불안정한 아동의 심리·정서적 성장 속도를 고려하여, 낯선 환경에 적응하고 소통을 위한 용기를 낼 때까지 주변에서 공감하며 있는 그대로의 모습을 수용해주는 자세도 필요하다. 독서치료 장면에서 이 책을 활용한다면, 아동이 주인공과의 동일시를 통해 학교, 사회에서 만나는 사람들과 상황에서 느끼는 다양한 어려움과 불안을 솔직하게 표현할 기회를 제공하는데 도움이 될 것이다. 또한 용기를 내어 타인에게 다가가는 주인공의 모습을 통해 카타르시스와 통찰을 경험하게 될 것이다.

📖 발문

단계		내용
동일시	텍스트 수준	가장 마음에 와 닿은 부분은 어디인가요?
	내담자 수준	그 부분이 마음에 와 닿은 이유는 무엇인가요?
카타르시스	텍스트 수준	잔뜩 긴장한 하루를 보낸 주인공이 용기를 내어 빵집 주인아저씨에게 "안녕하세요"라고 인사를 건네는 순간의 기분은 어땠을까요?
	내담자 수준	당신이 만약 주인공이라면 기분이 어땠을까요?
통찰	텍스트 수준	주인공이 손에 땀이 나고 숨이 막히는 상황에도 용기 있게 빵집 아저씨에게 다가가 인사하는 장면을 보고 어떤 생각이 들었나요?
	내담자 수준	당신이 만약 주인공이라면 어떻게 대처할 수 있을까요? 이 작품을 읽고 나서, 생각이 달라진 점이 있나요?
내 삶 적용		그렇다면 당신도 만나는 사람들이나 상황에서 어려움과 불안을 느낀 경험이 있나요? 그럴 때 어떻게 했나요?

 **활동 소개**

활동 종류	미술, 놀이	활동 제목	도전! 점핑 볼 게임
활동 목표	1. 일상에서 경험하는 어려움이나 고민을 인식하여 표현할 수 있다. 2. 어려움을 극복하기 위한 도전과 서로 응원하는 기회를 통해 자신감을 경험할 수 있다.		
준비물	점핑볼 종이 도안(10.5cm×8cm) 2개, 고무줄 2개, 필기도구		

■ **활동 방법**

① 참여 아동은 학교 및 일상에서 경험하는 어려움이나 고민을 자유롭게 이야기한다.
   예) 친구 사귀기, 공부, 발표하기, 운동, 가위질, 집중하기, 글씨 쓰기 등

② 점핑볼 종이 도안 (1)의 빈칸에 앞으로 잘하고 싶은 일, 새롭게 도전하고 싶은 일을 적는다.

③ 점핑볼 종이 도안 (2)의 빈칸에 자신이 잘할 수 있도록 힘이 되어 주는 것을 적는다.
   예) 칭찬, 친구들의 응원, 용기, 노력, 사랑, 엄마의 잔소리, 능력, 책 등

④ 종이도안의 접는 선을 따라 접은 후 고무줄을 도안 안쪽의 양옆 고리에 끼워서 점핑볼 2개를 완성한다.

⑤ 점핑 볼(2) 위에 점핑 볼(1)을 겹쳐 올리고, "도전, 나는 (   )을 잘할 자신이 있다!"라고 큰 소리로 외치며 점핑볼을 손가락으로 눌렀다가 놓는다. 이때 두 개의 점핑 볼은 동시에 힘차게 높이 튀어 오른다.

⑥ 치료사는 참여 아동이 어렵고 힘든 일에 용기 있게 도전하는 주인공의 모습을 통해 카타르시스와 통찰을 경험할 수 있도록 돕는다.

⑦ 활동 후 소감 및 격려, 응원하는 말을 나눈다.

※ 재료 출처 - 점핑볼 : 퍼니스쿨(https://funnyschool.co.kr)에서 구입 가능

■ **활동 예시**

휴독서치료연구소 선정 2022년 6월의 문학작품

내 마음 ㅅㅅㅎ

김지영 글·그림 | 사계절 | 2021

대상	아동
종류	도서

 ## 소개

갑자기 모든 것이 너무 시시하게 느껴질 때가 있다. 좋아하던 장난감과 좋아하던 음식도 갑자기 모두 싫어지고, 뭘 해도 마음이 싱숭생숭해질 때가 있다. 내 마음에 누군가 무슨 짓을 한 것일까? 나만 빼고 다른 사람들은 모두 즐거운 것 같아 섭섭한 마음이 들기도, 아무도 내 마음을 몰라주는 것 같아 속상하기도 하다. 2020년 제1회 사계절그림책상 대상을 수상한 이 그림책은, 우리가 무심히 지나친 일상 속 숨은 감정을 초성인 'ㅅㅅㅎ'의 마음의 단어로 시각화해 감정을 표현하고 있다.

 ## 독서치료적 적용

내 느낌이나 기분이 무엇인지를 정확하게 인식하고 긍정적으로 표현하며 조절하는 것을 정서지능이라고 통칭할 수 있는데, 특히 아동의 정서는 인지, 성격, 사회성 발달에 있어 중요한 요인으로 작용한다. 하지만 아동기에는 폭발적인 감정을 제대로 통제하지 못하여 또래관계는 물론 어른들과의 갈등 상황도 자주 겪을 수 있고, 이로 인해 우울, 게임 중독, 자해, 자살 등 자신과 타인에게 피해를 줄 수도 있다. 따라서 자신의 감정을 제대로 인식하고 적절히 조절하는 것을 배울 필요가 있는데, 이 그림책은 'ㅅㅅㅎ'으로 제시된 초성으로 마치 퀴즈를 푸는 것처럼 자신의 감정을 대입해 표현할 수 있도록 도와줄 것이다.

발문

단계		내용
동일시	텍스트 수준	이 책에서 가장 인상적인 장면은 어디인가요?
	내담자 수준	그 부분이 가장 인상적이었던 이유는 무엇인가요?
카타르시스	텍스트 수준	아무도 내 마음을 몰라줄 때 주인공의 기분은 어땠을까요?
	내담자 수준	내가 만약 그 입장이었다면 기분이 어땠을까요?
통찰	텍스트 수준	시시했던 마음이 생생한 마음으로 변한 이유는 무엇일까요?
	내담자 수준	이 작품을 읽고 나서 깨달은 점이 있나요?
내 삶 적용		때때마다 변하는 자신의 감정을 단어로 적는다면 어떤 것들일지 생각해 보세요.

 **활동 소개**

활동 종류	작문	활동 제목	내 마음 ㅅㅅㅎ
활동 목표	ㅅㅅㅎ의 감정 단어를 이용하여 자신의 감정을 인식할 수 있다.		
준비물	감정 카드, 스크랩 북, 색채도구, 필기도구		

■ 활동 방법

① 감정 단어를 가린 채 그림책을 읽으며, 과연 어떤 감정에 대한 이야기일지 맞혀보도록 한다.

② 그림책에 제시된 다양한 감정을 카드로 만들어 제시한다.

③ 감정 카드를 보며 자신의 경험에 적용해 이야기 나눈다.

④ 스크랩북의 표지를 제외하고 속지에 ㅅㅅㅎ의 감정 단어를 적고, 상황과 관련된 그림을 그리고 꾸민다. (예 : 아이돌이 된 내 모습을 상상해)

⑤ 속지가 완성되면 겉표지에 책의 제목을 적고 꾸민다.

▶ 활동 tip

- 참여한 아동의 연령에 따라 종이 한 장에 'ㅅㅅㅎ'으로 감정과 그림을 그린 후 참여한 아동들의 활동을 모아 책으로 만들 수 있음

- 참여한 아동의 연령을 고려해 스크랩북은 5P. 혹은 10P.를 이용하여 개인 책을 만들 수 있음

■ 활동 예시

감정 카드

시시해	싱숭해
수상해	섭섭해
속상해	소심해
심심해	상상해
소소해	신선해
궁금해	냠냠해
씩씩해	생생해
쌩쌩해	

휴독서치료연구소 선정 2022년 9월의 문학작품

잊었던 용기

휘리 글·그림 | 창비 | 2022

대상	아동
종류	도서

소개

이 책은 친하게 지냈던 같은 반 친구 '너'와 '나'의 관계가 어색해진 후, 회복하게 되는 과정에 관한 이야기를 담고 있다. 긴 겨울 방학을 보내고 만나게 된 나는 어색한 마음에 친구에게 인사를 못하고 눈을 피한다. 그 후, 친구도 나에게 말을 걸지 않고 둘 사이는 더 멀어진다. 오랜 시간 고민을 하던 나는 용기를 내서 다시 가까워지고 싶은 마음을 담아 친구에게 편지를 보낸다. 답장을 기다리던 나는 친구로부터 받은 편지에서 '용감한 아이'라는 말을 듣게 된다. 결국 용기를 낸 덕분에 다시 만나게 된 나와 친구는 관계를 회복하게 된다.

독서치료적 적용

어린 시절, 친구와 사소한 일로 서먹해져 이내 관계를 회복하지 못하고 헤어지는 경험을 하는 아동들이 있다. 그러나 정말 친구가 싫어져서 영원히 결별을 하려고 작정하는 경우는 드물다. 다만 먼저 다가가고 싶은 마음을 표현할 용기가 없어 시간을 놓치고 우정을 이어가지 못하는 것이다. 이 책은 겨울 방학을 끝내고 새 학년이 되어 반도 달라지고 새로운 친구를 만나게 되면서 기존의 친구와 서먹해지는 경우, 사소한 일로 잠깐 얼굴을 안 봤는데 서로 다가가기 힘들어 모르는 척 지내게 되는 경우 등, 상황으로 인해 용기를 내지 못해 친구와의 관계가 멀어졌다고 여기는 대상들에게, 그 관계 회복을 도와줄 수 있을 것이다.

발문

단계		내용
동일시	텍스트 수준	책을 읽으며 기억에 남는 부분이 있었나요?
	내담자 수준	왜 그 부분이 기억에 남았나요?
카타르시스	텍스트 수준	방학이 지나고 친구와 어색해서 눈을 피한 후 인사하지 않는 사이가 되었을 때, 주인공의 기분은 어땠을까요?
	내담자 수준	내가 주인공이었다면 어떤 기분이었을까요?
통찰	텍스트 수준	친구에게 편지를 보내기 전과 후에 무엇이 달라졌나요?
	내담자 수준	먼저 편지를 보내는 용기를 내지 않았다면 두 친구는 어떻게 됐을까요?
내 삶 적용		앞으로 친구와 서먹해지는 일이 생긴다면 어떻게 할 건가요?

활동 소개

활동 종류	미술, 작문	활동 제목	내 마음 전하기
활동 목표	카드를 만들고, 손 편지를 써서 마음을 전할 수 있다.		
준비물	A4 머메이드지, 색종이, 풀, 가위, 필기도구		

■ **활동 방법**

① 현재 서먹한 친구나 마음을 전하고 싶은 친구를 떠올린다.

② 친구에게 줄 카드를 적당한 크기로 자르고, 색종이 꽃을 오리거나 접어서 카드 앞면에 붙인다. 손 모양은 살구색 색종이로 자기 손을 대고 그려 오린 후, 꽃다발을 잡는 형태로 풀을 붙여준다.

③ 안쪽은 연한 색의 색종이로 모양을 내서 붙인 후, 손 편지를 쓴다.

④ 내용은 발표하고 싶은 경우 발표하고, 하고 싶지 않은 친구들에게는 강요하지 않고 앞면을 어떤 마음으로 구성했는지 듣는 정도도 좋겠다.

■ **활동 예시**

휴독서치료연구소 선정 2023년 1월의 문학작품

두근두근 편의점

김영진 글·그림 | 책읽는곰 | 2022

대상	아동
종류	도서

 소개

이 책은 세 아이의 고민 이야기를 옴니버스 형식으로 담고 있다. 현명이는 귀찮게 졸졸 따라다니는 동생이 짜증스럽고 싫다. 엄마 아빠는 항상 동생만 예뻐하는 것 같다. 민채는 학교에서 친구로 인해 억울했던 일을 말 못하고 꾹 참아왔다. 게다가 자신의 이야기를 들어주지 않는 선생님 때문에 속상하다. 인해는 캠핑장에 가기로 한 약속을 어기고 회사에 가버린 아빠에게 단단히 화가 났다. 세 아이가 고민을 안고 찾아간 곳은 두근두근 편의점. 그곳에서 과자와 젤리, 사탕을 입에 넣은 순간 신기한 마법이 일어났다. 이 그림책은 두근두근 편의점 속 간식을 통해 아동이 가족, 친구와의 관계에서 경험하는 다양한 고민과 상처를 위로받고, 관계 회복을 위한 용기와 화해를 경험해 나가는 과정을 담고 있다.

 **독서치료적 적용**

사회성은 자신이 속한 사회적 환경 안에서 자기 생각과 감정을 바르게 인식하여 표현하고, 안정과 균형을 유지하기 위한 적응 행동과 기술을 익히는 능력이다. 특히 학령기는 가정 및 학교라는 사회적 환경에 적응하는 시기로, 사회성이 부족한 아동은 타인과 상호작용 과정에서 크고 작은 갈등과 고민을 경험한다. 독서치료 장면에서 이 책을 활용한다면, 아동은 주인공들과의 동일시를 통해 가정 및 학교에서 경험하는 다양한 감정을 인식하여 적절하게 표현하는 기회를 얻게 될 것이다. 또한 상호작용 과정에서 타인의 감정을 이해하고, 관계 회복을 위해 나아갈 용기를 얻는데 도움이 될 것이다.

발문

단계		내용
동일시	텍스트 수준	가장 마음에 와 닿은 부분은 어디인가요?
	내담자 수준	그 부분이 마음에 와 닿은 이유는 무엇인가요?
카타르시스	텍스트 수준	동생에 대한 현명이의 마음, 친구와 선생님에 대한 민채의 마음, 아빠에 대한 인해의 마음이 두근두근 편의점에 들어가기 전과 후로 달라졌어요. 어떻게 변화되었는지 감정 단어를 골라보세요.
	내담자 수준	당신이 만약 주인공이라면 기분이 어땠을까요?
통찰	텍스트 수준	두근두근 편의점에서 일어난 마법을 통해 가족, 친구와 관계 회복을 경험하는 주인공을 보며 어떤 생각이 드나요?
	내담자 수준	당신도 만약 주인공처럼 가족 또는 친구와 불편한 마음을 느낀 적이 있다면 내 마음을 어떻게 전달할 수 있을까요? 이 작품을 읽고 나서, 생각이 달라진 점이 있나요?
내 삶 적용		그렇다면 당신도 이런 경험을 한 적이 있나요? 그럴 때 어떻게 했나요?

 **활동 소개**

활동 종류	미술, 작문	활동 제목	마법의 편의점
활동 목표	타인과의 관계에서 느끼는 감정과 고민을 인식하고, 관계 회복을 위해 행동할 수 있다.		
준비물	활동지, 클레이 점토, 하트 스티커(1인 3장), A4 용지, 필기도구		

■ 활동 방법

① 치료사는 참여 아동에게 활동지를 제시하여 책 속 주인공의 감정 변화를 살펴보고, 자신의 해결되지 않은 감정을 인식하여 글로 표현할 수 있도록 돕는다.

② 참여 아동은 4~5명의 모둠을 형성한 후 자신이 가족 또는 친구와의 관계에서 느낀 해결되지 않은 감정이나 고민, 해결 방법에 관해 이야기를 나누고, 서로 공감하는 시간을 갖는다.

③ 모둠원은 타인과의 관계 회복을 돕는 마법의 간식을 클레이 점토로 만들고, 회의를 통해 편의점의 이름, 마법의 간식 이름, 효과 및 먹는법을 홍보 용지에 적어 판매 준비를 한다.

④ 모둠별로 판매할 마법의 간식을 소개 및 홍보한다.

⑤ 상품을 진열하고 판매를 개시한다.

⑥ 규칙 : 참여 아동 1인당 3장의 하트 스티커를 받고, 스티커 한 장으로 마법의 간식 한 가지를 살 수 있다.

⑦ 활동이 끝난 후 각자 자신이 선택한 마법의 간식을 소개한다.

⑧ 활동 후 소감을 나눈다.

※ 활동 Tip) 클레이 점토 대신 실제 섭취가 가능한 간식으로 대체 가능

■ 활동 예시

두근두근 편의점

1. 두근두근 편의점에 들어간 후 책 속 주인공들의 마음이 달라졌어요.
주인공들이 느낀 마음의 변화를 다음 목록에서 골라 적어보세요.

신나는	외로운	당황한	억울한	화난	속상한
기쁜	괴로운	짜증나는	행복한	미안한	용기있는
사랑스러운	답답한	재미있는	편안한	감사한	홀가분한
슬픈	후회스러운	부끄러운	설레는	서운한	두려운

편의점에 들어가기 전		마법의 간식을 먹고 난 후
	동생에 대한 현명이의 마음	
	친구, 선생님에 대한 민채의 마음	
	아빠에 대한 인해의 마음	

2. 여러분도 두근두근 편의점에 가고 싶나요? 어떤 고민이 있는지 적고,
내 마음을 나타내는 단어를 목록에서 골라 적어보세요.

이럴 때 내 마음 :

| 휴독서치료연구소 선정 2023년 2월의 문학작품 |

이 선을 넘지 말아 줄래?

백혜영 글·그림 | 한울림어린이 | 2022

대상	아동
종류	도서

 소개

　분홍새는 싱싱하고 오동통한 지렁이 한 마리를 잡았다. 그래서 "맛있는 건 나눠 먹어야지!"라고 소리치며 기쁜 마음으로 친구인 초록새에게 날아간다. 하지만 분홍새의 눈앞에 나타난 것은 다름 아닌 빨간 선과 "잠깐! 지금은 내가 좀 바빠서…"와 "배고플 텐데 기다리지 말고 혼자 먹어."라는 친구의 대답이었다. 분홍새는 서운하고 화가 난 마음으로 선을 끊어보지만 잔뜩 그어 있는 또 다른 선들을 보며 울음을 터뜨린다. 이를 보고 초록새는 선을 끊고 나오며 "사실 나 지렁이가 무서워."라고 말하는데, 과연 분홍새와 초록새는 다시 친해질 수 있을까?

 **독서치료적 적용**

　자기 표현력이란 타인과의 의사소통 과정에서 상대방을 배려하고 존중하면서 언어적, 비언어적인 표현을 적절하게 활용하여 자신의 생각과 느낌, 감정을 전달하는 능력이다. 또한 상대방을 불쾌하게 하지 않고 상대방의 권리를 침해하지 않는 범위에서 자신의 권리, 욕구, 생각 및 느낌 등 자신이 나타내고자 하는 바를 마음속에 있는 그대로 솔직하게 직접 나타내어 올바른 언행으로 표현하는 것을 의미한다. 자기표현을 잘하는 아동은 또래와의 관계에서 자신감이 높고, 여러 가지 갈등 상황을 지혜롭게 대처한다. 이에 본 그림책은 새 학년을 시작하는 아동들에게 긍정적 또래관계 형성을 위해 필요한 적절한 자기표현 방법에 대해 알려줄 것이다.

발문

단계		내용
동일시	텍스트 수준	이 그림책에서 가장 인상적인 장면은 어디인가요?
	내담자 수준	그 부분이 가장 인상적인 이유는 무엇인가요?
카타르시스	텍스트 수준	자신의 앞에 여러 겹으로 그어진 선을 본 분홍 새는 어떤 기분이었을까요?
	내담자 수준	만약 당신이 분홍 새와 같은 입장이라면 어떤 기분일까요?
통찰	텍스트 수준	파란 새가 선을 그은 이유는 무엇이었나요? 파란 새가 자기가 지렁이가 너무 무섭다고 솔직하게 이야기하기 전과 후를 비교해 보세요. 어떤 차이가 있나요?
	내담자 수준	분홍 새와 파란 새의 이야기를 통해 깨달은 점이 있나요?
내 삶 적용		당신도 분홍 새(파란 새)와 비슷한 경험을 한 적이 있나요? 그럴 때 어떻게 했나요? 향후 타인과의 좋은 관계를 맺기 위해 무엇을 할 수 있을까요?

활동 소개

활동 종류	게임	활동 제목	진진가 게임
활동 목표	자기 개방을 통해 나와 타인을 이해함으로써 좋은 관계를 맺을 수 있도록 도움을 주는 데 목표가 있다.		
준비물	진진가 자기소개 활동지, 필기도구		

■ 활동 방법

① 활동지를 나누어 준다.

② 자신에 대한 정보를 3~5가지 생각한다. (3~5가지의 정보 중에서 1개는 거짓을 써야 한다.)

③ 답변을 다 쓴 후에는 돌아가면서 자신을 소개한다.

④ 다른 사람들은 몇 번이 거짓인지 알아맞힌다.

⑤ 자신을 소개한 사람은 몇 번이 거짓인지, 올바른 답도 함께 설명한다.

■ 활동 예시

▶ 진진가 예시

① 나는 결혼을 했다.

② 나의 어릴 때 꿈은 피아니스트였다.

③ 나는 TV에 나온 적이 있다.

④ 나는 필리핀에 간 적이 있다.

⑤ 나는 그림 그리기를 좋아한다.

5가지 질문 중에서 4개는 진짜, 1개는 거짓입니다.
어떤 것이 거짓일까요?

진진가 답변

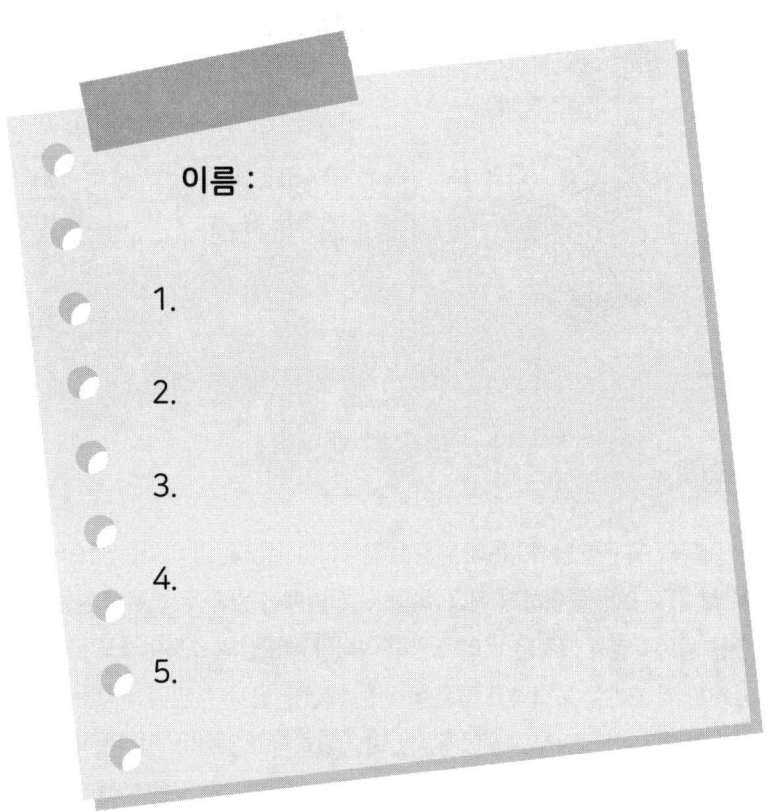

친구들의 이야기를 듣고 가짜를 찾아보세요.

이름 :					이름 :				
1	2	3	4	5	1	2	3	4	5
이름 :					이름 :				
1	2	3	4	5	1	2	3	4	5
이름 :					이름 :				
1	2	3	4	5	1	2	3	4	5
이름 :					이름 :				
1	2	3	4	5	1	2	3	4	5

휴독서치료연구소 선정 2023년 4월의 문학작품

진짜 내 소원

이선미 글·그림 | 글로연 | 2020

대상	아동
종류	도서

 소개

이 책은 아동의 욕구를 탐색하는데 유용한 자료이다. 주인공인 아이는 램프의 요정 지니를 만나서 세 가지 소원을 말하게 된다. 아이가 첫 번째 소원과 두 번째 소원을 말하자, 지니는 소원을 들어주면서 그것은 너의 소원이 아니라 부모님의 소원이라고 말한다. 지니가 아이에게 진짜 네 소원을 말하라고 하자, 아이는 대답을 할 수가 없다. 아이는 자신의 진짜 소원을 생각해 본 적이 없어서 자신에게 시간이 필요하다고 말한다. 지니는 떠나고, 아이는 이제 자신의 소원을 종이에 쓸 수 있다. 이 책은 첫 장과 마지막 장을 통해 이 책의 주제를 상징적으로 잘 보여준다.

 **독서치료적 적용**

인간은 누구나 욕구를 가지고 있다. 그 욕구는 존중되어야 하고, 사회적으로 용인되는 수준에서 충족되어야 한다. 자신의 욕구가 존중되고, 사회적으로 용인되는 수준에서 충족되는 경험은 욕구를 적절한 방식으로 조절하는 힘을 획득하도록 돕는다. 존중되지 못한 욕구는 죄책감과 수치심을 만들고, 충족되지 못한 욕구는 좌절감을 만든다. 충족되지 못하고 억압된 욕구는 부적절한 방식으로 표출되거나 타인의 욕구를 자신의 욕구로 착각하게 한다. 이 책은 주인공 아이가 타인의 욕구와 자신의 욕구를 구분하는 기회를 통해 자신의 욕구를 알게 되는 과정을 보여준다. 독자는 이 책을 통해 자신의 욕구와 타인의 욕구를 구분하고, 자신의 욕구를 아는 기회를 갖게 될 것이다.

발문

단계		내용
동일시	텍스트 수준	이 책에서 가장 기억에 남는 부분은 어디인가요?
	내담자 수준	그 부분이 가장 기억에 남는 이유는 무엇인가요?
카타르시스	텍스트 수준	램프의 요정 지니를 만나서 소원을 말할 수 있게 되었을 때 주인공의 기분은 어땠을까요?
	내담자 수준	여러분이 주인공처럼 소원을 말할 수 있게 된다면 기분이 어떨까요?
통찰	텍스트 수준	지니가 주인공에게 진짜 소원을 말해보라고 했을 때 말할 수 없었던 이유는 무엇일까요?
	내담자 수준	지니가 말하는 진짜 소원의 뜻이 무엇이라고 생각하나요?
내 삶 적용		여러분의 진짜 소원은 무엇인지 적어보세요.

활동 소개

활동 종류	미술	활동 제목	진짜 소원 나무
활동 목표	자신의 욕구를 탐색할 수 있도록 돕는다.		
준비물	4절지, 필기도구, 포스트잇		

■ **활동 방법**

① 자신이 그리고 싶은 나무를 그린다.

② 자신의 소원을 포스트잇에 적어 본다.

③ 나무에 소원을 붙인다.

④ 소원을 이룬 후의 결과를 예상해 본다.

■ **활동 예시**

1. 간식 실컷 먹기

2. 이가 썩지 않아서 치과 안 가도 되기

3. 친구들 많이 사귀기

4. 좋아하는 문구용품 맘껏 갖기

5. 엄마아빠에게 혼나지 않기

6. 실컷 놀기

7. 학원 안 다니기

휴독서치료연구소 선정 2023년 7월의 문학작품

반려 용 팝니다

안영은 글 | 지은 그림 | 후즈갓마이테일 | 2023

대상	아동
종류	도서

 소개

반려동물을 어떻게 만날 수 있을까? 맞다. 인터넷 쇼핑몰에서 주문하는 방법이 있다. 그런데 택배로 받은 것이 내가 생각한 동물이 아니라면? 반품도 환불도 안 된다면? 이 그림책은 그렇게 가족이 된 '용구'를 감당하기 어려웠던 가족이, 결국 온라인 중고 장터인 '오이마켓'에 판매 글을 올리면서 시작된 반려동물의 파양에 관한 내용을 다루고 있다.

 **독서치료적 적용**

많은 아동들이 애완동물을 키우고 싶어 하고 실제로 실천하기도 한다. 그런데 문제는 흥미를 잃거나 귀찮아지면 쉽게 버린다는 것이다. 이 책은 반려동물에 대한 책임감이 부족한 아동들에게, 그들의 입장이 되었을 때 겪을 수 있는 배신감과 상실감에 대해 느껴볼 수 있는 기회를 줄 것이다. 더불어 반려동물 또한 생명을 갖고 있는 소중한 존재이기 때문에, 가족이 되기로 본인들이 선택을 한 이상 끝까지 책임을 져야 하는 이유에 대해 생각해 볼 수 있는 기회도 줄 것이다.

발문

단계		내용
동일시	텍스트 수준	수지는 반려용이 도착한 날 몹시 당황했어요. 왜 당황했을까요?
	내담자 수준	반려동물을 키우고 싶었던 적이 있나요? 반려동물을 키운 적이 있나요? 수지처럼 반려용을 처음 봤다면 나는 어땠을까요?
카타르시스	텍스트 수준	반려동물, 용은 절대 입장 불가라는 놀이공원 팻말을 보았을 때 수지의 기분은 어땠을까요? 부모님이 말도 없이 반려용을 팔았을 때, 수지의 기분은 어땠을까요?
	내담자 수준	반려동물, 용은 절대 입장 불가라는 놀이공원 팻말을 보았을 때 나라면 어떤 기분이었을까요? 부모님이 집에서 키우던 반려동물을 말도 없이 팔았다면, 나의 기분은 어떨까요?
통찰	텍스트 수준	반려동물이라면서 수지 부모님은 반려용을 어떻게 팔 생각을 했을까요?
	내담자 수준	'반려동물' 이란 인생을 함께하는, 평생을 책임지고 함께 사는 동물을 의미합니다. 이 책의 주인공 '반려용'은 진정한 의미의 반려동물이었을까요?
내 삶 적용		반려동물을 키운다면 나 혼자만의 힘으로 키울 수 있을까요? 내가 반려동물을 키운다면 구체적으로 어떤 마음과 어떤 준비가 필요할까요?

 **활동 소개**

활동 종류	작문	활동 제목	편지 쓰기
활동 목표	반려용 용구와 수지네 가족의 입장을 이해할 수 있다.		
준비물	필기도구		

■ **활동 방법**

① 여기저기 팔려간 반려용의 입장이 되어 용구의 기분이 어떨지 이야기 나눔을 한다.

② 반려용을 처음 구입할 때 수지네 가족의 마음가짐은 어땠는지, 그 마음이 왜 지켜지지 못했는지에 대해서도 이야기 나눔을 한다.

③ 편지를 쓴 후 발표한다. 반려용 입장과 수지네 입장에 대해서 마무리 이야기 나눔을 한다.

④ 소감 나누기를 한다.

■ **활동 예시**

▶ 반려용 용구가 되어 수지네 가족에게 편지쓰기

− 반려용 용구가 이리저리 팔려갈 때 어떤 마음이 들었을까?

− 반려용 용구의 입장이 되어 수지와 수지 부모님에게 편지쓰기

휴독서치료연구소 선정 2023년 8월의 문학작품

좋아, 싫어 대신 뭐라고 말하지?

송현지 지음 | 순두부 그림 | 이야기공간 | 2023

대상	아동
종류	도서

 소개

하루는 24시간, 아침에 일어나서 저녁에 잠들 때까지 우리에게는 많은 일들이 생기고, 그때마다 다양한 기분을 느낀다. 하지만 내면에서 느껴지는 여러 가지 감정은 구체적으로 표현되지 못하고, 대부분 "좋아", "싫어"라는 말로 뭉뚱그려 표현되곤 한다. 이 책은 초등학생 승규의 하루를 통해 여러 상황에서 느낄 수 있는 다양한 감정 단어를 자연스럽게 익히고 사용할 수 있도록 돕는다.

 독서치료적 적용

우리는 일상생활에서 여러 사람을 만나 다양한 관계를 맺고, 그 과정 속에서 여러 가지 감정을 느끼면서 살아간다. 하지만 누군가 "지금 기분이 어떠세요?"라고 물으면 "네? 글쎄요. 잘 모르겠는데요."라고 대답하거나 "좋아요!" 혹은 "싫어요!"와 같이 모호한 대답을 하는 경우가 비일비재하다. 이렇듯, 자신의 감정을 구체적으로 표현하지 못하는 데에는 여러 이유가 있을 수 있다. 이 책은 우리가 일상에서 주로 사용하는 "좋아", "싫어"라는 표현 속에 감춰져 평소에 알지 못 했던 '나'의 솔직한 기분을 알고 표현할 수 있도록 돕고 있다. 특히 감정 표현이 서툰 아동이나 자녀와의 관계 증진이 필요한 부모에게 상황에 따른 다양한 감정 단어로 자신의 감정을 표현하는 과정을 통해, 스스로의 감정을 인지하고 표현하는 즐거움을 알려줄 것이다.

발문

단계		내용
동일시	텍스트 수준	책의 장면 중 가장 마음에 와 닿은 부분이 있었나요?
	내담자 수준	그 부분이 마음에 와 닿은 이유는 무엇일까요?
카타르시스	텍스트 수준	승규가 기분을 "좋아, 싫어"로 표현했을 때, 상대방이 내 마음을 몰라준다면 기분이 어땠을까요?
	내담자 수준	당신이 만약 그 상황에 처했다면 기분이 어땠을까요?
통찰	텍스트 수준	승규가 다양한 감정을 표현하기 전과 후를 비교해 보세요. 어떻게 달라졌나요?
	내담자 수준	이 책을 읽고 나서 새롭게 알게 된 부분이나 생각이 바뀐 부분이 있나요?
내 삶 적용		여러분도 책 속 주인공처럼 상대방이 내 마음을 몰라주었던 경험이 있었나요? 그럴 때 어떻게 했었나요?

 **활동 소개**

활동 종류	놀이, 작문	활동 제목	내 감정을 맞춰봐
활동 목표	다양한 감정 단어를 익히고 표현할 수 있다.		
준비물	감정카드, 메모지, 필기도구, 종이상자		

■ 활동 방법

① 집단원들에게 여러 가지 감정 단어를 제시한다. 감정 단어 중에 이해하기 어려운 단어가 있다면 질문을 받아 설명해준다.

② 집단원들에게 메모지 2장씩을 나눠준다. 각각의 종이에 싫어, 좋아 대신 말할 수 있는 감정 단어를 하나씩 골라 자신의 이름과 함께 메모지에 적도록 한다. 감정 단어는 자신이 경험했던 일을 떠올라 선택할 수 있게 안내한다. 감정 단어를 고른 메모지는 두 번 접어 종이상자에 넣는다.

③ 모든 집단원이 메모지를 제출하면 종이상자에 있는 접힌 메모지를 잘 섞은 후 한 장을 뽑는다.

④ 호명된 사람은 앞에 나와 자신이 적은 감정 단어를 동작이나 표정, 이야기 등을 활용하여 설명하고 집단원들은 어떤 감정인지 맞춘다.

⑤ 감정 단어를 설명했던 사람이 다음 메모지를 뽑아 치료사에게 준다. 치료사는 메모지를 확인하여 다음 사람을 호명하고 호명된 사람은 자신이 적은 감정 단어를 설명하며 전체 인원이 최소 한 번씩은 참여할 수 있도록 이끈다. 감정 단어 카드는 휴독서치료연구소에서 제작한 이야기 카드 중에 감정 카드를 활용했다.

■ 활동 예시

휴독서치료연구소 선정 2023년 9월의 문학작품

빨간 마음

최정아 글 | 이유승 그림 | 코이북스 | 2023

대상	아동
종류	도서

소개

"쟤예요. 내 마음을 빨갛게 하는 아이." 말도 함부로 하고, 내 볼펜을 허락 없이 가져가더니 잃어버리고, 약속도 없이 찾아와서 놀자고 조르기도 한다. 정말 제멋대로 하는 아이. 그래서 마음에 꾹꾹 눌렀던 화를 뱉었다. 그래도 여전히 내 마음이 빨갛다. 어떻게 해야 빨간 마음에서 벗어날 수 있을까? 우리는 진짜 친구가 될 수 있을까?

독서치료적 적용

감정 표현은 상황에 따라 느끼는 자신의 마음 상태를 언어나 행동으로 표현하는 것이다. 학령기의 아동은 학교 안에서 또래 관계를 형성하거나 유지하는 과정에서 다양한 감정을 경험하고 표현할 기회를 얻는다. 이때 아동은 긍정적인 감정을 공유하는 또래 관계를 유지하기 위해 여러 상황 속에서 느끼는 자신의 감정을 정확하게 인식하고, 감정을 조절하여 적절한 언어로 표현하는 방법을 익힐 필요가 있다. 이 책은 감정 표현이 서툰 아동이 친구와 감정을 소통하는 과정에서 크고 작은 갈등과 고민을 경험한 후 상처받은 빨간 마음을 회복하는 과정을 담고 있다. 따라서 이 책은 감정 표현이 서툰 아동에게 자기 마음을 정확하게 전하는 방법에 대해 생각해 볼 기회를 제공할 것이다.

발문

단계		내용
동일시	텍스트 수준	가장 마음에 와 닿은 부분은 어디인가요?
	내담자 수준	그 부분이 마음에 와 닿은 이유는 무엇인가요?
카타르시스	텍스트 수준	친구가 말을 함부로 하고, 허락 없이 내 물건을 가져가서 잃어버리고, 약속도 없이 찾아와서 놀자고 조를 때 주인공의 기분은 어땠을까요?
	내담자 수준	당신이 만약 주인공이라면 기분이 어땠을까요?
통찰	텍스트 수준	꾹꾹 눌렀던 화를 표현한 후에도 여전히 빨간 마음이 지워지지 않는다는 주인공의 모습을 보며 어떤 생각이 들었나요?
	내담자 수준	당신이 만약 주인공이라면 제멋대로 말하고 행동하는 친구에게 내 생각과 마음을 어떻게 전달할까요? 이 작품을 읽고 나서, 생각이 달라진 점이 있나요?
내 삶 적용		그렇다면 당신도 이런 경험을 한 적이 있나요? 그럴 때 어떻게 했나요?

활동 소개

활동 종류	미술, 작문, 역할극	활동 제목	잘 가, 빨간 마음아!
활동 목표	화난 감정을 정확하게 인식하고, 적절한 언어로 표현할 수 있다.		
준비물	활동지(잘 가, 빨간 마음아!), 빨간 끈, 빨간 색연필, 가위, 필기도구		

■ **활동 방법**

① 치료사는 활동지에 그려진 풍선과 주인공의 손을 빨간 끈으로 연결하여 붙인 후 참여 아동에게 나누어 준다.

② 감정 인식의 단계 : 참여 아동은 평소 친구 관계에서 빨간 마음이 느껴지는 때는 언제인지 각자 활동지에 기록한다. 이후 활동지의 풍선을 빨간 색연필로 색칠하며 빨개진 내 마음을 인식한다.

③ 공감의 단계 : 모둠을 형성한 후 모둠원들과 빨간 마음이 느껴진 상황에 관해 이야기를 나누도록 하여 서로의 감정을 충분히 공감할 기회를 제공한다.

④ 감정 조절 및 표현 : 모둠원들과 빨간 마음을 정확하게 전달하기 위해 어떻게 말하고 행동할 것인지에 대해 토의한 후 각자 활동지에 기록한다.

⑤ 역할극 : 모둠별로 빨간 마음이 느껴진 상황을 재현하고, 각 상황에서 적절한 언어를 이용하여 감정을 표현하는 역할극을 진행한다.

⑥ 참여 아동들은 빨간 풍선과 주인공의 손에 연결해 놓은 끈을 가위로 자르면서 "잘 가, 빨간 마음아!"라고 함께 외친다.

⑦ 치료사는 빨간 마음이 언제든지 느낄 수 있는 중요한 나의 감정이며, 그 감정을 조절하고, 상대방에게 정확하게 전달하는 것이 중요하다는 점을 통찰할 수 있도록 돕는다.

⑧ 활동 후 소감을 나눈다.

■ **활동 예시**

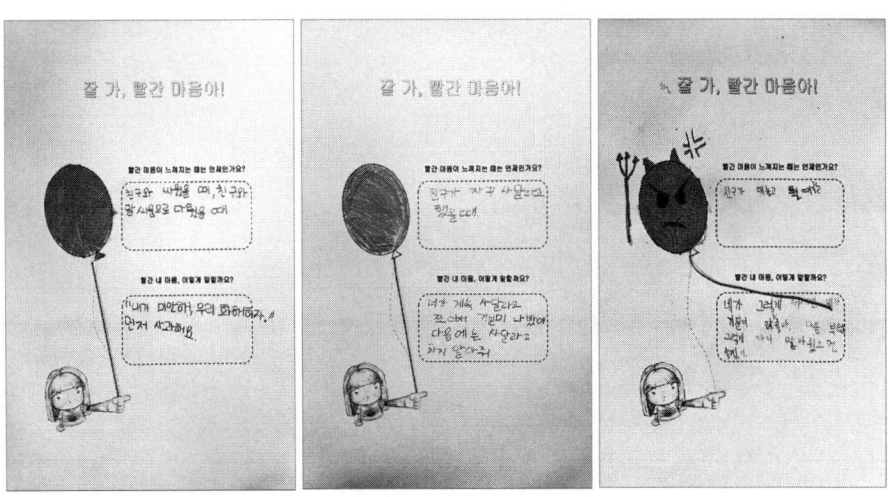

잘 가, 빨간 마음아!

빨간 마음이 느껴지는 때는 언제인가요?

빨간 내 마음, 어떻게 말할까요?

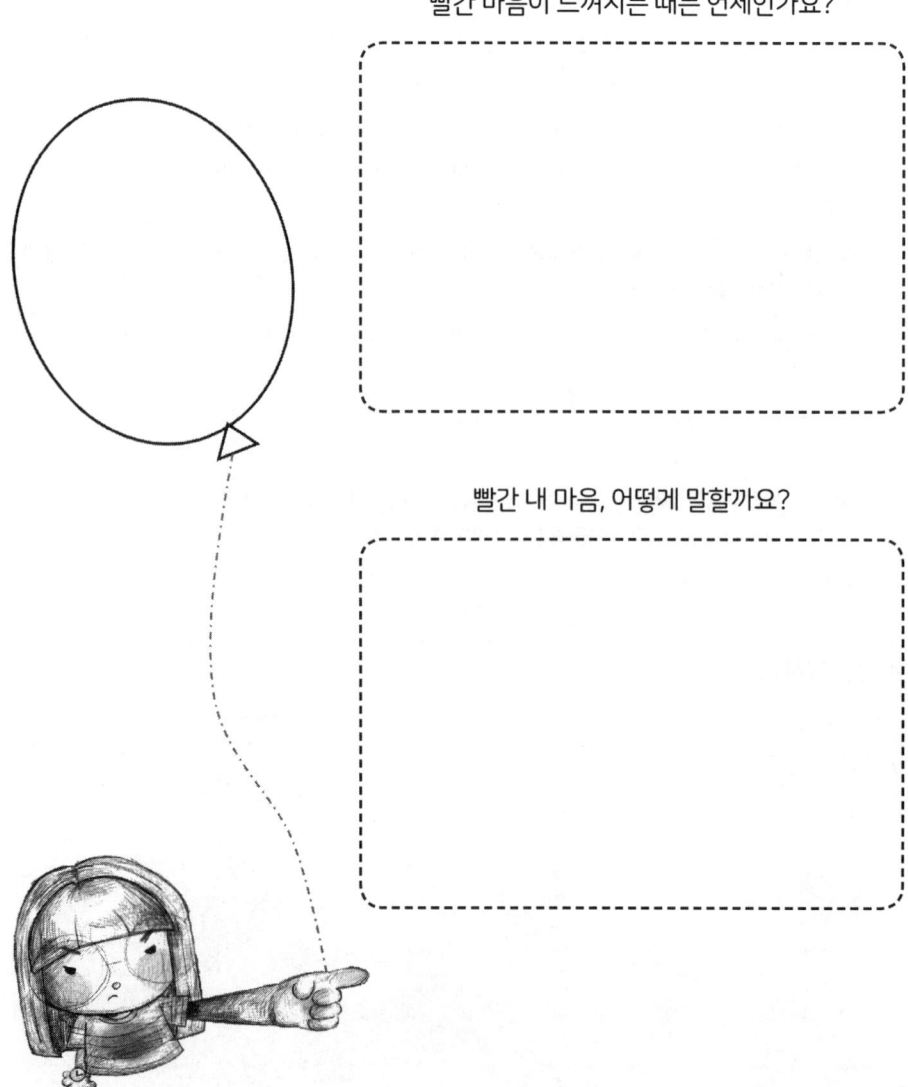

휴독서치료연구소 선정 2023년 10월의 문학작품

착한 달걀

조리 존 글 | 피트 오즈월드 그림 | 김경희 옮김
길벗어린이 | 2022

대상	아동
종류	도서

 소개

착한 달걀은 착한 일을 아주 많이 한다. 절대 잠자는 시간을 지키는 법이 없고, 시리얼은 달달한 것만 좋아하는, 짜증 부리고 이유도 없이 엉엉 울고 물건을 부수는 다른 달걀과는 달리, 남의 무거운 짐을 들어주고, 마른 화분에 물을 주며, 구멍 난 타이어도 바꿔주는 등 앞장서서 모범이 되려 한다. 왜냐하면 착한 달걀이기 때문이다. 그러던 어느 날 거울을 본 착한 달걀은 머리에 심한 금이 나 있는 것을 보고 깜짝 놀란다. 착한 달걀은 자신에게 필요한 것이 무엇인지를 찾기 위해 여행을 떠나는데 과연 착한 달걀은 자신에게 필요한 것을 찾을 수 있을까?

 **독서치료적 적용**

아동기는 콜버그의 도덕성 발달 단계 중 3단계인 '대인관계의 조화를 위한 도덕성(착한 소년/소녀 지향)의 단계'로, 이 시기의 아동은 타인의 승인을 중요하게 생각하여 도덕적 판단을 한다. 다른 사람을 기쁘게 하고 돕는 행동이 선악을 결정하는 근거가 되기에 '착한 아이'라는 인식을 얻기 위해 내면의 욕구나 소망을 억압하는 말과 행동을 반복한다. 이는 착하지 않으면 사랑을 받을 수 없고 버림받을 것이라는 믿음의 바탕에서 생성된다. 이 책은 착해야만 한다는 착한 달걀이 자신에게 필요한 것이 무엇인지 찾는 과정을 통해 세상에는 완벽한 것이 없음을 알면서도, 자신마저도 착한 달걀이 되어야 한다고 말한다. 따라서 이 그림책은 인정받기 위해 자신을 억압하는 아동들이 자신을 수용하고 인정하는데 도움을 줄 것이다.

발문

단계		내용
동일시	텍스트 수준	이 그림책에서 가장 인상적인 장면은 어디인가요?
	내담자 수준	그 부분이 가장 인상적인 이유는 무엇인가요?
카타르시스	텍스트 수준	스스로에게 너무 많은 부담을 주고 있다는 의사선생님의 말을 들었을 때, 착한 달걀의 기분은 어땠을까요?
	내담자 수준	만약 당신이 착한 달걀과 같은 입장이었다면 어떤 기분이었을까요?
통찰	텍스트 수준	착한 달걀이 자신에게 오롯이 집중하는 과정을 통해 알게 된 것은 무엇일까요?
	내담자 수준	이 그림책을 읽고 나서 당신이 깨달은 점이 있나요?
내 삶 적용		나 자신에게도 착한 달걀이 되기 위해 무엇을 할 것인지 생각해 보세요.

 **활동 소개**

활동 종류	나의 나무 만들기	활동 제목	나는 소중해요
활동 목표	자신을 더 소중하고 특별한 존재라는 마음을 키울 수 있도록 돕는 데 목표가 있다.		
준비물	나무 모양 활동지 3장, 포스트잇, 응원스티커, 가위, 풀, 색채도구, 필기도구 등		

■ **활동 방법**

① 나무 모양 활동지 3장씩을 나누어 준다.

② 활동지를 색칠하고 나무 모양의 선보다 조금 바깥으로 오린다.

③ 오린 나무 모양 3개를 반으로 접는다.

④ 접은 나무 모양을 붙여 입체로 만든다.

⑤ 나무 모양의 각각에 자신이 좋아하는 것, 자신이 할 수 있는 것, 자신이 하고 싶은 것 등을 포스트잇에 적어 붙인다.

⑥ 나의 나무에게 어울리는 이름을 붙여준다.

⑦ 완성된 나의 나무를 함께 나눈 후, 참여자들은 응원 스티커를 활용해 서로의 나무에 긍정적인 피드백을 해 준다.

※ 재료 출처 – Tree&I : 학토재(https://www.happyedumall.com)에서 구입 가능

■ **활동 예시**

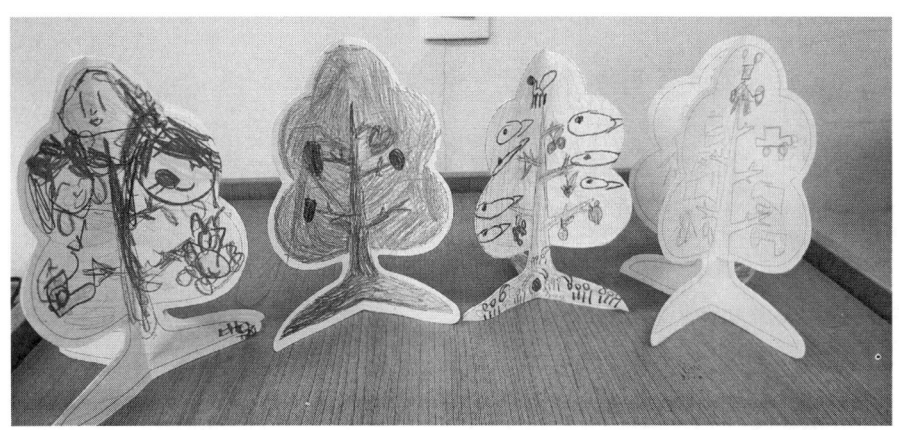

휴독서치료연구소 선정 2023년 11월의 문학작품

무대 위로! 어서!

스테파니 보이어 글 | 엘리사 곤잘레스 그림
박재연 옮김 | 노는날 | 2023

대상	아동
종류	도서

 소개

무대 뒤에서 공연을 준비하고 있는 한 소녀가 있다. 소녀는 공포에 사로잡혀 다리에 힘이 빠지고 심장은 나대기 시작한다. 관객의 소리를 듣고 야유를 보내는 관객의 모습이 떠올라 눈물이 그렁그렁하기도 한다. 그런데 그때 친구의 목소리가 들린다. "무대 위로! 어서!" 친구의 말을 들은 소녀는 연습했던 자신의 모습을 떠올려 본다. 친구의 "무대 위로! 어서!"라는 말은 공포에 사로잡혀 있는 소녀를 무대 위로 올라가게 할 수 있을까?

 **독서치료적 적용**

자신감이란 자신을 믿는 힘을 말한다. 자신감이 있는 사람은 스스로를 사랑하는 법을 알고 미래에 대해 긍정적이며, 개인적인 목표를 하나씩 이루어 가며 자기 효능감 또한 향상되어진다. 자기 효능감을 향상시키기 위해서는 작은 성공의 경험들을 늘릴 수 있도록 다양한 경험들을 해보도록 하는 것이 필요하다. 이 책은 실수가 두려워 도전을 망설이고 있거나 시도조차 하지 않으려고 하는 아동들에게 "지금 시작해봐!"라는 말로 용기를 줄 수 있을 것이다.

 **발문**

단계		내용
동일시	텍스트 수준	이 책에서 가장 인상 깊었던 장면은 어디인가요?
	내담자 수준	그 장면이 가장 인상 깊었던 이유는 무엇인가요?
카타르시스	텍스트 수준	무대 뒤에 서 있는 아이의 기분은 어땠을까요?
	내담자 수준	만약 당신이 주인공의 입장이었다면 어떤 기분이 들었을까요?
통찰	텍스트 수준	실수할까봐 걱정되는 마음이 있지만 무대 위에 올랐을 때 어떤 변화가 일어날까요?
	내담자 수준	이 작품을 읽고 나서 변화된 점은 무엇이 있나요?
내 삶 적용		어떤 일을 도전하려고 할 때 이 그림책의 내용과 같은 응원의 소리를 듣는다면 어떤 변화가 일어날까요?

 **활동 소개**

활동 종류	작문	활동 제목	나의 무대 디자인하기
활동 목표	도전 목록을 구체적으로 적어 보며 실수에 대한 두려움을 줄이고 용기를 북돋을 수 있다.		
준비물	활동지, 필기도구		

■ 활동 방법

① 활동지에 층별로 도전 목록을 구체적으로 적는다.

② 1층은 30일 도전 목록

③ 2층은 6개월 도전 목록

④ 3층은 1년 도전 목록

⑤ 4층은 2년 도전 목록

⑥ 도전 목록을 단계별로 나누어 구체적으로 적고, 도전에 성공한 나의 모습을 상상해본 후 실제로 그와 같은 결과를 얻기 위해 할 수 있는 것들을 적어본다.

■ 활동 예시

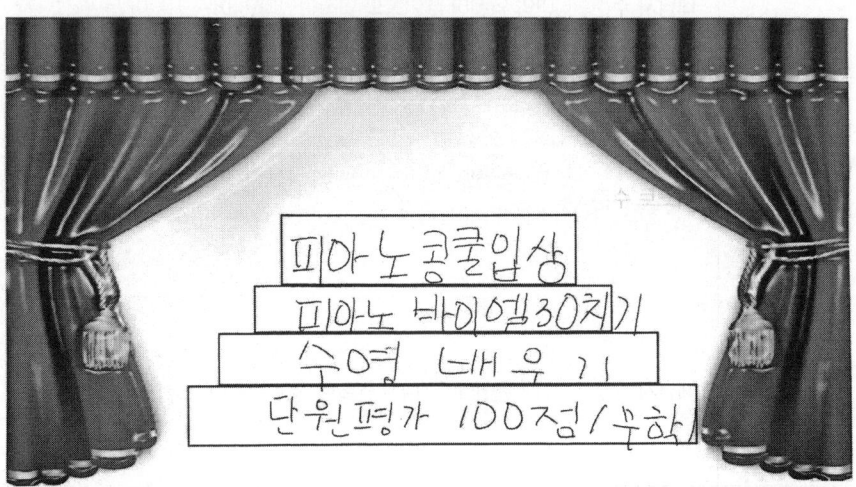

1. 수학문제 2장씩 풀기
2. 엄마에게 수영 배우고 싶다고 말하기
3. 피아노 학원 빠지지 않기
4. 피아노 연습 많이 하기

나의 무대 디자인하기

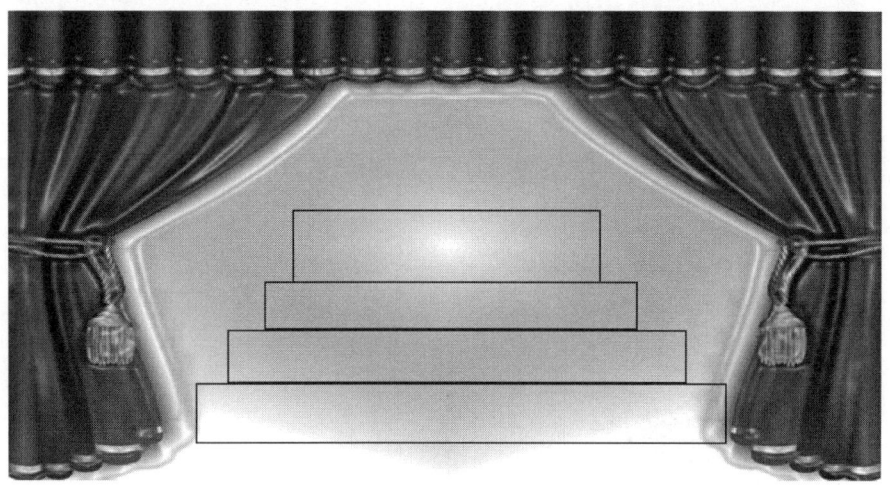

1.

2.

3.

4.

2절 청소년편

휴독서치료연구소 선정 2021년 4월의 문학작품

나의 구석

조오 글·그림 | 웅진주니어 | 2020

대상	청소년
종류	도서

 소개

텅 빈 공간의 구석에 등장한 까마귀 한 마리. 이 구석에서 까마귀는 웅크리고, 앉아보고, 서기를 반복하더니 물건을 하나씩 가져와 구석진 공간을 채우기 시작한다. 생활에 필요한 것들이 준비되고, '구석'은 까마귀의 의미 있는 보금자리가 되었다. 시간이 흐르면서 '뭐가 더 필요할까' 생각하던 까마귀는 벽면 가득 흔적을 새기며 놀고 춤추고 화분을 가꾼다. '그래도 허전한' 어느 날, 폐쇄된 공간에서 까마귀는 과감하게 드릴을 들고 외부로 향한 창을 만든다. 식물이 빛을 쐬고 까마귀가 벽을 사이에 둔 누군가와 소통할 수 있는 또 다른 통로를.

 독서치료적 적용

구석이라는 공간은 물리적인 곳 혹은 심리적인 곳일 수 있다. 따라서 '나는 그곳에 무엇을 두고 있을까?', '그곳은 혹은 그것들은 내게 어떤 의미가 있을까?'에 대해 생각해 보는 것은 나를 이해하는데 도움이 될 물음들이다. 더불어 벽에 구멍을 내는 까마귀의 행동은 외부와 통할 수 있는 통로를 만든다는 측면에서 환기라든가 혹은 관계에 대한 지향으로 해석할 수도 있겠다. 그러므로 이 책은 자아정체감 확립이 필요한 청소년들에게도 나에 대한 탐구를 도와줄 것이며, 이때 '그래도 허전한' 부분을 찾을 수 있도록 돕는 것은 치료사에게 중요한 접근 방향일 것이다.

발문

단계		내용
동일시	텍스트 수준	가장 기억에 남는 장면이 있었나요?
	내담자 수준	왜 그 장면이 기억에 남았나요?
카타르시스	텍스트 수준	'뭐가 더 필요할까?'라며 구석을 채워나가던 까마귀에게는 '그래도 허전한' 어느 날이 있었어요. 이때, 까마귀는 어떤 기분이었을까요?
	내담자 수준	내가 까마귀였다면 어떤 기분이었을까요?
통찰	텍스트 수준	처음의 구석과 나중의 구석은 까마귀에게 각각 어떤 의미였을까요?
	내담자 수준	까마귀의 구석이 달라지는 모습을 보면서 어떤 생각이 들었나요?
내 삶 적용		나만의 구석이 있다면 무엇으로 채우고 싶나요?

 **활동 소개**

활동 종류	작문, 미술	활동 제목	나의 구석 채우기
활동 목표	나의 구석에 채우고 싶은 것들을 통해 나를 알 수 있다.		
준비물	도화지, 색연필, 필기구		

■ 활동 방법

① 잠시 눈을 감고 나의 구석에 앉아 본다. 나의 구석에 무엇을 두고 싶은지 생각한다.

② 도화지에 나의 구석을 9등분을 내서 번호대로 돌아가며 채우고 싶은 것을 적거나 그려 넣는다.

5	6	7
4	1	8
3	2	9

③ 전체적으로 살펴보고, 제목을 붙여 본다.

④ 1, 9번의 내용을 발표하고 소감을 나눈다.

■ 활동 예시

휴독서치료연구소 선정 2021년 5월의 문학작품

이름 없는 고양이

다케시타 후미코 글 | 마치다 나오코 그림
고향옥 옮김 | 살림 | 2020

대상	청소년
종류	도서

 소개

아무도 이름을 지어 준 적이 없는 고양이가 있다. 어릴 때는 그냥 '아기 고양이'였고, 다 자란 뒤에는 그냥 '고양이'였다. 동네 고양이들은 모두 이름이 있고 그 이름에 담긴 뜻도 있다. 하지만 나는 이름이 없다. 절에 사는 보살이가 마을을 잘 둘러보면, 고양이 한 마리 이름 정도는 찾을 수 있을 거라고 한다. 마을을 걸어 다니며 찾아보았지만 이름을 찾지 못했다. 비가 오는 날, 마음속이 빗소리로 가득할 때 누군가 나를 부르는 상냥한 목소리가 들렸다. 내가 정말 갖고 싶었던 것이 무엇이었는지를 깨닫게 해주는 책이다.

 **독서치료적 적용**

Maslow(1999)는 자아존중감을 내적·외적 자아존중감으로 나누었다. 내적 자아존중감은 자신 스스로가 자신에 대해 높이 평가하는 것이며, 어떠한 상황에도 자신이 가치 있는 존재라고 생각하는 것이다. 외적 자아존중감은 타인이 자신을 소중하게 여기는 데서 형성되는 것으로, 타인이 나를 어떻게 생각하고 어떻게 반응하는가에 대한 개념이다. 청소년 시기는 외적 자아존중감인 타인에 대한 평가로 심리적으로 많은 영향을 받는 시기이다. 그렇기에 타인들로부터 인정을 받고 있다는 확신을 통해 자신의 가치를 인식하기도 한다. 이 도서는 내적·외적 자아존중감으로 혼란을 겪고 있는 청소년들에게 자신의 가치에 대해 생각하는데 도움을 줄 수 있을 것이다.

발문

단계		내용
동일시	텍스트 수준	가장 마음에 와 닿은 장면은 어디인가요?
	내담자 수준	그 장면이 와 닿은 이유는 무엇인가요?
카타르시스	텍스트 수준	다른 고양이들은 이름이 있는데 나만 이름이 없었을 때 고양이의 기분은 어땠을까요?
	내담자 수준	만약 여러분이 이름 없는 고양이었다면 기분이 어땠을까요?
통찰	텍스트 수준	'이름을 불러 줄 누군가였어.'의 문장이 의미하는 것은 무엇일까요?
	내담자 수준	나의 이름을 불러 줄 사람이 있다는 것은 여러분들에게 어떤 의미인가요?
내 삶 적용		내가 스스로 가치 있는 사람이라고 느낄 때는 언제인가요?

활동 소개

활동 종류	작문	활동 제목	자아존중감 점검
활동 목표	내적·외적 자아존중감 점검하기		
준비물	활동지, 필기도구		

■ **활동 방법**

① 다음의 내용으로 내적·외적 자아존중감을 설명해 준다.

〈미국의 심리학자 Maslow는 자아존중감을 내적 자아존중감과 외적 자아존중감으로 나누어 설명하였다. 내적 자아존중감은, 스스로 자신을 어떻게 인식하고 평가하고 있는지에 관한 것이다. 외적 자아존중감은, 타인의 칭찬, 인정 등 타인의 평가와 인정 등에 의해 형성되는 것이다.〉

② 집단 참여자의 이해를 돕기 위해 ①의 설명에 대한 예시를 들어준다.

③ 자신이 내적·외적으로 언제 가치 있는 사람이라고 여겨지는지 스스로 생각을 해 볼 수 있는 시간을 준다.

④ 활동지를 나누어 준 후, 생각한 부분을 작성하도록 한다.

⑤ 작성한 활동지를 집단 참여자들과 이야기를 나누어 본다.

⑥ 내적·외적으로 가치 있는 사람임을 알게 된 소감을 나누어 본다.

■ **활동 예시**

내적·외적 자아존중감 점검

나의 가치가 느껴졌던 때(상황, 타인의 말, 인정 등)를 떠올려, 그 내용을 정리해 보세요.

	언제(상황)	느꼈던 감정	점수	그 후 달라진 점
내적 자아존중감				
	언제(상황)	느꼈던 감정	점수	그 후 달라진 점
외적 자아존중감				

휴독서치료연구소 선정 2021년 6월의 문학작품

똑, 딱

에스텔 비용-스파뇰 글·그림 | 최혜진 옮김
여유당 | 2018

대상	청소년
종류	도서

 소개

똑이와 딱이는, 늘 함께한, 세상에서 가장 친한 단짝친구다. 그런데 어느 날 딱이가 사라졌다. 걱정이 된 똑이는 딱이를 찾기 시작한다. 좀처럼 찾기 쉽지 않다. 숲속 친구들은 딱이가 없는 똑이는 보지 못했다며 오히려 "너는 누구냐?"며 묻는다. 똑이는 "딱이가 없어도 나는 똑이라고!" 외치지만, 혼란스럽다. 그러나 딱이는 다른 새들과 재미있고 놀고 있었고, 그 장면을 목격한 똑이는 슬픔에 잠긴다. 늘 함께 했는데 둘은 왜 같은 곳에 있지 않을까? 과연 친구란, 우정이란 무엇일까?

 **독서치료적 적용**

청소년기는 '친구 관계'가 중요한 시기이다. 따라서 청소년들은 마음의 비중을 교우관계에 많이 둔다. 하지만 인간관계를 쌓기는 힘들어도 한 순간에 무너뜨리기는 쉽다. 그래서 '친밀한 인간관계'를 지속하기 위해서는 배려와 기다림의 자세가 필요하다. 즉, 관계가 성숙해지는 시간이 필요하다. 그런데 중요한 것은 '관계 속의 나'다. 관계 속에 내가 함몰되어 '친구관계' 밖의 내 모습이 없다면 건전한 관계라고 말하기 어렵다. 옆에 누군가가 있어 설명되는 내 모습 말고, 옆에 아무도 없어도 변하지 않는 나, 바로 나, 자신의 세계를 발견하는 것도 중요하다. 이 책은 나를 잃지 않으면서 좋은 친구를 기다리고, 배려하며 서로간의 관계를 돈독하게 유지할 수 있는 '관계의 성장성'에 대해 생각해 보고 싶거나, 친구관계에 아쉬움을 느껴봤던 청소년들에게 추천하고 싶다.

발문

단계		내용
동일시	텍스트 수준	이 책에서 가장 인상적인 장면은 어디인가요?
	내담자 수준	그 부분이 가장 인상적인 이유는 무엇인가요? 똑이와 딱이처럼 늘 곁에 있는 친구가 있나요? 친하다가 멀어진(어색해진) 친구가 있나요?
카타르시스	텍스트 수준	딱이가 나 말고 다른 이와 친하게 지내는 것을 보았을 때 똑이의 기분은 어떨까요?
	내담자 수준	내가 꼬마 펭귄이었다면 기분이 어땠을까요?
통찰	텍스트 수준	숲속 친구들은 딱이 없는 똑이는 보지 못했다고 합니다. 똑이는 "딱이가 없어도 나는 똑이라고!" 외치지만, 혼란스러웠습니다. 왜 혼란스러웠을까요?
	내담자 수준	친구와 나는 취향이나 관심사가 다를 수 있는데, 주변사람들이 친구와 나를 한꺼번에 같이 취급한다면 기분이 어떨까요?
내 삶 적용		나를 잃지 않는 관계 맺기를 위해서 어떤 준비를 해야 할까요?

 **활동 소개**

활동 종류	작문	활동 제목	건전한 친구 관계
활동 목표	따로 또는 같이, 건전한 친구 관계를 정립할 수 있다.		
준비물	필기도구		

■ **활동 방법**

① 똑이와 딱이가 서로에게 어떤 존재인지, 나에게도 그런 존재가 있는지 이야기 나눔을 한다.

② 친한 친구(절친)와 주로 무엇을 하는지 (같이 하는 활동(놀이), 대화)에 대해서 주로 누가 주도하는지 등의 이야기 나눔을 한다.

③ 친했다고 생각한 친구와 멀어진(또는 어색한) 경험이 있는지, 어떤 이유로 멀어졌는지, 멀어졌을 때 어떤 기분이었는지, 또는 어떤 기분일지에 대해서 이야기 나눔을 한다.

④ 내가 하고 싶은 것과 친구가 하고 싶은 것이 다른 적이 있는지의 경험을 나눈다. 그 때 나는 어떻게 대처했는지 또는 대처할지 이야기 나눔을 한다. (늘 같이, 늘 모든 것을 함께 것에 대한 부담감, 또는 따로 하고 싶어 하는 마음을 본 나의 감정 등)

⑤ 친구 관계에서 '같이' 하는 것과 '따로' 하는 것의 필요성, 또는 이유에 대해 생각해 본 적이 있는지 이야기 나눔을 한다.

⑥ '친구 관계 생각해보기' 활동지를 배부하여, 건전한 친구 관계에 대해서 스스로 생각해 볼 수 있는 기회를 제공한다.

■ **활동 예시**

▶ 친구 관계에 대해서 생각해보기

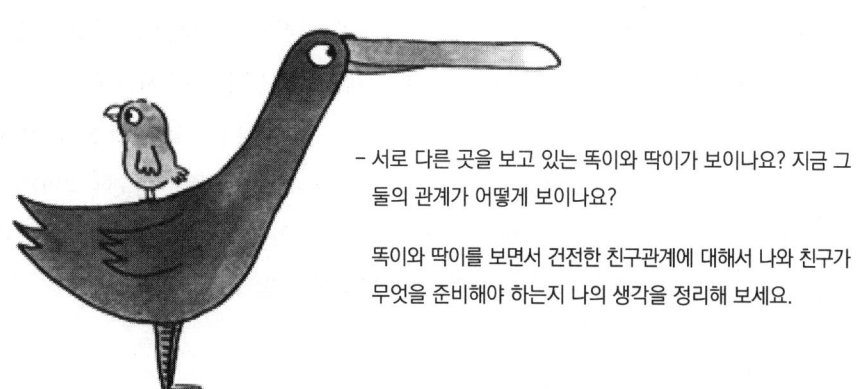

- 서로 다른 곳을 보고 있는 똑이와 딱이가 보이나요? 지금 그 둘의 관계가 어떻게 보이나요?

똑이와 딱이를 보면서 건전한 친구관계에 대해서 나와 친구가 무엇을 준비해야 하는지 나의 생각을 정리해 보세요.

휴독서치료연구소 선정 2021년 8월의 문학작품

다 같은 나무인 줄 알았어

김선남 지음 | 그림책공작소 | 2021

대상	청소년
종류	도서

 소개

우리 동네엔 나무가 참 많다. 처음엔 다 같은 나무인 줄 알았다. 그 나무들이 다르다는 걸 꽃이 피고 싹이 나서야 알게 된다. 그 나무만의 향기와 그늘이 드리울 때 비로소 그 나무가 다 같은 나무가 아니라는 걸 알게 된다. 부채 모양의 연초록 싹이 나면 은행나무, 솜사탕 향기가 나면 계수나무, 흐드러지게 벚꽃을 피우는 벚나무까지 본연의 모습으로 저마다의 삶을 살아가는 나무가 있다.

 독서치료적 적용

신체, 정서, 인지적으로 급격한 변화가 일어나는 청소년 시기는 자신이 타인과 구별되는 유일하고 독특한 존재라는 것을 인식하며 자아정체감을 형성한다. 이 시기에 많은 청소년들은 '나는 누구인가?'라는 의문을 제기하며 자신만의 색깔과 모습을 찾게 된다. 책 속의 나무들이 비슷해 보임에도 서로 다른 것처럼, 이 책을 통해 청소년들은 비슷해 보이는 자신들에게도 고유성과 다양성이 존재함을 발견할 수 있을 것이다. 또한, 자신만의 색깔과 아름다움이 무엇인지 생각해보고 자신을 발견하는 계기를 마련할 것이다.

발문

단계		내용
동일시	텍스트 수준	어느 부분이 가장 마음에 와 닿았나요?
	내담자 수준	그 부분이 가장 마음에 와 닿은 이유는 무엇인가요?
카타르시스	텍스트 수준	처음엔 모두 같은 나무인줄 알았는데 다 다른 나무라는 걸 알아봐 줄 때 기분이 어땠을까요?
	내담자 수준	당신이 만약 그 입장이라면 기분이 어땠을까요?
통찰	텍스트 수준	"처음에 다 같은 나무인줄 알았는데 다 다른 나무가 많다"라는 말이 의미하는 것은 무엇일까요?
	내담자 수준	이 그림책을 읽고 생각이 달라진 점이나 알게 된 점이 있나요?
내 삶 적용		당신도 이와 비슷한 경험이 있나요? 그럴 때 어떻게 했었나요?

📖 활동 소개

활동 종류	작문 및 놀이	활동 제목	타인이 보는 나 '나'를 찾아봐
활동 목표	타인을 통해 자신만의 고유성과 서로의 다양성을 알 수 있다.		
준비물	A4용지 1/2, 필기도구, 종이상자		

■ 활동 방법

① 준비한 A4용지 1/2를 4칸이 나오게 접는다.

② 4칸으로 나눈 종이 첫 번째 칸에 자기 이름을 쓰고 접어서 종이상자에 넣는다.

③ 모든 사람들이 종이상자에 자기 이름을 쓴 종이를 넣으면 골고루 섞은 후 돌아가며 한 장씩 랜덤으로 뽑는다.

④ 각자 뽑은 종이에 적힌 이름을 확인하고 제시된 3가지 질문에 정성껏 답을 적은 후 접어서 종이상자에 넣는다.

⑤ 치료사는 종이상자 안의 종이를 골고루 섞고 한 장을 뽑는다. 뽑은 종이의 내용을 집단원들에게 한 문항씩 읽어주고 집단원들은 들은 내용을 바탕으로 그 대상이 누구인지 알아맞힌다.

▶ 3가지 질문

1. 이 사람의 겉으로 보이는 특징? 예시) 키가 크다. 안경을 꼈다.
2. 이 사람의 장점(좋은 점)?
3. 이 사람에 대해 닮고 싶은 점? or 나에게는 없지만, 이 사람이 가지고 있는 점?

■ 활동 예시

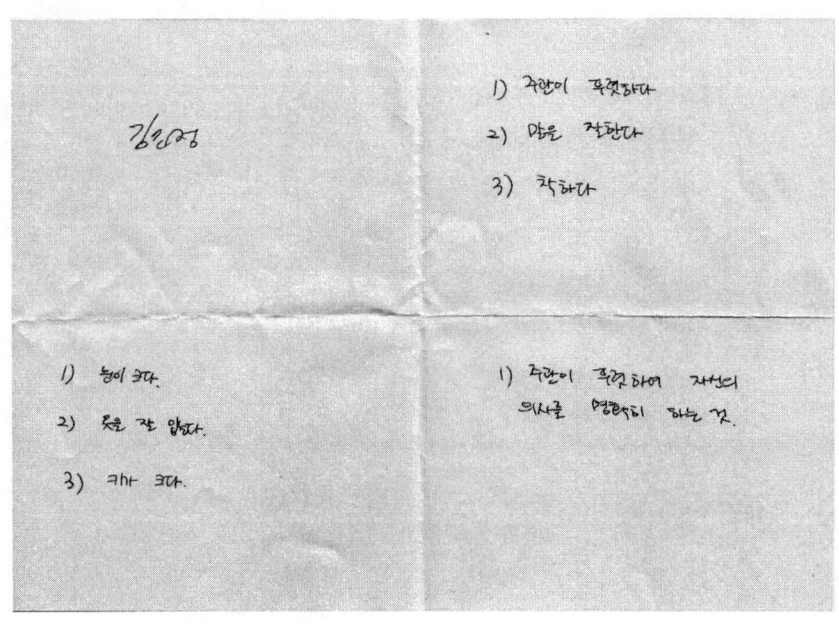

| 휴독서치료연구소 선정 2021년 10월의 문학작품 |

다른 사람들

미안 글·그림 | 고래뱃속 | 2019

대상	청소년
종류	도서

 소개

조금 크게 태어나 자라고, 자라고, 자라서 다른 사람들보다 빌딩보다 커진 아이, 사람들은 자신과 다르게 너무나 큰 아이에게 두려움을 느끼고 도망친다. 그런 사람들의 모습을 보며 아이 역시 두려워한다. 다른 사람들과 같아지기 위해 치유의 섬이라고 불리는 곳에 보내진 아이는, 점점 작아져 다른 사람들과 똑같은 모습이 되어 집으로 돌아가 생활한다. 그러던 어느 날 이전의 아이만큼 큰, 지금의 아이보다 큰 사람이 나타났고, 아이는 그를 향해 가방을 던진다. 이 그림책의 저자는 무채색으로 그려진 정리된 도시의 모습을 통해, 지금 우리가 살아가는 세상이 원하는 획일성과 폭력성에 대해 표현하고 있다.

 **독서치료적 적용**

청소년기는 미래의 독립된 삶을 준비하면서 스스로 어떻게 살아가야 하는지를 생각하기 시작하는 시기로, 독립된 자아로서 정체성을 형성해 가는 때이다. 자아정체성은 다른 사람과 구별되는 한 인간의 고유한 특성으로 자아정체감을 확립하기 위해서는 다른 사람과 자신을 비교하거나 모방만 해서는 안 되며, 주체성을 가지고 자신을 인식하려고 노력해야 한다. 하지만 청소년기는 또래 집단을 비롯한 여러 사회화 기관의 영향을 받으면서 성인으로 살아가는데 필요한 내용을 학습하는 시기이기에 '나답게'란 주체적인 삶보다는 사회규범과 제도에 맞는 사회 구성원이 되길 강요받는다. 따라서 스스로를 제한하는 내적 혹은 외적요인으로 정체감에 혼란을 겪고 있는 청소년들에게, 이 그림책은 나다움에 대해 생각해 볼 수 있는 기회를 제공할 것이다.

발문

단계		내용
동일시	텍스트 수준	이야기 중에서 어느 부분이 가장 마음에 와 닿았나요?
	내담자 수준	그 부분이 가장 마음에 와 닿은 이유는 무엇인가요?
카타르시스	텍스트 수준	커진 나의 모습을 보며 놀라 도망치는 다른 사람들을 볼 때 주인공은 어떤 감정이었을까요?
	내담자 수준	당신이 만약 주인공과 같은 입장이라면 기분이 어땠을까요?
통찰	텍스트 수준	주인공이 나와 다른 사람을 향해 가방을 던져 공격한 이유는 무엇일까요?
	내담자 수준	이 그림책을 읽고 나서 깨달은 점이 있나요?
내 삶 적용		당신도 그림책의 주인공처럼 같은 사람이 되도록 강요받은 적이 있나요? 그럴 때 어떻게 했었나요? 앞으로는 그런 상황에서 어떻게 할 수 있을까요?

 **활동 소개**

활동 종류	미술	활동 제목	내가 보는 나, 남이 보는 나
활동 목표	내가 보는 나와 남이 보는 나를 점검해 봄으로써 자아정체감 형성에 도움을 주는 데 목표가 있다.			
준비물	가면, 색채도구, 필기도구			

■ 활동 방법

① 가면의 안에는 내가 생각하는 나의 모습을 그림으로 표현한다. 색깔로 표현할 수도 있다. (색깔의 수는 제안하지 않는다.)

② 가면의 안에는 내가 생각하는 나는 어떤 사람인지 적는다.

③ 가면의 밖에는 보이는 나의 모습을 그림으로 표현한다. 색깔로 표현할 수도 있다.

④ 가면의 밖에 다른 사람에게 자주 듣는 말이나 다른 사람에게 보이는 나의 모습을 적는다. (다른 참여자들에게 적어달라고 할 수 있다.)

⑤ 다른 참여자들이 적어 준 글 중에서 가장 인상 깊은 내용은 무엇이고 어떤 느낌인지 이야기 나눈다.

■ 활동 예시

휴독서치료연구소 선정 2021년 12월의 문학작품

두려워하지 마, 나무야

로렌 롱 글·그림 | 윤정숙 옮김 | 봄의정원 | 2016

대상	청소년
종류	도서

 소개

이 책은 작은 잎을 가득 달고 있는 어떤 나무의 성장을 다루고 있다. 분명히 튼튼하게 자라게 될 나무는 봄, 여름을 보내고 가을을 맞이한다. 이제 나무들은 잎을 떨어뜨리고 겨울을 견디고 봄을 맞이할 시간이다. 그러나 잎이 없이 살아갈 자신이 없는 나무는 잎을 꽉 붙잡고 있다. 겨울이 가고 봄이 온 숲에는 생기가 가득했지만, 이 나무는 아픈 나무처럼 기운이 없다. 다른 나무들은 해가 갈수록 성장했지만, 이 나무만 작은 나무인 채로 시들어 간다. 나무는 자기와 비슷했던 나무들의 성장을 보면서 용기를 내어 잎을 떨어뜨리고, 몇 해가 지나면서 마법 같은 일을 경험한다.

 독서치료적 적용

이 책은 발달과 성장을 위해서는 그 시기에 맞는 변화에 적응하고, 적응을 위해서는 용기와 노력이 필요하다는 것을 잘 보여준다. 나무는 용기 있게 변화를 받아들이고 변화에 적응하려는 도전을 시작하고, 필요한 만큼의 시련을 겪고 드디어 성장할 수 있게 되었다. 영유아기, 아동기를 거친 청소년은 갑작스러운 변화와 사회적 요구에 당황하고 혼란스러워 한다. 청소년기는 뇌에서 전두엽이 발달하기 위한 왕성한 변화가 일어나는 시기이므로 성장에 중요한 단계이다. 그 시기를 어떻게 보내느냐가 이후의 삶에 많은 영향을 미친다. 이 책은 청소년 독자가 그 시기에 따른 변화에 적응하기 위한 용기와 노력을 배울 수 있는 좋은 자료가 될 것이다.

발문

단계		내용
동일시	텍스트 수준	이 책에서 가장 기억에 남는 부분은 어디인가요?
	내담자 수준	그 부분이 가장 기억에 남는 이유는 무엇인가요?
카타르시스	텍스트 수준	다른 나무들이 잎을 떨어뜨리고 겨울을 맞이할 준비를 할 때, 작은 나무는 어떤 마음이었을까요?
	내담자 수준	여러분이 작은 나무와 비슷한 상황이라면 어떤 마음일까요?
통찰	텍스트 수준	작은 나무가 다른 나무들의 성장을 보면서 깨달은 점은 무엇일까요?
	내담자 수준	자신의 성장을 위해서 변화를 받아들이고 적응하기 위해 노력해야 하는 이유는 무엇일까요?
내 삶 적용		자신의 성장을 위해 지금 할 수 있는 일이 무엇인지 생각해 보세요.

활동 소개

활동 종류	작문	활동 제목	나의 성장 일지
활동 목표	자신이 어려움을 극복한 경험을 통해 얼마나 성장을 했는지 확인할 수 있도록 돕는다.		
준비물	필기도구		

■ 활동 방법

① 자신이 어려움을 극복한 경험을 떠올려 본다.

② 그때의 상황을 구체적으로 설명, 묘사한다.

③ 그때 어려움을 극복한 결과나 영향력을 정리해 본다.

④ 그대 어려움을 극복할 수 있었던 이유를 생각해 본다.

⑤ 내용을 연결하여 한 편의 글로 완성해 본다.

■ 활동 예시

▶ 나의 성장 일지

　나는 수학이 너무 어려워서 수학을 포기했다. 수학시간이나 수학문제를 마주할 때마다 답답하고 막막했다. 질문의 의도조차 파악할 수 없을 때가 많았고, 선생님의 말이 외국어처럼 들리자 점점 수학 앞에서 작아져 가는 나를 보기가 힘들어졌다. 결국 나를 작게 만드는 수학과 이별했다. 심지어는 수학 시간에 다른 공부를 하기도 했다. 그 와중에도 알아들으려고 노력을 하는 친구들이 보여 신경이 쓰였지만 애써 외면했다.

　그러던 중, 수학을 포기하고 갈 수 있는 대학은 없다는 것을 알게 되었고, 절망과 두려움에 힘든 시간을 보내야 했다. 그때 마침 여러 과정과 단계의 수학 수업을 들을 수 있는 교육방송을 알게 되었고, 이해할 때까지 같은 수업을 계속 들으면서 이해하려고 노력했다. 그렇게 수학과 다시 만나서 문제를 해결해 나갔다.

　그것을 통해 알게 된 사실은 나는 필요하면 끝까지 해보려는 목표 의식과 끈기가 있다는 것이었다. 그것은 내 삶에서 위기가 있을 때마다 하는 데까지 해보는 용기를 준다.

> 휴독서치료연구소 선정 2022년 1월의 문학작품

순간 수집가

크빈트 부흐홀츠 글·그림 | 이옥용 옮김
보물창고 | 2021

대상	청소년
종류	도서

 ## 소개

뚱뚱해서 아이들에게 놀림을 받기 일쑤인 소년은 바이올린을 연주한다. 가족들은 소년이 바이올린을 꺼내면 한숨을 쉬거나 한심하게 여긴다. 이런 소년의 집 윗 층으로 순간을 수집하는 화가 '막스 아저씨'가 이사를 온다. 화가는 소년을 '예술가 선생님'이라 부르며 소년의 연주를 기쁘게 들어 주며, 용기와 격려로 소년을 대한다. 막스를 통해 소년은 다른 사람과의 비교가 아닌 스스로 즐기는 것이야말로 값진 꿈이라는 것을 알게 된다. 막스를 통해 소년은 자신의 멋진 순간을 생각하고 자기만의 길을 찾는다. 우리 각자의 멋진 순간에 대해 생각해 보도록 하는 책이다.

 ## 독서치료적 적용

자신의 꿈이 무엇인지 모르는 사람도 있지만, 어떤 사람은 자신의 꿈을 알면서도 외면한다. 어쩌면 그런 현상은 주위 사람들의 반응에 따른 부정적인 시선이나 스스로 느끼는 한계에 꿈의 곁을 맴도는 일을 멈추기 때문에 나타나는 것인지도 모른다. 순간을 수집한다는 화가는 "찾았다 싶은 길을 다시 잃어버릴 수도 있기 때문에 사람들한테 그림을 너무 일찍 보여주지 말라"고 한다. 순간을 수집하는 화가는 그 순간이 간직한 '꿈에 이르는 길'을, 무엇을 할 때 내가 가장 행복한지를 포착하길 바라는 마음을 소년에게 잘 전달하고 있다. 이 책을 통해 치료사는 순간 수집가의 눈을 가지고 소년이 스스로 자신의 행복한 순간을 깨닫고 나아갈 수 있도록 도움을 줄 수 있을 것이다.

발문

단계		내용
동일시	텍스트 수준	이 책을 읽고 가장 기억에 남는 것은 무엇이었나요?
	내담자 수준	왜 기억에 남았나요?
카타르시스	텍스트 수준	"사실 난 구닥다리 철테 안경을 쓰고 조금 뚱뚱한 편이어서 학교 얘들로부터 곧잘 놀림을 받곤 했지요. 하지만 막스 아저씨만 다정하게 '예술가 선생님'이라고 불러 주었어요." 그런 막스 아저씨가 이사 갔을 때, 주인공의 기분은 어땠을까요?
	내담자 수준	내가 주인공이라면 어떤 기분이었을까요?
통찰	텍스트 수준	막스 아저씨로부터 자신이 바이올린을 켜고 있는 그림을 선물 받은 후, 주인공의 생각이 달라진 점이 있다면 무엇이었나요?
	내담자 수준	주인공의 변화를 읽으며 나는 어떤 생각을 하게 되었나요?
내 삶 적용		나에게도 주인공이 '계속 연주'하고 싶었던 것과 같은 '무엇'인가가 있나요?

활동 소개

활동 종류	사진, 작문	활동 제목	나도 순간 수집가
활동 목표	내가 원하는 순간을 수집하며 욕구나 꿈을 담아낼 수 있다.		
준비물	실물 사진이나 핸드폰 안에 담긴 사진, 필기도구 등		

■ 활동 방법

① 내 미래에 영향을 줄 사진을 3장 찾는다.

② 고른 3장의 사진에 공통점이 있다면 3장을 모두 사용해도 좋고, 각자 다른 의미의 사진이라면 그중에 1개를 고른다.

③ 나의 순간이 미래와 어떻게 연결이 될지 생각하고 글쓰기를 한다.

④ 발표하고 상호작용한다.

■ 활동 예시

- 핸드폰 사진 중에 축구와 관련된 사진을 3장 고른다.
- 축구는 나에게 어떤 의미인지 생각해 보게 하고, 나의 미래와 어떻게 연결할 수 있을지 고민한다.
- 축구와 관련한 진로를 결정했다면, 미래를 위해 어떤 준비를 할 수 있는지 생각해 보고 계획하게 한다.
- 사진이라는 한순간의 수집이 어떤 의미로 나의 미래에 영향을 주게 될지 글쓰기를 한 후 발표하고 상호작용하게 한다.

> 휴독서치료연구소 선정 2022년 3월의 문학작품

키오스크

아네테 멜레세 글·그림 | 김서정 옮김
미래아이(미래M&B) | 2021

대상	청소년
종류	도서

 소개

길거리 작은 가판대(키오스크)는 주인공 올가의 일터이자 쉼터(집)이다. 올가는 좁은 키오스크에서 늘 비슷한 시간에 비슷한 물건을 사는 손님을 맞으며 하루하루를 보낸다. 그러다가 하루일과가 끝나면 멋진 바다 사진이 담긴 여행 잡지를 읽다가 석양이 아름다운 바다를 꿈꾸며 잠이 든다. 그러던 어느 날, 키오스크가 뒤집어지는 사고를 통해 자신의 발로 움직일 수 있다는 사실을 발견한 올가는, 늘 그리워했던 바다로 자리를 옮긴다.

 독서치료적 적용

주인공에게 있어 '키오스크'는 가장 안정적인 자기 세상의 중심인 곳이다. 따라서 그곳을 나갈 수도 떠날 수도 없기 때문에, 석양이 아름다운 바다는 늘 동경의 대상일 뿐이다. 그런데 예측할 수 없었던 작은 사고(불운, 불행)를 통해, 올가는 자신이 바라던 바를 실현하게 된다. 그렇다면 청소년들이 갖고 있는 자신만의 '키오스크'는 무엇일까? 저자는 '키오스크'가 나를 옥죄더라도, 꿈을 꾸는 한 꿈을 이룰 수 있는 기회가 온다, 꿈을 꾸지 않으면 기회를 발견하지 못할 수 있다는 메시지를 준다. 따라서 어떤 꿈을 꾸고는 있지만, '키오스크'와 같은 현실을 이미 경험하고 있을 청소년들이 그곳을 깨치고 나갈 수 있는 힘을 발휘하기를 바란다.

발문

단계		내용
동일시	텍스트 수준	이 책에서 가장 인상적인 장면은 어디인가요?
	내담자 수준	그 부분이 가장 인상적인 이유는 무엇인가요?
카타르시스	텍스트 수준	키오스크가 쓰러져 세상이 뒤집힌 줄 알았다가 키오스크를 움직일 수 있다는 것을 알았을 때, 올가의 기분은 어땠을까요?
	내담자 수준	절망적인 일이 의외로 좋은 결과가 되는 경험을 했다면 나의 기분은 어떨까요?
통찰	텍스트 수준	여행을 꿈꾸는 올가는 왜 키오스크를 벗어나지 않았을까요?
	내담자 수준	올가를 둘러싸고 있는 키오스크처럼 나를 둘러싸고 내가 하고 싶은 일을 막는(붙드는) 것은 무엇일까요?
내 삶 적용		키오스크를 벗어나지 않고 옮기는 방법을 알았을 때 올가는 여행을 떠났습니다. 나도 벗어나고 않고 옮기고 싶은 것이 있을까요? 어떤 방법으로 옮기면 될까요?

 **활동 소개**

활동 종류	작문	활동 제목	버킷리스트 적기
활동 목표	내가 하고 싶은 것을 찾아 실행 계획을 세울 수 있다.		
준비물	필기도구		

■ **활동 방법**

① 내가 하고 싶은 것 50개를 적어본다.

② 50가지 중에서 먼저 시도해 볼 수 있는 것 10개를 고른다.

③ 고른 10개 중 제일 쉽게 빨리 할 수 있을 것 같은 것 1개를 고른다.

④ 고른 1개를 세밀하게 실행 계획을 세워 본다.

⑤ 계획을 다 세웠으면 시도 하는 노력을 한다.

⑥ 시도 후 성공, 실패 유무에 상관없이 다음 계획의 성공을 위한 실행계획의 점검 등 자가 피드백을 한다.

⑥ ③을 반복한다.

⑥ 10개를 다 시도해 보았으면 ②를 반복한다.

※ ①~④ 까지 작성 후 발표 및 소감나누기를 한다.

■ **활동 예시**

① 버킷리스트 50개 적기

② 먼저 해볼 것 10개 고르기

③ 10개중 1개 고르기

④ 고른 1개를 세밀하게 실행 계획을 세워 본다.
  - 실행에 도움이 되는 것 찾아보고 도움 얻기
  - 실행에 방해가 되는 것 알아보고 제거나 보완점 찾아보기

⑤ 시도하기

⑥ 시도 후 자가 점검하기

※ ①~④ 까지 작성 후 발표 및 소감나누기를 한다.

휴독서치료연구소 선정 2022년 5월의 문학작품

내 이름은… 라울

앙젤리크 빌뇌브 지음 | 마르타 오르젤 그림
정순 옮김 | 나무말미 | 2022

대상	청소년
종류	도서

 소개

　라울은 커다랗고 빨간 털을 가진 곰으로 세상에서 자기 이름을 가장 싫어한다. 친구들이 "라울아!"하고 부르면 온몸에 소름이 돋고 기분이 나빠지며 자신이 못생겼다고 느껴져 어디론가 사라지고 싶어 한다. 하지만 라울의 가장 친한 친구 자코트는 라울의 이름이 세상에서 가장 좋은 이름이라고 말한다. 과연 자코트의 말을 들은 라울은 자신의 이름을 좋아하게 될까?

 **독서치료적 적용**

　사람에게는 누구나 이름이 있고 자신의 이름이 사람들에게 불리기를 원한다. 또한, 이름은 타인과 나를 구분 짓는 기준이면서 한 개인으로서의 정체성을 나타내는 지표가 되기도 한다. 특히 청소년기가 되면 '나는 누구인가?', '나는 무엇을 할 수 있는가?' 등 자신에 대한 의문과 해답을 찾아가는 과정에서 자아정체감이 형성되기 때문에, 자신의 모습을 긍정적으로 바라보는 태도를 지닌 청소년은 스스로를 가치 있는 존재로 인식하며 긍정적인 자아정체감을 갖지만 자신의 모습에 대해 만족하지 못하는 경우에는 스스로에 대해 부정적인 태도를 가질 수 있다. 따라서 이 책은 자신에 대한 고유성을 찾아가는 청소년들이 자기 자신을 있는 그대로 받아들일 수 있도록 돕고, 나다움에 대해 생각해 볼 수 있는 계기를 마련해줄 것이다.

발문

단계		내용
동일시	텍스트 수준	어느 부분이 가장 마음에 와 닿았나요?
	내담자 수준	그 부분이 가장 마음에 와 닿은 이유는 무엇인가요?
카타르시스	텍스트 수준	자신의 이름이 가장 싫고, 친구들이 부르면 스스로 못생겼다고 느껴져 어디론가 사라지고 싶다고 말하는 라울의 기분은 어떨까요?
	내담자 수준	만약 여러분이 라울의 입장이라면 기분이 어떨까요?
통찰	텍스트 수준	라울이 친구 자코트를 안아준 이유는 무엇일까요?
	내담자 수준	이 책을 읽고 생각이 바뀌거나 새롭게 알게 된 점이 있나요?
내 삶 적용		여러분도 책 속 주인공처럼 자신의 이름이 마음에 들지 않는다고 느꼈던 적이 있었나요? 그럴 때 어떻게 했었나요?

 **활동 소개**

활동 종류	작문	활동 제목	다섯 글자로 내 친구를 표현하면?
활동 목표	타인을 통해 자신의 장점이나 긍정적인 면을 발견하고 인식할 수 있다.		
준비물	활동지, 필기도구		

■ **활동 방법**

① 4명을 한 모둠으로 구성한다.

② 제시된 활동지에 자신의 이름을 적은 후, 앉은 자리에서 시계 방향으로 활동지를 전달한다.

③ 전달받은 활동지에 적힌 친구의 이름을 보고 평소에 느꼈던 긍정적인 점이나 나에게 없는 친구의 좋은 점 등을 떠올려 다섯 글자로 내 친구를 표현하고 그렇게 표현한 이유를 적는다.

④ 완성된 활동지는 모둠 구성원들과 돌아가며 발표하고 느낌을 나눈다 친구에 대해 표현할 때는 막연히 좋은 느낌만을 전달하기보다 구체적인 행동이나 특성을 말할 수 있도록 이끌어 준다.

예시) 자랑스러워, 나름 착하다, 속 깊은 사람, 영혼의 단짝, 고민 메이트, 맛집 메이트

■ **활동 예시**

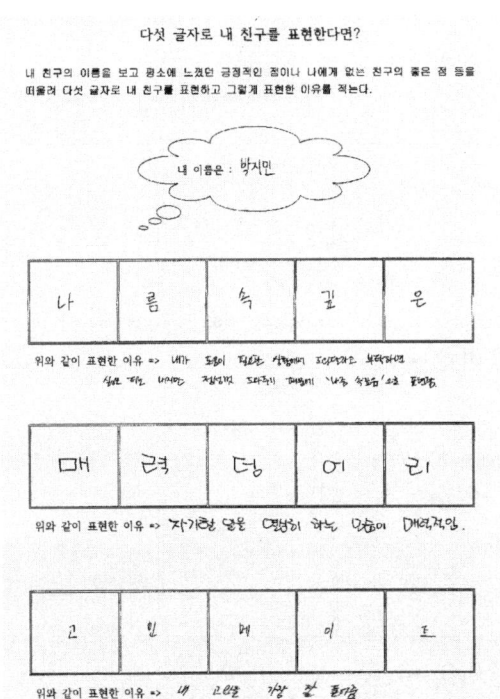

다섯 글자로 내 친구를 표현한다면?

내 친구의 이름을 보고 평소에 느꼈던 긍정적인 점이나 나에게 없는 친구의 좋은 점 등을 떠올려 다섯 글자로 내 친구를 표현하고 그렇게 표현한 이유를 적어보세요.

위와 같이 표현한 이유 →

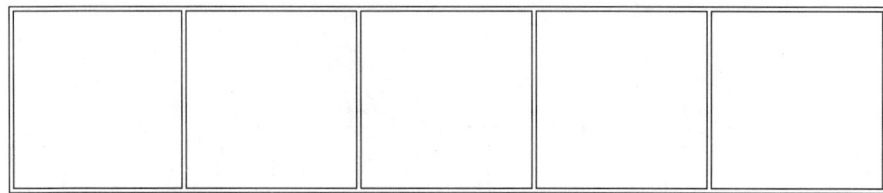

위와 같이 표현한 이유 →

위와 같이 표현한 이유 →

휴독서치료연구소 선정 2022년 6월의 문학작품

핑!

아니 카스티요 글·그림 | 박소연 옮김 | 달리 | 2020

대상	청소년
종류	도서

 소개

"우리는 '핑'만 할 수 있어요. '퐁'은 친구의 몫이에요." '핑'은 우리의 마음과 생각을 타인에게 전하는 일이다. 우리가 온 마음으로 '핑'을 했다면 이제 열린 마음으로 '퐁'을 기다리면 된다. '퐁'은 타인의 몫이기에 기대했던 반응과 다르더라도 실망하거나 움츠러들 필요가 없다. 이 책은 타인과 마음을 주고받으며 관계 형성하는 과정을 '핑퐁' 게임에 빗대어 설명하고 있다. 저자는 나의 몫인 '핑'을 다양한 방법으로 자유롭고, 용감하고, 현명하게 표현하는 것이 중요하다고 말하고 있다. 그리고 돌아오는 '퐁'이 무엇이든 다 의미가 있으므로 가만히 귀를 기울일 필요가 있다고 조언한다.

 **독서치료적 적용**

청소년기는 가족, 친구, 사회, 더 나아가 세상으로 관계 영역이 확장되고, 사회문화적 활동에 참여하는 기회가 늘어나는 시기이다. 따라서 사회적 상호작용의 기회를 통해 친밀한 관계 형성 및 사회적 역할과 행동을 익히는 중요한 시기라고 할 수 있다. 이 책은 청소년이 가족, 친구 등 타인과 상호작용을 하는 과정에서, 또는 사회에 첫발을 딛고 새로운 도전을 준비하는 과정에서 예상치 못한 사회적 반응에 맞닥뜨리더라도 움츠러들지 않고, 자신의 몫인 '핑'에 집중하여 다양한 방법으로 자기 생각과 마음, 꿈을 표현하는 것이 중요함을 이야기하고 있다. 따라서 자신의 역할에 최선을 다하며 살아갈 용기를 얻는데 도움이 될 것이다. 이에 타인의 반응에 예민하여 쉽게 상처를 입거나 관계 맺기의 다양한 고민과 어려움을 경험한 청소년들에게 추천하고 싶다.

발문

단계		내용
동일시	텍스트 수준	기억에 남는 부분이 있나요?
	내담자 수준	왜 그 부분이 기억에 남았나요?
카타르시스	텍스트 수준	다른 새들처럼 날고 싶은데 "흥! 원래 펭귄은 날 수 없어!", "펭귄은 날 수 없단다."라는 말을 들었을 때, 꼬마 펭귄은 기분이 어땠을까요?
	내담자 수준	내가 꼬마 펭귄이었다면 기분이 어땠을까요?
통찰	텍스트 수준	"나는 날 수 있어!"라고 말하는 마지막 장면 이후, 꼬마 펭귄은 이전과 어떻게 달라졌을까요?
	내담자 수준	꼬마 펭귄을 보면서 책을 읽기 전과 생각이 달라진 부분이 있나요?
내 삶 적용		무엇인가 하고 싶은 일이 있는데 모두가 '안 돼!'라고 하면 나는 어떻게 할 건가요?

활동 소개

활동 종류	활동지	활동 제목	나의 '핑퐁' 그래프
활동 목표	그래프를 이용하여 의미 있는 관계를 점검하고, 관계 맺기의 다양한 고민과 어려움을 말로 표현할 수 있다.		
준비물	활동지, 필기도구		

■ 활동 방법

① 치료사는 참여자에게 활동지를 제시한 후 활동에 대해 안내한다. 나의 '핑퐁' 그래프는 태어난 날부터 오늘까지의 자신과 '핑퐁'을 주고받는, 의미 있는 관계의 사람과 의미 있는 일을 기록하는 과정이다.

② 참여자는 그래프 위에 자신과 관계를 맺고 있는 사람들과 의미를 간단하게 적으며 관계 점검의 기회를 얻는다.

③ 그래프 가로축에 태어난 날부터 오늘까지의 나에게 있었던 의미 있는 기억을 간단한 문장으로 기록하고, 문장 끝의 괄호 안에 그 일과 연결된 의미 있는 사람의 이름이나 호칭을 적는다.

④ 그래프 세로축의 상단은 긍정의 감정을 경험한 의미 있는 기억(행복, 기분 좋은 기억)을, 하단은 부정의 감정을 경험한 의미 있는 기억(화, 슬픔, 힘들었던 기억)으로 나누어 기록한다.

⑤ 치료사는 참여자가 관계 점검 및 관계 맺기 과정에서 경험한 다양한 고민과 어려움을 표현하는 과정에서 카타르시스와 통찰을 도울 수 있다.

⑥ 활동 후 소감을 나눈다.

■ 활동 예시

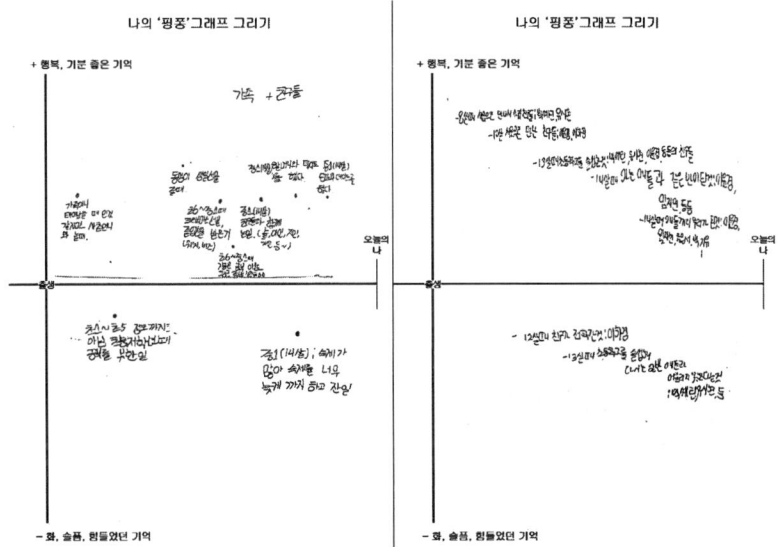

나의 '핑퐁' 그래프 그리기

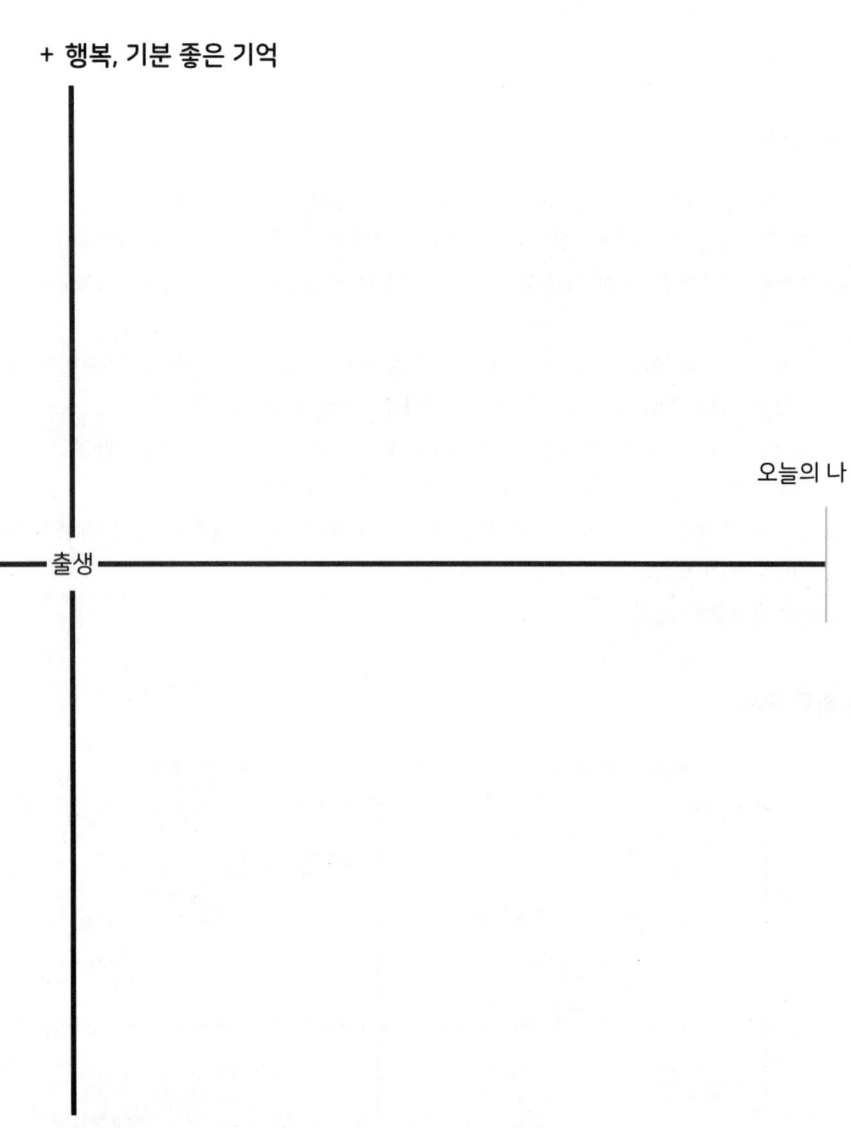

휴독서치료연구소 선정 2022년 7월의 문학작품

나와 다른 너에게

티모테 르 벨 글·그림 | 이세진 옮김 | 책읽는곰 | 2022

대상	청소년
종류	도서

 소개

떡갈나무 언덕에 사는 토끼들은 오줌을 누러 가고, 물 마시러 가고, 낮잠 시간에 망보는 것까지 모든 것을 함께 한다. 산토끼는 어릴 적부터 함께 자란 굴토끼들을 좋아하지만 왜 그렇게까지 조심해야 하는지 이해할 수가 없다. 이런 산토끼가 혼자 물 마시러 갔다가, 다른 산토끼와 만나 들판을 마음껏 달린다. '달리니까 좋다!', '이게 모험이지!', '자유로워!' 해방감을 느끼며 숲으로 뛰어든 산토끼들에게 예상치 못한 위기가 닥친다. 과연 산토끼는 무사히 숲속을 빠져나올 수 있을까?

 **독서치료적 적용**

인지적, 정서적 발달과 함께 자아정체성이 확립되어야 하는 청소년기에는, 다른 발달 단계보다 친구 관계가 성장과 발달에 많은 영향을 미친다. 청소년들은 친구 관계를 통해 관심과 지지를 주고받고 협동하는 등의 사회적 지지를 받기도 하지만, 갈등과 대립을 경험하기도 하면서 대인관계를 맺고 유지하고 갈등을 해결해 나가는 중요한 바탕을 마련하며, 사회화 발달을 돕는 중요한 기능을 하기 된다. 따라서 원하든 원하지 않던 크고 작은 공동체에서 타인과 상호작용을 하면서 관계를 맺는 청소년들에게 다름을 인정하는 것을 배울 필요가 있는데, 이 그림책은 소중한 나를 지키며 따로 또 같이 살아가는 공동체의 소중함도 느낄 수 있도록 도와줄 것이다.

발문

단계		내용
동일시	텍스트 수준	이야기 중 가장 마음에 와 닿은 부분은 어디입니까?
	내담자 수준	왜 그 부분이 가장 마음에 와 닿았습니까?
카타르시스	텍스트 수준	다른 산토끼가 "나랑 들판에 달리기하러 갈래?"라고 말했을 때 주인공 산토끼의 기분은 어땠을까요?
	내담자 수준	당신이 만약 주인공 산토끼였다면 기분이 어땠을까요?
통찰	텍스트 수준	산토끼가 새 친구를 따라가고 싶어 하면서도 뭔가 잘못하는 것 같다고 느낀 이유는 무엇일까요?
	내담자 수준	산토끼의 경험을 통해 당신이 알게 되었거나 깨달은 점이 있나요?
내 삶 적용		당신도 산토끼처럼 공동체의 규칙이나 관습으로부터 벗어나고 싶었던 경험이 있었나요? 그럴 때 어떻게 했었나요? 공동체 안에서 '나'를 지키며 따로 또 같이 어울려 지내려면 어떻게 할 수 있을까요?

활동 소개

활동 종류	놀이	활동 제목	고무줄 협동 컵 쌓기
활동 목표	공동체 놀이를 통해 공동체에서의 소속감과 소중함을 안다.		
준비물	종이컵 10개, 원형 고무줄, 털실		

■ **활동 방법**

① 3~5인이 1조가 되어 게임을 진행한다.

② 털실을 20~30cm로 잘라 4개를 준비한다.

③ 원형 고무줄에 3~5곳으로 당길 수 있도록 자른 3~5개의 고무줄을 연결한다.

④ 3~5곳에서 당겨 고리를 만들고, 컵을 끼워서 이동시킨다.

⑤ 종이컵 10개를 옮겨 4-3-2-1로 4층 탑 쌓기를 해 본다.

⑥ 게임 후 참여자들이 서로 긍정적인 피드백을 해 준다.

※ 주의할 점 : 활동 시 손으로 컵을 만지지 않도록 한다. 속도가 아닌 협동이 중요함을 이야기해 준다.

■ **활동 예시**

| 휴독서치료연구소 선정 2022년 8월의 문학작품 |

나쁜 아이, 루치뇰로

로사리오 에스포지토 라 로싸 글 | 빈첸조 델 베키오 그림
황지영 옮김 | 작은코도마뱀 | 2022

대상	청소년
종류	도서

 ## 소개

루치뇰로는 피노키오를 꾀어 장난감 나라로 데려가는 아이이다. 이 책의 주인공은 지안니, 이름 대신 루치뇰로라고 불린다. 친구들에게 주먹질을 하고 거짓말을 밥 먹듯 하고 말썽만 피우는 아이에게 친구라고는 말하는 머릿니뿐이다. 파란 요정도 제페토 할아버지도 없다. 그래서 루치뇰로는 머릿니에게 친구들을 괴롭히고 거짓말 하는 이유가 "관심 받고 싶어서"라고 말하며, 자신에게 "왜?"라고 묻지는 않고 "안 된다."는 말만 하는 상황에 답답해한다.

 ## 독서치료적 적용

청소년기를 흔히 질풍노드의 시기라고 말한다. 따라서 육체적·정신적으로 성인이 되어가는 시점이기 때문에, 빠르게 부는 바람과 매섭게 소용돌이치는 물결처럼 많은 변화를 맞이하게 된다. 특히 자의식이 높아져 구속을 싫어하고, 부정적인 태도가 강해져 반항적인 모습을 보이기도 한다. 이러한 급격한 변화를 느끼는 청소년들에게 친구관계는 성장과 발달에 많은 영향을 끼친다. 친구들과의 관계 속에서 갈등을 해결해나가며 성공적인 대인관계를 형성해 나가기도 하기 때문이다. 이 책의 주인공 루치뇰로에게는 친구도 관심을 가져주는 어른도 없다. 그렇기에 관심 받고 싶어 나쁜 행동을 한다. 이 책은 반항적인 모습을 가진 청소년들을 사회의 통념이 아닌 다른 관점으로 바라볼 수 있도록 해줄 것이다.

발문

단계		내용
동일시	텍스트 수준	이 책에서 가장 인상적이었던 장면은 어디였나요?
	내담자 수준	왜 그 장면이 가장 인상적이었나요?
카타르시스	텍스트 수준	루치놀로가 처음으로 좋은 말을 해주는 고양이와 여우를 만났을 때의 기분은 어땠을까요?
	내담자 수준	만약 당신이 처음으로 좋은 말을 해주는 사람을 만났다면 어떤 기분이 들었을까요?
통찰	텍스트 수준	루치놀로가 여우와 고양이의 꼬임에 빠져 꼭두각시처럼 행동한 이유는 무엇일까요?
	내담자 수준	루치놀로를 통해 당신이 알게 된 것은 무엇일까요?
내 삶 적용		당신이 루치놀로처럼 꼬임에 빠지지 않고 나의 길을 가기 위한 방법에는 무엇이 있을까요?

활동 소개

활동 종류	작문	활동 제목	가치로 향하는 길
활동 목표	가치관 확립을 통해 어려움이 있을 때 적정 대처 전략을 세울 수 있다.		
준비물	가치 명료화 기록지, 가치로 향하는 길 활동지, 필기도구		

■ **활동 방법**

① 가치 명료화 활동지의 가치 영역에 내가 중요하게 생각하는 가치는 무엇인지 적어보도록 한다.

② 영역에 따른 가치를 적고, 중요도를 1점에서 10점까지 점수로 체크해본다.(중요도가 높을수록 높은 점수를 주면 된다.)

③ 이어서 실현하고 있는 실현도를 1점에서 10점까지의 점수로 표현해본다. 역시 열심히 실현하고 있는 것에는 높은 점수를, 적게 실현하고 있는 것에는 낮은 점수를 주면 된다.

④ 가치 명료화 기록지에서 중요한 가치를 알았다면, 가치로 향하는 길 활동지에 중요한 가치 순으로 적는다. 더불어 가치를 실현하기 위한 목표와 장애물, 행동할 수 있는 전략을 세워본다.

■ **활동 예시**

가치 명료화 기록지

중요도: 1~10점 중요하지 않은 것 1점 중요한 것 10점
실현도: 일상생활에서 실행하고 있는 정도 1~10점
(많이 실행하고 있는 것 10점, 적게 실행하고 있는 것 1점)
생활편차: 중요도에서 실현도를 뺀 것, 생활편차가 클수록 괴로움이 큼

영역	가치	중요도	실현도	생활편차
친밀한 관계	친절하기	7	5	2
자녀양육				
가족관계	소통하기	8	3	5
우정과 사회적 관계	가깝게 지내기	9	8	1
직업, 경력	돈을 많이 벌기	9	5	4
교육과 학습 (개인성장)	노력하기	10	5	5
자기관리, 신체건강	운동, 밥챙겨먹기	7	4	3
취미와 여가	기타동아리	5	4	1
영성				
봉사	과학부강	6	6	0

장애물
(힘든생각, 감정, 신체감각, 기억, 충동)

가치	목표	장애물	전략
교육과 학습 (노력하기)	주요과목 2등급	잠	- 수업시간에 충실 - 쉬는시간 복습
우정, 사회적관계 (가깝게지내기)	차다 밥먹기	학교, 시험	- 시험 끝나면 잠깐 만나보기
직업 경력 (돈 많이 벌기)	대기업 취업	공부	- 자료 공부에 열중
가족관계	일주일한번 저녁먹기	학원	- 10분이라도 얼굴보기
친밀한관계	부모님께 감사함 전하기	쑥스러운 감정	- 카톡으로 전달하기
자기관리, 신체건강 (운동, 밥챙겨먹기)	주말에 걷기	학교, 학원	- 아침 사과 1알이라도 먹기 - 점심에 사과하기

가치 명료화 기록지

중요도 : 1~10점 – 중요하지 않을수록 낮은 점수, 중요한 것일수록 높은 점수

실현도 : 1~10점 – 일상생활에서 실행하고 있는 정도로 많이 실행하고 있는 것일수록 높은 점수, 반대인 경우에는 낮은 점수

생활편차 : 중요도에서 실현도를 뺀 것, 생활편차가 클수록 괴로움이 큼

영역	가치	중요도	실현도	생활편차
친밀한 관계				
자녀 양육				
가족 관계				
우정과 사회적 관계				
직업, 경력				
교육과 학습 (개인 성장)				
자기 관리, 신체 건강				
취미와 여가				
영성				
봉사				

가치로 향하는 길

(장애물 : 힘든 생각, 감정, 신체감각, 기억, 충동)

가치	목표	장애물	전략

휴독서치료연구소 선정 2022년 11월의 문학작품

나

조수경 글·그림 | 한솔수북 | 2018

대상	청소년
종류	도서

 소개

이 그림책은 소년과 어른, 두 가지의 이야기를 담고 있지만 결국 두 이야기의 주인공은 한 사람이다. 소년의 학교생활은 바쁘고, 해야 할 일도 많아 정신없고, 공부가 언제 끝날지도 모른다. 이러한 현실에 놓여 있는 주인공 '나'는 눈을 질끈 감았다. 눈을 뜨니 누군지 모르는 아저씨가 나를 찾아왔고, 숲으로 해변으로 데리고 가는데 이상하게 그 아저씨의 눈이 나랑 닮아 보인다. 주인공인 '나'는, 아저씨가 보여주는 미래에서 우리의 존재를 알게 된다. 아저씨를 통해 미래의 나에 대해 생각할 수 있도록 해주는 책이다.

 **독서치료적 적용**

우리나라 청소년들의 일상도 그림책의 주인공인 '나'와 다를 것이 없다. 학교생활은 바쁘고 해야 할 일도 많다. 그래서 정신도 없고, 공부를 언제까지 해야 하는지에 대한 답도 정해져 있지 않다. 정체성의 혼란을 느끼는 시기인 청소년기는 자신의 미래에 대한 걱정과 고민이 많은 시기이다. 학업에 대해, 미래의 직업에 대해, 어떤 어른으로 성장해야 하는지 등 자신을 바르게 이해해야 한다. 이 도서는 소년과 어른의 두 가지 이야기를 통해 자기 탐색과 미래에 어떤 사람으로 성장할 것인지에 대해 생각할 수 있도록 도움을 줄 것이다.

발문

단계		내용
동일시	텍스트 수준	마음에 와 닿은 장면은 어디인가요?
	내담자 수준	그 장면이 마음에 와 닿은 이유는 무엇인가요?
카타르시스	텍스트 수준	나의 미래인 아저씨를 만났을 때 소년의 기분은 어땠을까요?
	내담자 수준	만약 내가 소년이었다면, 나의 미래인 아저씨를 만났을 때 기분이 어땠을까요?
통찰	텍스트 수준	아저씨가 소년에게 바다, 오아시스, 지구 등을 보여준 이유는 무엇일까요?
	내담자 수준	작품을 보면서 달라진 생각이 있나요?
내 삶 적용		현재의 나는 어떤 모습이며, 미래의 나는 어떤 모습일까요?

활동 소개

활동 종류	작문, 미술	활동 제목	현재의 나, 미래의 나
활동 목표	현재의 나를 탐색하여 미래의 성장한 나를 만들어 본다.		
준비물	신체상 활동지 2장, 색연필, 사인펜, 필기도구		

■ 활동 방법

① 치료사는 신체상 활동지를 참여자별 2장씩 준비한다.

② 한 장의 활동지를 먼저 나누어준 후, '현재의 나'를 표현할 수 있도록 한다.

③ ②의 활동지에 대해 참여자와 나누는 작업을 한다.

④ ③의 작업을 한 후, 한 장의 신체상 활동지를 다시 나누어 준다.

⑤ 성장한 '미래의 나'는 어떤 모습일지 표현하도록 한다.

⑥ 두 장의 활동지를 함께 보면서 같은 점, 달라진 점을 비교하여 볼 수 있도록 한다.

■ 활동 예시

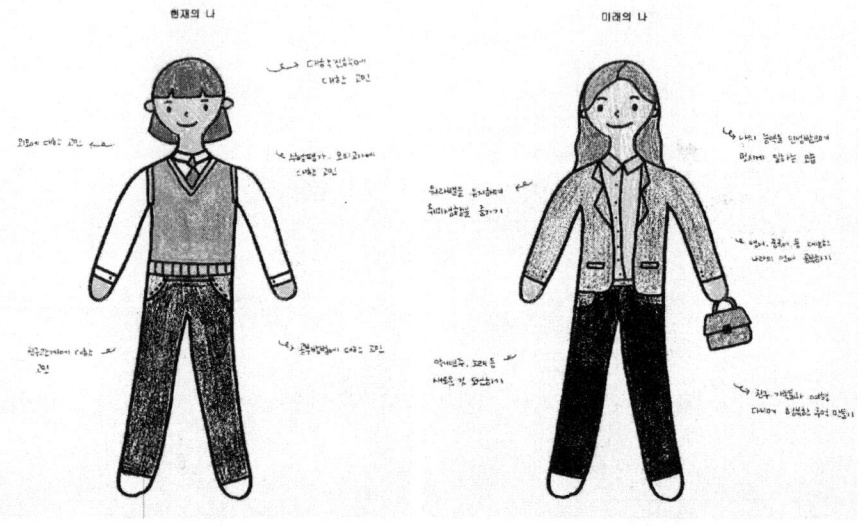

현재의 나

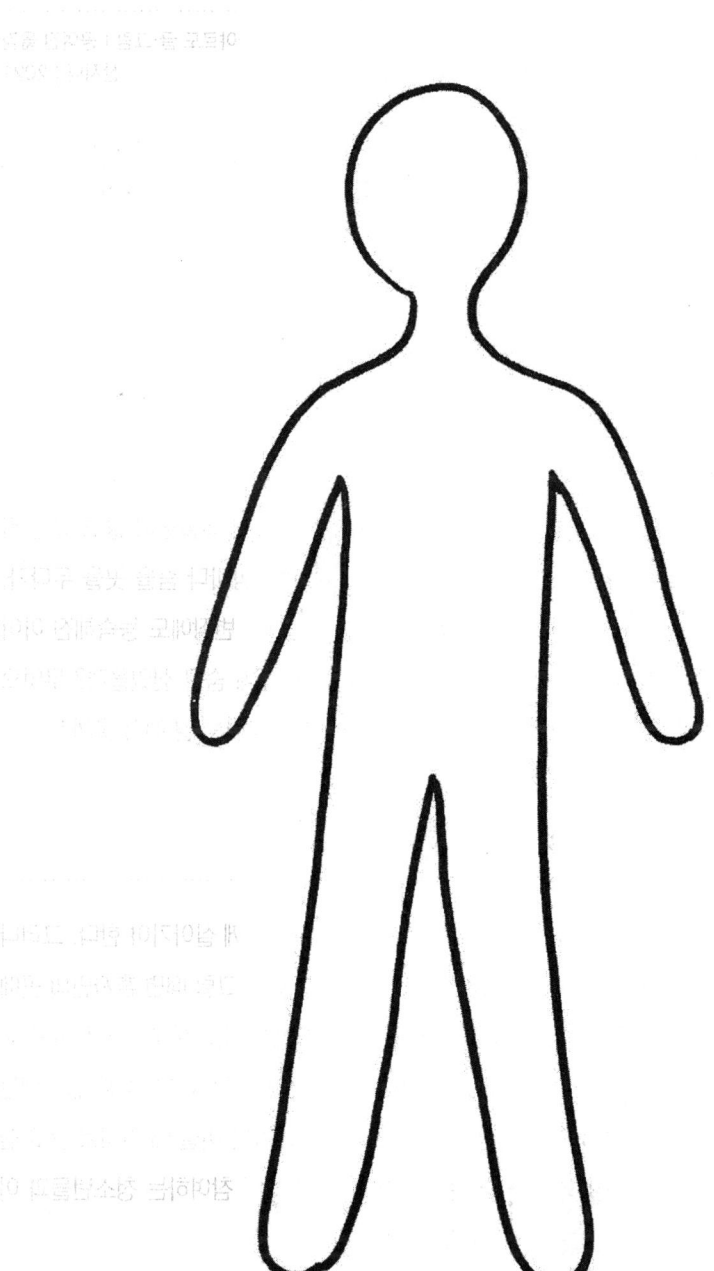

휴독서치료연구소 선정 2022년 12월의 문학작품

숨고 싶은 아이

호세리네 뻬레즈 가야르도 글·그림 | 공여진 옮김
산지니 | 2021

대상	청소년
종류	도서

 소개

언제나 숨고 싶은 아이가 있다. 아이는 어느 날 자신처럼 조그만 괴물들이 살고 있는 커다란 집으로 가서, 괴물들이 자신을 볼 수 없게 계획을 세운다. 방마다 숨을 곳을 두다가, 드디어 아무에게도 방해 받지 않을 곳을 찾았다. 그러던 어느 날, 변장에도 능숙해진 아이는 거울에서 자신이 보이지 않는다는 사실을 깨닫는다. 아이는 왜 숨고 싶었을까? 무엇으로부터 자신을 숨기고 싶은 걸까? 언제까지 숨을까? 과연 숨지 않아도 될 때가 올까?

 독서치료적 적용

사람은 사회적 동물이다. 따라서 사회 속에서 여러 사람들과 함께 살아가야 한다. 그러나 그 과정이 늘 행복한 것은 아니다. 또한 매번 성공적일 수도 없다. 그럴 때면 혼자만의 곳에서 시간을 보내며 회복을 하고 싶다. 그러나 공부나 일 등 주어진 일을 해내야 하기 때문에, 끝내 그런 기회를 갖지 못하는 사람들이 많다. 따라서 또 그렇게 견디며 하루를 살아내는 것이다. 그렇다면 현 시대를 살아가고 있는 우리나라의 청소년들은 어떨 때 어디로 숨고 싶을까? 과연 숨고 싶을 때 숨을 수 있는 곳은 있을까? 독서치료에 참여하는 청소년들과 이런 이야기를 나눌 수 있는 기회를 마련해줄 그림책이다.

 **발문**

단계		내용
동일시	텍스트 수준	이 책에서 가장 기억에 남는 장면은 어디인가요?
	내담자 수준	그 부분이 기억에 남는 이유는 무엇인가요? 나도 숨고 싶을 때가 있었나요?
카타르시스	텍스트 수준	숨고 싶은 아이는 편하게 놀 수 있는 마음에 드는 곳을 발견했습니다. 그 때 숨고 싶은 아이의 기분은 어땠을까요? 숨고 싶은 아이는 자신도 모르게 더 이상 숨지 않게 되었습니다. 그 때 숨고 싶은 아이의 기분은 어떨까요?
	내담자 수준	편하게 놀 수 있는 곳을 발견했을 때 나라면 어떤 기분일까요? 더 이상 숨지 않아도 되었을 때 나라면 어떤 기분일까요?
통찰	텍스트 수준	커다란 집에 다른 아이들은 왜 가면을 쓰고 있었을까요? 숨고 싶은 아이는 왜 숨지 않게 되었을까요? 가면이 숨고 싶은 아이에게 어떤 영향을 주었을까요?
	내담자 수준	나에게도 숨고 싶은 아이처럼 가면이 필요할까요?
내 삶 적용		나에게 필요한 가면은 무엇일까요?

활동 소개

활동 종류	미술	활동 제목	가면 만들기
활동 목표	나를 숨기는 가면을 만들 수 있다.		
준비물	A4 용지, 두꺼운 도화지, 싸인펜, 가위, 펀치, 고무줄		

■ **활동 방법**

① 원하는 가면의 모양을 정한다.

② 원형 틀이 프린트된 A4 용지에 자신이 원하는 가면 모양으로 싸인펜을 이용하여 변형하거나 덧칠한다.

③ A4용지의 원형 틀이 가면 모양(색칠)이 완성되면, 그 A4용지를 두꺼운 도화지에 붙인다.

④ 가면 모양으로 두꺼운 도화지를 오린다.

⑤ 귀 부분은 펀치로 뚫고 고무줄을 끼어 매듭 지어 가면을 완성한다.

⑥ 가면을 쓰고 말(행동)할 때와 가면을 벗고 말(행동)할 때의 차이점이 있을지 이야기 나눔 한다.

■ **활동 예시**

▶ 원하는 모양 가면 만들기

휴독서치료연구소 선정 2023년 1월의 문학작품

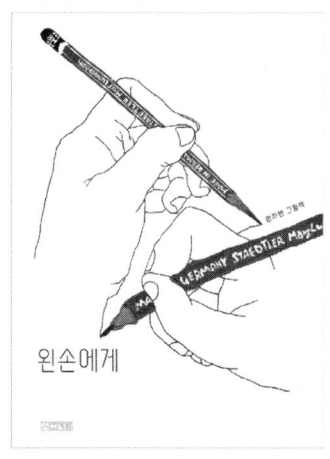

왼손에게

한지원 지음 | 사계절 | 2022

대상	청소년
종류	도서

 소개

우리 몸에서 항상 바쁘게 움직이며 많은 일을 하는 신체 부위 중 하나는 '손'이다. 이 작품은 주인공인 '손'의 움직임을 따라 이야기가 시작된다. 방향만 좌우로 다를 뿐인 양손이지만, 오른손은 힘든 일은 모두 다 자신이 하고 왼손은 시계나 반지 같은 근사한 것들을 차지하기만 한다며 불만을 쏟아낸다. 그러자 왼손도 그동안 서운했던 감정을 내비치고, 둘은 각자의 입장만 내세워 서로의 감정은 점점 격해진다. 과연 왼손과 오른손의 갈등은 해결될 수 있을까?

 **독서치료적 적용**

청소년기는 부모나 교사들보다 또래로부터 인정받고, 또래 집단에 수용되는 것이 무엇보다 중요한 시기이다. 청소년 초기의 친구 관계는 활동적이고 피상적인 우정 관계로 시작되어 청소년 후기로 갈수록 보다 친밀하고 정서적인 친구 관계로 발달한다. 이때, 관계가 보다 성숙한 단계로 나아가기 위해서는, 서로의 다름을 인정하는 것이 중요하다. 이 책은 세상 누구보다 가까우나 서로를 이해하지 못하는 오른손과 왼손의 관계라는 소재를 통해, 타인과 원만한 관계를 맺는 데에는 상대의 입장이 되어 상황을 바라보는 역지사지의 자세가 필요함을 이야기한다. 이를 통해, 또래 관계에 대해 고민하는 청소년들이 지금껏 자신이 관계를 맺어온 방법을 점검하고, 바람직한 관계를 형성하는 방법에 대해 생각해볼 수 있을 것이다.

📖 발문

단계		내용
동일시	텍스트 수준	등장인물 가운데 누가 가장 인상 깊었나요?
	내담자 수준	그 등장인물이 인상 깊은 이유는 무엇인가요?
카타르시스	텍스트 수준	왼손과 오른손이 각자의 위치에서 최선을 다했는데 상대방이 자신의 노력을 알아봐주지 않을 때 기분이 어땠을까요?
	내담자 수준	만약에 당신이 그 입장이라면 기분이 어떨까요?
통찰	텍스트 수준	왼손과 오른손이 화해할 수 있었던 이유는 무엇일까요?
	내담자 수준	이 책을 읽고 생각이 바뀐 부분이 있거나 새롭게 알게 된 부분이 있나요?
내 삶 적용		여러분도 이와 비슷한 경험이 있었나요? 그럴 때 어떻게 했었나요?

활동 소개

활동 종류	놀이	활동 제목	역할 놀이
활동 목표	상대방의 입장을 이해할 수 있다.		
준비물	왼손 모양, 오른손 모양		

■ **활동 방법**

① 왼손과 오른손 모양을 준비한다. 손 모양은 부채처럼 준비해도 되고 모자 형식으로 준비해도 상관없다.

② 집단원 중에 희망자나 랜덤으로 뽑힌 한 사람이 나와 시연한다.

③ 왼손과 오른손 모양 중에 마음이 가는 하나를 고르고, 그 손의 입장이 되어 하고 싶은 말이나 감정을 표출한다.

④ 이번에는 반대 손 모양을 골라 반대 손의 입장에서 하고 싶은 말이나 감정을 표출한다.

⑤ 두 역할을 충분히 다 해본 후에 소감을 발표하고 나머지 관찰자가 된 집단원들도 소감이나 격려를 한다.

⑥ 차례로 돌아가며 모두 시연을 해보고 전체 소감을 발표한다.

※ 역할 놀이를 진행할 때 거부하는 집단원이 있을 때는 그대로 수용하며 강요하지 않고 자발적인 참여를 독려한다.

※ 손 모양 그리기가 번거로운 경우는 의자 2개를 이용하여 각각의 의자를 왼손, 오른손이라고 정하고 활동을 진행할 수도 있다.

■ **활동 예시**

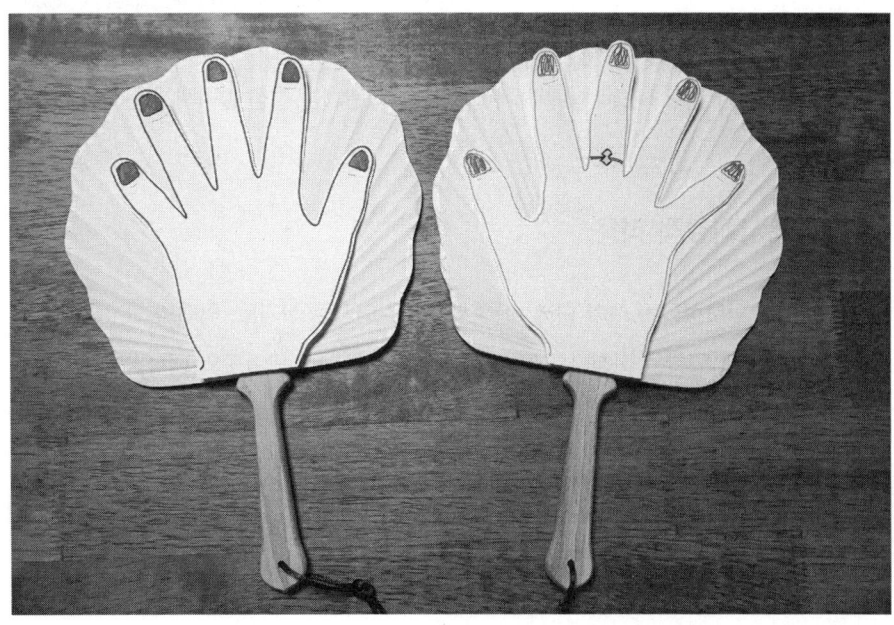

휴독서치료연구소 선정 2023년 4월의 문학작품

우리는 지금도 친구일까?

조은영 글·그림 | 사계절 | 2022

대상	청소년
종류	도서

 소개

새 학기가 된 후 어느 그룹에도 낄 수 없던 주인공은 전학생에게 말을 걸어본다. 필통이 멋지다는 말을 꺼내자 "친구에게 뺏은 거야"라는 대답이 흥미롭다. 그렇게 둘은 도시락 친구가 되고, 수업이 끝나면 떡볶이를 먹으러 다녔다. 돈이 없는 전학생에게 매번 떡볶이를 사지만 전학생은 미안해하거나 고마워하지 않았다. 주인공은 오히려 그런 모습이 멋있어 보였다. 그러나 둘은 떡볶이 속에 튀김옷만 남은 오징어튀김을 시작으로 어긋나기 시작하고, 전학생의 남자 친구와 노래방에 가게 되면서 둘의 관계는 점점 멀어지게 된다.

 **독서치료적 적용**

청소년기는 부모보다 또래와 함께 하는 시간이 길어지는 시기로, 이때의 교우관계는 그들의 삶에 중요한 영향을 미친다. 긍정적인 교우관계는 삶의 만족도와 행복감을 증대시켜 학교 적응에도 영향을 끼치는 것은 물론이고, 공감, 친밀감을 경험하며 갈등을 극복해 나가는 노력을 통해 자신의 가치를 발견하는 데에도 도움이 된다. 따라서 이 책은 또래관계에 어려움을 겪고 있는 청소년들이 감정을 솔직하게 표현하고, 갈등을 해소하여 성숙하고 친밀한 교우관계를 형성하는데 도움이 될 것이다.

발문

단계		내용
동일시	텍스트 수준	이 책에서 가장 인상적인 부분은 어디였나요?
	내담자 수준	그 부분이 가장 인상적이었던 이유는 무엇인가요?
카타르시스	텍스트 수준	전학생의 지갑에 자신보다 더 많은 돈이 있다는 것을 알게 된 순간 친구의 기분은 어땠을까요?
	내담자 수준	만약 당신이 친구의 입장이었다면 어떤 기분이 들었을까요?
통찰	텍스트 수준	친구 사이에 신뢰가 깨진 원인은 무엇일까요?
	내담자 수준	친구 사이에 신뢰가 깨진다면 당신은 어떻게 대처할 수 있을까요?
내 삶 적용		친구 관계에서 좋은 관계를 유지하기 위한 방법에는 어떤 것들이 있을까요?

 **활동 소개**

활동 종류	작문	활동 제목	친구
활동 목표	친구 사이에서 느낀 감정을 표현하면서, 더 좋은 관계 형성 및 유지를 위한 방법을 알 수 있다.		
준비물	활동지, 필기도구		

■ 활동 방법

① 친한 친구에게 하고 싶은 말을 '친' 활동지에 적어본다.

② 친구에게 했던 말 중 친구 관계를 어긋나게 했던 말들을 '구' 글자가 뒤집혀 있는 활동지에 적어본다.

③ 친구 관계에서 중요한 것은 무엇인지 생각해보고 집단원들과 이야기를 나눈다.

④ 친한 친구에게 나의 마음을 전달할 수 있는 방법은 무엇이 있는지 집단원들과 이야기 나눈다.

■ 활동 예시

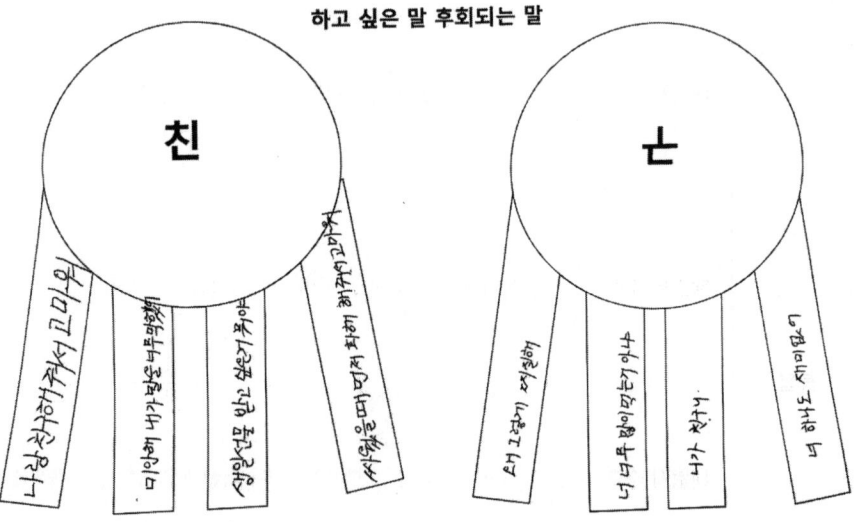

친구

하고 싶은 말 후회되는 말

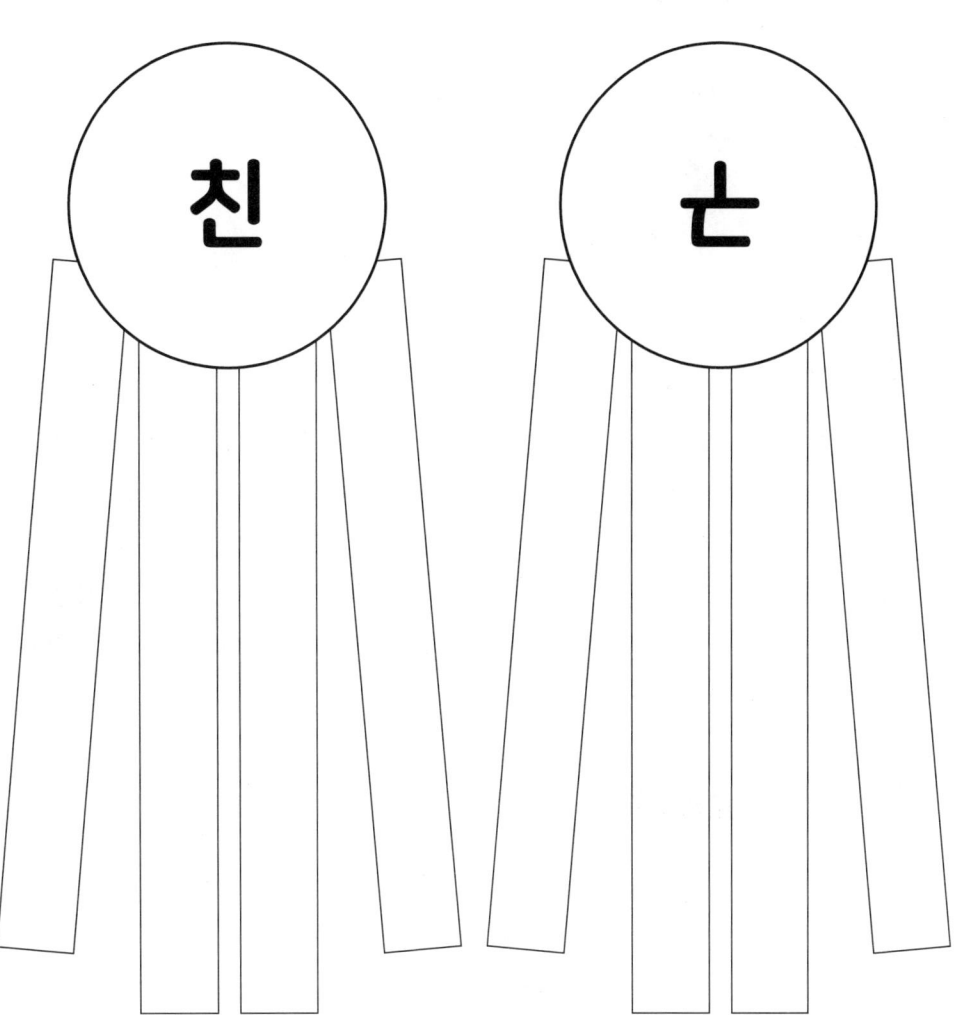

휴독서치료연구소 선정 2023년 5월의 문학작품

이게 바로 나야

라켈 디아스 레게라 지음 | 정지완 옮김
썬더키즈 | 2020

대상	청소년
종류	도서

 소개

이 책은 자아정체감에 관한 주제를 담고 있다. 타인의 기대와 시선 때문에 자신의 감정을 솔직하게 표현하지 못하는 소년과, 소년에게 어울리는 존재가 되기 위해 자신을 맞추려고 노력하는 소녀가 등장한다. 타인의 기대를 한 몸에 받으면서도 슬픈 소년과, 소년에게 어울리는 존재가 되기 위해 자신을 버린 소녀는 서로의 모습을 보면서 자신이 누구인지 깨닫게 된다. 소년은 타인이 붙여준 이름표를 떼어버림으로써 자신이 되고, 소녀는 더 이상 소년에게 어울리는 존재가 되려고 애쓰지 않음으로써 자신이 된다.

 독서치료적 적용

청소년기의 발달 과업인 자아정체감은 '나다움(I-ness)'으로 개인적인 것이지만, 우리다움(We-ness)'으로 집단적이고 사회적이기도 하다. 긍정적 정체감을 가진 청소년들은 자신을 수용하는 느낌을 발달시킨다. 이 책의 등장인물인 소년과 소녀는 타인으로부터 '대인 간 피드백'의 영향을 받아 자신에 대한 자기지각(self-perception)을 타인의 기준과 혼동한다. 자신이 지각하는 자기와 타인이 생각하는 자기와의 차이가 크고, 불일치한 정체감을 느끼는 청소년들은 정체감에 대한 혼란을 경험하게 되고, 이는 청소년들의 삶에 전반적인 영향을 미치게 된다. 이 책은 청소년 독자들이 자신이 누구인지를 생각해 보고, 그것을 수용하는 기회를 제공할 것이다.

발문

단계		내용
동일시	텍스트 수준	이 책에서 가장 기억에 남는 부분은 어디인가요?
	내담자 수준	그 부분이 가장 기억에 남는 이유는 무엇인가요?
카타르시스	텍스트 수준	타인의 눈치를 보면서 자기가 하고 싶은 것을 제대로 할 수 없었던 주인공은 어떤 감정을 느꼈을까요?
	내담자 수준	여러분이 주인공처럼 타인의 시선에 신경을 쓰느라 자기가 하고 싶은 것을 할 수 없다면 어떤 감정을 느낄까요?
통찰	텍스트 수준	주인공이 자신에게 어울리는 모습을 하고, 비로소 자신이 될 수 있었던 이유는 무엇일까요?
	내담자 수준	'나다움'은 어떤 의미일까요?
내 삶 적용		여러분의 '나다움'은 무엇인지 생각해 보세요.

활동 소개

활동 종류	작문	활동 제목	나야 나
활동 목표	자신이 누구인지를 탐색하고 이해하도록 돕는다.		
준비물	필기도구		

■ 활동 방법

① 나의 장점과 단점

② 내가 좋아하는 것 / 싫어하는 것

③ 나의 가치관

④ 지금의 나 / 타인이 알고 있는 나 / 내가 원하는 나 / 타인이 원하는 나

⑤ 위의 것을 바탕으로 나를 소개해 보기

■ 활동 예시

1. 나의 장점 : 끈기

2. 나의 단점 : 걱정이 많음

3. 내가 좋아하는 것 : 나만의 시간, 책, 클래식 음악

4. 내가 싫어하는 것 : 파충류, 강요

5. 지금의 나 : 시간에 쫓기는 나, 그때마다 정해진 것을 하면서 사는 나, 할 일이 많은데, 에너지가 부족한 나, 집중이 어려운 나

6. 타인이 알고 있는 나 : 열심히 사는 나, 까칠한 나, 다정한 나, 바쁜 나, 부러운 나, 걱정되는 나

7. 내가 원하는 나 : 시간을 잘 관리하면서 나의 시간을 갖는 나, 에너지가 넘치는 나, 즐거운 나

8. 타인이 원하는 나 : 열심히 사는 나, 잘 하는 나, 착한 나, 건강한 나

　　나는 끈기가 있고, 걱정이 많은 사람이다. 나만의 시간을 갖는 것을 좋아하고 강요와 파충류는 진짜 싫어한다. 나는 여러 가지 모습이다. 그 모든 모습이 나지만, 나는 내 알고 있는 나와 내가 원하는 내가 더 좋다.

> 휴독서치료연구소 선정 2023년 7월의 문학작품

틈만 나면

이순옥 글·그림 | 길벗어린이 | 2023

대상	청소년
종류	도서

 소개

시멘트가 갈라진 틈 사이로 초록 잎사귀가 보인다. 초록의 풀은 맨홀의 틈, 담벼락 틈, 하수구의 틈, 의자의 작은 틈까지 어느 곳이든 틈만 있으면 자라고 있다. 주인공이 아니어도, 나를 위한 자리가 없어도, 나로 살아갈 수 있다면 괜찮다고 한다. 틈만 나면 멀리 나가볼 것이고, 높이 올라 볼 것이며, 한 번은 넘어 볼 것이라는 초록 풀의 다짐과 의지를 담고 있는 도서이다.

 **독서치료적 적용**

청소년기는 신체적·인지적·사회적 변화가 많이 일어나는 시기로, 자신에 대해 의문을 갖게 되며 자신의 가치에 대한 확신이 없어 혼란을 느낀다. 또한 스트레스가 중복될 때 일부 청소년들에게는 자아존중감의 저하가 나타난다. 현대는 사회적 비교가 점점 증가하고 경쟁과 개인적인 성취가 강조되는 문화로 변화되고 있으며, 이러한 변화는 청소년들의 자신감도 떨어지게 만든다. 이 도서는 멋진 곳이 아니어도, 주인공이 아니어도, 한 줌의 흙과 하늘만 있다면 꿈을 꿀 수 있고, 활짝 피어날 수 있다고 말한다. 나로 살아갈 수 있다면, 나는 작지만 힘이 있고, 틈만 나면 튼튼하게 뿌리를 내릴 수 있음을 알려준다. 비교와 경쟁의 사회에서 살아내야 하는 청소년들에게 위로와 용기 그리고 새로운 다짐을 하는데 도움을 줄 것이다.

발문

단계		내용
동일시	텍스트 수준	가장 마음에 와 닿은 장면은 어디인가요?
	내담자 수준	그 장면이 와 닿은 이유는 무엇인가요?
카타르시스	텍스트 수준	작은 틈만 나면 피어나려는 싹은 어떤 기분일까요?
	내담자 수준	만약 내가 작은 틈만 나면 피어나려는 싹이라면 어떤 기분일까요?
통찰	텍스트 수준	'나로 살아갈 수만 있다면'의 문장이 의미하는 것은 무엇일까요?
	내담자 수준	작품을 보고 달라진 생각이나 깨달은 점이 있나요?
내 삶 적용		작품 속의 싹처럼 '나로 살아가기 위해' 위로와 용기, 다짐을 했던 경험이 있나요?

 **활동 소개**

활동 종류	작문	활동 제목	'틈만 나면' 모방 글쓰기
활동 목표	나를 위한 위로, 용기, 다짐을 위한 글쓰기를 해 본다.		
준비물	활동지, 필기도구		

■ **활동 방법**

① 모방 글쓰기는 작품의 글을 모방하여 적는 활동이다. 필요한 문장을 모방하여 자신의 이야기를 적는 것이다.

② 활동지를 나누어 주고 왼쪽에 적혀 있는 작품 '틈만 나면'의 내용을 모방하여 자신의 이야기를 오른쪽에 쓸 수 있도록 한다.

③ 글을 쓰면서 들었던 생각을 함께 나눌 수 있도록 한다.

■ **활동 예시**

<모방 글쓰기>

틈만 나면

틈만 나면	틈만 나면
작은 틈만 나면	작은 틈만 나면
나는 태어날 거야.	나는 용기낼거야.
쑥쑥 자랄 거야.	쑥쑥 자랄 거야.
멋진 곳이 아니어도 좋아.	멋진 곳이 아니어도 좋아.
조금 답답해도 상관없어.	조금 늦어도 상관없어.
어디라도 틈만 있다면 나는	어디라도 틈만 있다면 나는
활짝 피어날 수 있어.	방긋하게 피어날 수 있어.
주인공이 아니면 어때.	1등이 아니면 어때.
나를 위한 자리가 없으면 어때.	남들보다 조금 늦으면 어때.
한 줌의 흙과 하늘만 있다면 나는	한 줌의 흙과 하늘만 있다면 나는
꿈을 꿀 수 있어.	성장할 수 있어.
길고 긴 외로움도	깜깜하고 긴 터널도
오랜 기다림도	수없이 울린 눈물도
괜찮아, 나는.	괜찮아, 나는.
나로 살아갈 수만 있다면.	내가 나를 사랑한다면.
틈만 나면 멀리 나가 볼 거야.	틈만 나면 멀리 나가 볼 거야.
높이 올라 볼 거야.	하늘 높이 솟아볼 거야.
한 번은,	이제는
넘어 볼 거야.	넘어 볼 거야.
나만의 춤을 출 수 있다면.	나만의 빛깔을 만날 수 있다면.
작지만 힘이 있는 나는.	작지만 소중한 나는.
여리지만 살아 있는 우리는.	여리지만 유일한 존재인 우리는.
틈만 나면.	틈만 나면.

<틈만 나면/ 이순옥 지음/ 길벗어린이>

모방 글쓰기

틈만 나면

틈만 나면
작은 틈만 나면
나는 태어날 거야.
쑥쑥 자랄 거야.
멋진 곳이 아니어도 좋아.
조금 답답해도 상관없어.
어디라도 틈만 있다면 나는
활짝 피어날 수 있어.
주인공이 아니면 어때.
나를 위한 자리가 없으면 어때.
한 줌의 흙과 하늘만 있다면 나는
꿈을 꿀 수 있어.
길고 긴 외로움도
오랜 기다림도
괜찮아, 나는.
나로 살아갈 수만 있다면.
틈만 나면 멀리 나가 볼 거야.
높이 올라 볼 거야.
한 번은,
넘어 볼 거야.
나만의 춤을 출 수 있다면.
작지만 힘이 있는 나는
여리지만 살아 있는 우리는.
틈만 나면.

　　〈**틈만 나면**/ 이순옥 지음 / 길벗어린이〉

틈만 나면
작은 틈만 나면

휴독서치료연구소 선정 2023년 9월의 문학작품

내겐 너무 무거운

노에미 볼라 지음 | 홍한결 옮김 | 단추 | 2020

대상	청소년
종류	도서

 소개

어느 날 곰 한 마리가 허락도 없이 불쑥 찾아왔다. 녀석을 아무리 내쫓으려고 해도 곰은 찰싹 달라붙어 떠나려 하지 않고 주변의 모든 걸 엉망진창으로 만든다. 아무리 멀리 도망가도 소용이 없었다. 어디를 가도 곰은 귀신같이 알고 따라왔다. 곰이 온 후로 모든 게 예전과 달라졌다. 잠을 잘 때도, 친구를 만날 때도 곰은 곁을 떠나지 않았다. 때로는 너무 익숙해져 곰이 있다는 것을 잊어버릴 때도 있었다. 내가 왜 이런 녀석을 데리고 살아야 하는지 곰에게 물어도 봤지만 녀석은 평소처럼 말없이 나를 물끄러미 쳐다만 본다.

 **독서치료적 적용**

감정은 일상 속 깊숙이 자리하여 우리에게 긍정 혹은 부정적인 영향을 준다. 따라서 어떨 때는 부정적 영향을 피하기 위해 일부러 감정을 무시하거나 억누르기도 한다. 그런데 그렇게 회피한 감정은 쉽게 사라지거나 해소되지 않고 가슴에 쌓여, 이따금 우리를 다양한 방면으로 난처하게 한다. 이 책은 갑자기 찾아온 낯선 곰을 감정에 비유하여, 그것을 피하고 무시하며 억누르기보다는 마주하는 것이 다스리는데 효과적이라 말한다. 따라서 이 그림책은 특히 감수성이 예민하고 주변의 영향을 받기 쉬운 청소년들에게, 낯선 감정이 찾아오는 것은 자연스러운 모습이라는 사실을 일깨워 줄 것이다. 또한, 감정을 마주하고 조절하기 위해 어떤 태도와 행동을 취해야 할지에 대해 고민해보는 시간을 갖게 할 것이다.

발문

단계		내용
동일시	텍스트 수준	책을 읽으면서 가장 마음에 와 닿은 장면이 있었나요?
	내담자 수준	그 장면이 마음에 와 닿은 이유는 무엇일까요?
카타르시스	텍스트 수준	아무리 떼어내려 해도 떨어지지 않는 곰을 보는 주인공의 기분은 어땠을까요?
	내담자 수준	만약 당신이 주인공의 입장이라면 기분이 어떨까요?
통찰	텍스트 수준	마지막에 사람들이 각자의 곰을 데리고 사는 장면이 나옵니다. 이 장면 의미하는 것은 무엇일까요?
	내담자 수준	이 그림책을 통해 여러분이 알게 된 점은 무엇인가요?
내 삶 적용		우리의 마음에는 여러 가지 감정이 있습니다. 여러분은 평소와 다르거나 낯선 감정을 마주한 적이 있었나요? 그럴 때 어떻게 했었나요?

활동 소개

활동 종류	작문	활동 제목	나의 곰 알아보기
활동 목표	자신의 감정을 인식하고 조절하는 방식에 대해 알 수 있다.		
준비물	활동지, 필기도구		

■ **활동 방법**

① 활동지를 한 장씩 나눠준다.

② 책 속의 낯선 곰은 감정에 비유한 것으로 일상생활 속에서의 자신을 떠올려본다.

③ 자신에게 곰이 찾아오는 순간은 언제이고 곰은 1부터 10까지 중에 어느 정도의 크기로 다가 오는지, 그럴 때 어떻게 대처하는지를 구체적으로 적어본다.

④ 활동지의 내용을 집단원들과 함께 나눈다.

■ **활동 예시**

나의 곰 알아보기

사람들은 저마다 크기나 모습이 다른 곰 한 마리씩을 데리고 산다고 합니다. 여러분은 어떤 곰을 데리고 살고 있나요? 나에게 곰이 찾아오는 순간은 언제인지, 그럴 때 어떻게 해결하는지에 대해 자세히 적어보세요.

나에게 곰이 찾아오는 상황	곰의 크기 1-10	곰의 크기를 줄이는 나만의 방법
엄마가 공부하라고 할 때 (잔소리)	8	친구들이랑 만나서 놀기
게임에서 자꾸 질 때	7	맛있는 거 먹기
친구가 자꾸 시비걸 때	5	애들이랑 축구하기

나의 곰 알아보기

사람들은 저마다 크기나 모습이 다른 곰 한 마리씩을 데리고 산다고 합니다. 여러분은 어떤 곰을 데리고 살고 있나요? 나에게 곰이 찾아오는 순간은 언제인지, 그럴 때 어떻게 해결하는지에 대해 자세히 적어보세요.

나에게 곰이 찾아오는 상황	곰의 크기 1 - 10	곰의 크기를 줄이는 나만의 방법

휴독서치료연구소 선정 2023년 10월의 문학작품

욕

김유강 글·그림 | 오올 | 2023

대상	청소년
종류	도서

 소개

말은 표정, 행동 그리고 마음을 만든다. 어느 날, 강해 보이는 녀석을 만났다. "혹시 너도 강해지고 싶니?" 강해지고 싶다고 대답한 순간 그 녀석 '욕'이 내 안으로 들어왔다. 내 마음으로 들어온 욕은 나를 지배하기 시작했다. '강해 보여야 한다! 강하지 않으면 무시를 당한다! 약해 보이면 불편하다!' 가족과 친구들에게 내뱉은 '욕'으로 인해 드디어 난 강해졌다. 그런데 며칠 뒤부터 이상한 일이 일어났다. 가족과 친구들이 나처럼 강한 욕을 쏟아 내더니 표정, 행동, 마음이 모두 거칠어졌다. 난 남들보다 강해 보이려고 욕을 사용했는데 더 이상 강해 보이지 않는다. 뭔가 잘못된 것 같다. 원래의 나로 돌아갈 수 있을까?

 **독서치료적 적용**

언어적 공격행위인 욕설은 고의로 상대방을 공격하고 무시함으로써 자신의 우월감을 확인하려는 강한 의도를 가지고 있다. 주로 청소년 문화에서 습관처럼 강하고 폭력적인 욕설을 사용하여 연대감을 형성하거나 재미를 추구하고, 학업 스트레스나 정서적 긴장감을 해소하기도 하며, 자신을 숨기거나 방어하려는 요소로도 사용하고 있다. 더불어 욕설로 인한 스트레스, 학교생활 부적응, 2차 폭력성 유발로 이어지는 등의 문제상황이 빈번하게 일어나고 있다. 이 책은 남에게 강해 보이려고 뱉은 욕이 자신뿐만 아니라 상대방의 표정, 행동, 마음을 거칠게 변화시키고 갈등을 유발하여, 관계를 회복하는데 많은 시간과 노력이 필요하다고 말한다. 따라서 이 그림책은 청소년에게 자신의 언어습관을 점검해 보고, 집단 내에서 일어나는 욕설 문화가 미치는 영향에 대해 생각해 볼 기회를 제공할 것이다.

발문

단계		내용
동일시	텍스트 수준	가장 마음에 와 닿은 부분은 어디인가요?
	내담자 수준	그 부분이 마음에 와 닿은 이유는 무엇인가요?
카타르시스	텍스트 수준	가족, 친구들이 서로 욕을 하며 싸우는 모습을 보았을 때 주인공의 기분은 어땠을까요?
	내담자 수준	당신이 만약 주인공과 비슷한 경험을 했다면 기분이 어떨까요?
통찰	텍스트 수준	가족과 친구들에게 강해 보이기 위해 욕을 했던 주인공이 원래의 나로 돌아가기 위해 노력하는 모습을 보며 어떤 생각이 들었나요?
	내담자 수준	이 작품을 읽고 나서, 생각이 달라진 점이 있나요?
내 삶 적용		당신도 이런 경험을 한 적이 있나요? 그럴 때 어떻게 했나요?

 **활동 소개**

활동 종류	작문, 미술	활동 제목	가치 나무 키우기
활동 목표	1. 또래 관계에서 필요한 관계 가치를 인식하여 표현할 수 있다. 2. 응원, 칭찬, 존중하는 말을 나누며 관계 회복을 경험할 수 있다.			
준비물	가치 단어 목록 활동지, 사각 포스트잇(15x50mm, 1인 5매), 오각 꽃잎메모지(모둠별 1매), 엄지척앤아이(1인 1매), 나무 그림 보드(종이 코팅 52cmx76cm), 양면테이프, 필기도구			

■ **활동 방법**

① 치료사는 구성원을 모둠(4~5명)별 형태로 자리 배치한다.

② 각 모둠원은 제시한 가치단어 목록을 참고하여 친구 관계에서 필요한 관계 가치 5가지를 골라 포스트잇에 적고, 모둠원 한 사람씩 돌아가며 자신이 선택한 가치 단어와 고른 이유에 관해 이야기를 나눈다.

③ 모둠원은 각자가 포스트잇에 적은 가치 단어를 모두 모은 후 회의를 통해 총 5가지의 가치 단어를 선택한다.

④ 오각 꽃잎메모지에 각각의 가치단어와 실천할 수 있는 행동을 구체적으로 기록한다.

⑤ 각 모둠의 발표자는 모둠에서 선정한 '친구 사이에서 필요한 관계 가치'와 실천 행동을 발표한다.

⑥ 관계 회복을 돕는 롤링 페이퍼 활동을 진행한다. 모둠원은 각자 엄지척앤아이 활동자료에 자신의 이름을 적은 후 우측에 앉은 친구에게 전달한다. 활동자료를 받은 친구는 페이퍼의 주인공에게 진심으로 응원, 칭찬, 존중하는 말을 적은 후 자신의 우측에 앉은 다른 친구에게 전달한다. 본 활동은 엄지척앤아이 활동자료의 빈칸이 채워질 때까지 이어서 진행하며, 활동 후에는 페이퍼의 주인공에게 돌려준다.

⑦ 본 활동을 하면서 느낀 점이나 깨달은 점을 자유롭게 이야기 나눈다.

⑧ 치료사는 나무그림보드에 활동결과물(오각꽃잎메모지, 엄지척앤아이)을 붙인 후 학급 게시판에 전시하여 지속적인 행동의 실천을 격려한다.

※ 재료 출처 : 오각 꽃잎 메모지, 엄지척앤아이, 나무그림보드
학토재(https://www.happyedumall.com)에서 구입 가능

■ 활동 예시

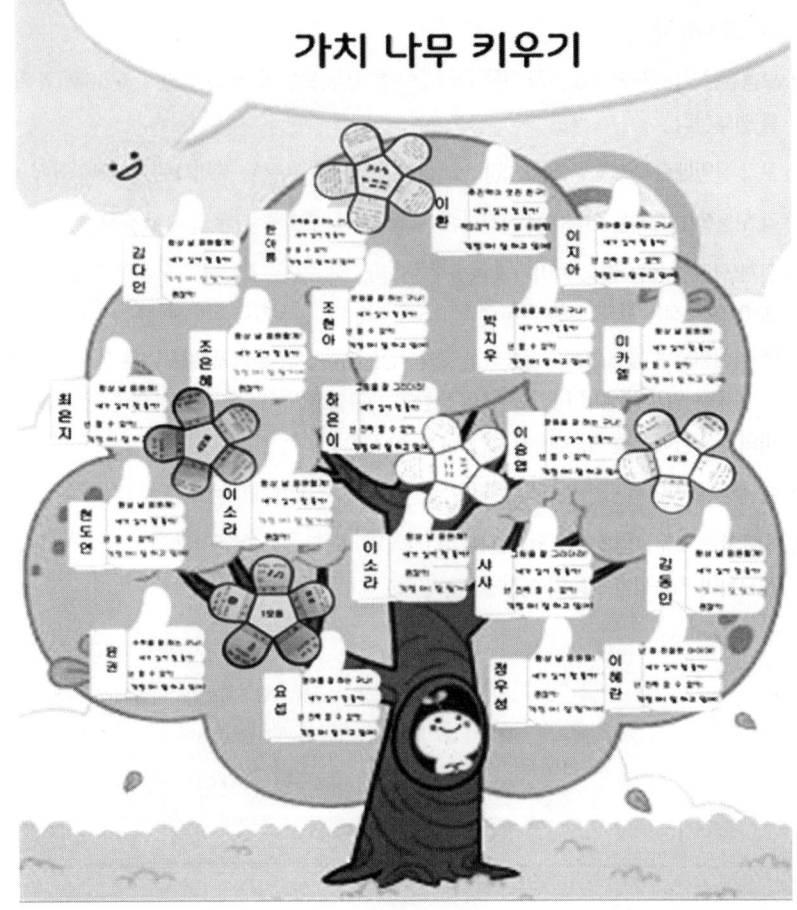

친구 사이에 필요한 관계 가치

다음에서 제시하는 30가지의 관계 가치와 의미를 잘 읽어 보세요.

관계 가치	의미
격려	마음이나 기운을 북돋우어 힘쓰도록 함
겸손	남을 존중하고 자신을 낮추는 태도
경청	귀를 기울여 들음
공감	남의 의견·주장·감정에 대하여 자기도 그렇다고 느낌
근면	꾸준하고 열심히 일하는 것
긍정	어떤 사실이나 생각에 대하여 옳다고 인정함
끈기	끝까지 꾸준하게 나아가는 자세
나눔	어떤 감정이나 행동을 베풀고 나누어 주는 것, 대가를 바라지 않음
너그러움	마음이 넓어 다른 사람의 처지를 헤아릴 줄 앎
노력	목적을 위해서 힘을 다해 애를 씀
도움	남에게 사려 깊게 행동하고 도움을 주는 것
믿음	무슨 일이든 믿고 맡길 수 있음을 의미함
배려	주위 사람이나 사물에 관심과 애정을 기울이는 것
사랑	아끼고 베풀며 따뜻하게 여기는 마음
상냥함	몸가짐이 신중하고, 공손한 말과 부드럽고 조심스러운 행동을 함
성실	정성스럽고 참된 태도
소통	막히지 않고 잘 통함
약속	다른 사람과 어떻게 할 것인가를 미리 정하는 일이나 내용
용기	두려움에 당당히 맞서는 것
용서	누군가 자신에게 잘못을 저질렀을 때 그에게 다시 기회를 주는 것
우정	즐거울 때나 슬플 때나 벗이 되어 주는 친구 사이의 정
인정	옳거나 확실하다고 여기는 것
자신감	자신이 있다고 여겨지는 마음
정직	거짓이나 허식이 없이 마음이 바르고 곧음
존중	모든 사람을 귀하게 여기는 것
즐거움	즐거운 느낌이나 마음
책임	맡은 일을 훌륭하게 해냄으로써 타인이 신뢰할 수 있게 하는 것
평화	평온하고 화목함
협동	서로 마음과 힘을 합하여 일하고, 함께 짐을 나누어지는 것
행복	충분한 만족과 기쁨을 느끼는 상태

3절 성인편

휴독서치료연구소 선정 2021년 3월의 문학작품

당신은 빛나고 있어요

에런 베커 지음 | 루시드 폴 옮김 | 웅진주니어 | 2019

대상	성인
종류	도서

 소개

빛의 밝은 온기를 담은 책으로, 해를 향해 펼치면 아름다운 해의 빛이, 숲을 향해 펼치면 푸르른 숲의 색이 12개의 창을 통해 들어오는 빛들의 다양함과 찬란함을 볼 수 있다. "빛을 품은 당신, 그대라는 빛으로 빛나고 있어요."라는 끝맺음은 우리 모두가 빛나는 존재임을 일깨워 준다.

 독서치료적 적용

책 속에 펼쳐진 다양한 빛의 세계는 마치 개개인이 갖고 있는 빛과 같다. 따라서 사람들마다의 다양함은 물론, 각자의 내면에 담겨 있는 빛에 대해 생각해 볼 수 있는 책이다. 더불어 그 빛들이 갖고 있는 능력들을 통해 얼음을 녹이고 꽃을 피우며 열매를 맺게 만들 수 있음을 일깨워 준다. 따라서 이 책은 내안의 빛을 발견하지 못하고 남과 비교하며 힘들어 하는 성인들과, 자녀에게 있을 독특한 빛을 아직 발견하지 못한 부모들에게 내안의 빛과 아이의 독특한 빛을 발견할 수 있도록 해줄 것이다. 나아가 위로가 필요한 성인들에게도 따뜻한 위로의 빛을 전해줄 것이다.

발문

단계		내용
동일시	텍스트 수준	이 책에서 가장 인상 깊었던 장면은 어디인가요?
	내담자 수준	그 장면이 가장 인상 깊었던 이유는 무엇인가요?
카타르시스	텍스트 수준	주인공이 "빛을 품은 당신, 그대라는 빛으로 빛나고 있어요."라는 말을 들었을 때의 기분은 어땠을까요?
	내담자 수준	내가 그 입장이었다면 기분이 어땠을까요?
통찰	텍스트 수준	"빛을 품은 당신, 그대라는 빛으로 빛나고 있어요."라는 말이 의미하는 뜻은 무엇일까요?
	내담자 수준	내가 빛나는 순간은 언제일까요?
내 삶 적용		나의 모습이 빛나는 순간들이 많다면, 내 삶에는 어떤 변화가 일어날까요?

활동 소개

활동 종류	미술, 작문	활동 제목	내가 빛나는 순간
활동 목표	나의 장점을 상징하는 색을 찾아, 그것이 어떤 의미인지 알 수 있다.		
준비물	활동지, 여러 가지 색의 색종이, 필기도구, 풀		

■ 활동 방법

① 나의 성격, 장점, 단점, 특징을 생각해본 후 그에 적합하다고 여기는 색을 색종이에서 선택한다.

② 선택한 색종이에 동그라미를 그려 오린다.

③ 동그랗게 오린 색종이에 성격, 장점, 단점, 잘하는 것, 좋아하는 것 등을 적는다.

④ 동그란 색종이를 내가 빛나는 순간 활동지에 붙인다.

■ 활동 예시

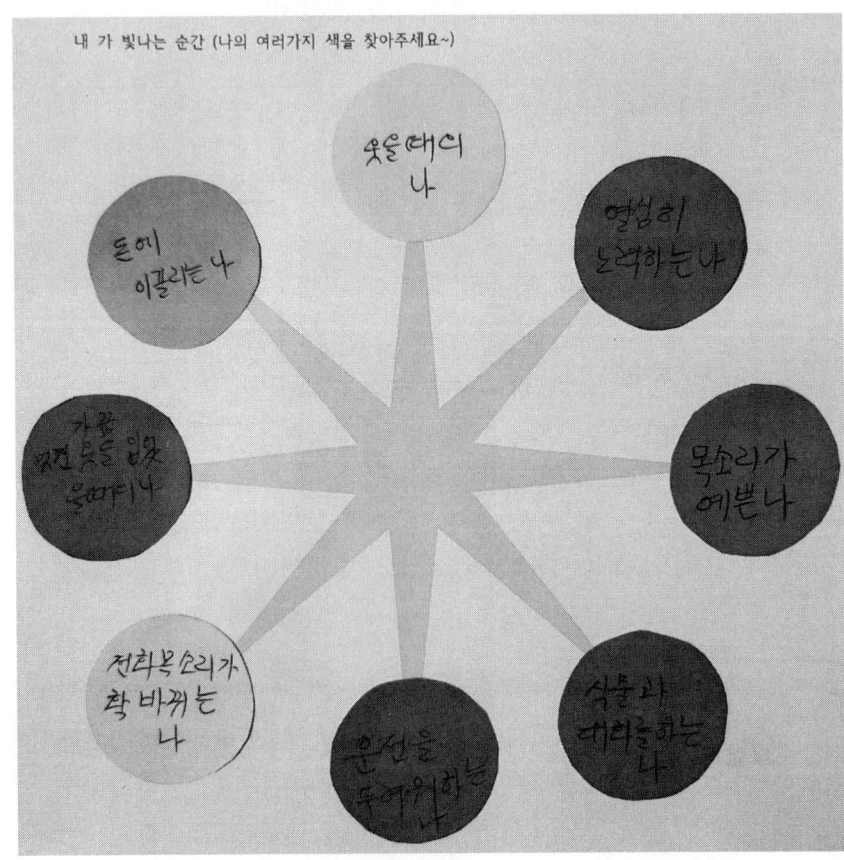

내가 빛나는 순간

나의 여러 가지 색을 찾아주세요~

휴독서치료연구소 선정 2021년 4월의 문학작품

메두사 엄마

키티 크라우더 지음 | 김영미 옮김 | 논장 | 2018

대상	성인
종류	도서

 소개

이 책은 불안한 엄마의 불안정한 양육에 관한 내용을 은유와 상징을 통해 그려내고 있다. 메두사는 딸 이리제를 자신의 머리카락 속에서 키우면서 세상으로부터 철저히 보호한다. 이리제는 외부와 단절된 세상에서 오로지 엄마의 양육을 받으며 마치 그것이 세상의 전부인 것처럼 살아가지만, 점점 외부세계를 궁금해 하고 연결되고 싶어 한다. 이리제의 외부와의 연결에 대한 욕구를 더 이상 통제할 수 없다는 것을 알게 된 메두사는 이리제를 학교에 보낸다. 메두사는 여전히 불안했지만 학교와 친구들에게 잘 적응해가는 이리제를 보면서 점차 안심하게 된다.

 독서치료적 적용

부모와 자녀 간의 안정 애착은 자녀가 안전하고 안정적인 분위기에서 세상에 대한 탐색을 하고 잘 적응해갈 수 있도록 돕는다. 메두사의 불안으로 상징되는 머리카락은 딸을 세상의 위협으로부터 보호하고자 하는 강력한 욕구로 볼 수 있다. 그녀의 이러한 욕구는 불안에서 시작되었고, 불안정 애착을 형성하는 요인이 된다. 메두사의 불안은 이리제가 엄마를 의심하고 무서운 존재로 인식하게 한다. 결국 메두사가 이리제의 욕구를 존중하면서 이리제는 안정되고, 이리제의 적응적인 모습을 통해 메두사의 불안이 감소된다. 이 책은 부모가 자녀를 양육할 때 자신의 불안을 인식하고 잘 다루는 것이 얼마나 중요한지를 통찰하도록 도울 수 있을 것이다.

발문

단계		내용
동일시	텍스트 수준	이 책에서 가장 기억에 남는 부분은 어디인가요?
	내담자 수준	그 부분이 기억에 남은 이유는 무엇인가요?
카타르시스	텍스트 수준	세상에 대한 불안으로 자신의 머리카락 속에서 이리제를 키우는 메두사의 심정은 어떠했을까요?
	내담자 수준	만약 당신이 메두사처럼 세상에 대한 불안 때문에 아이를 집에서만 양육하고 있다면 어떤 심정일까요?
통찰	텍스트 수준	이리제가 드디어 세상을 경험했을 때 메두사와 이리제의 삶에는 어떤 변화가 있었나요?
	내담자 수준	부모의 불안이 자녀에게 어떤 영향을 줄까요?
내 삶 적용		당신은 자녀와의 관계에서 어떤 불안을 느끼나요? 그 불안을 어떻게 다룰 수 있는지 생각해 보세요.

활동 소개

활동 종류	작문 및 토의	활동 제목	불안에 대처하는 방식 점검
활동 목표	불안에 대처하는 자신의 방식을 점검하고, 유용하고 합리적인 방식을 모색할 수 있도록 돕는다.		
준비물	종이, 필기도구		

■ **활동 방법**

① 자녀와의 관계에서 느끼는 걱정이나 불안을 적어 본다.

② 자녀와의 관계에서 걱정이나 불안을 느낄 때 어떻게 대처하는지 적어 본다.

③ 자신의 대처방식을 평가해 본다.(유용성, 합리성 등)

④ 유용하지 않거나 합리적이지 않은 대처방식을 새로운 방식으로 바꾸어 본다.

■ **활동 예시**

① 자녀와의 관계에서 느끼는 걱정이나 불안 : 친구관계

② 자녀와의 관계에서 걱정이나 불안을 느낄 때 대처하는 방식 : 걱정하는 마음으로 지켜봄

③ 자신의 대처방식 평가 : 별로 도움이 되지 않음

④ 유용하지 않거나 합리적이지 않은 대처방식을 새로운 방식으로 바꾸기 : 아이와 역할 놀이를 하면서 상호작용 연습, 단계별로 연습을 하면서 긍정적 경험 돕기

> 휴독서치료연구소 선정 2021년 6월의 문학작품

스트레스 티라노

김유강 글·그림 | 오올 | 2020

대상	성인
종류	도서

 **소개**

비 오는 토요일, 늦을 것 같다는 남편의 전화, 그리고 집안을 엉망진창으로 만들고 있는 아이를 보면서 파란색 티라노의 표정이 달라진다. 파란색 티라노는 조용히 설거지를 하고, 청소를 하고, 집안을 치우면서 '크아악, 크앙' 소리를 지르더니 결국 앓아눕는다. 빨간색 티라노가 집에 들어왔지만 둘은 모르는 척, 눈이라도 마주치면 '크응, 크르릉' 거린다. 불안한 눈으로 파란색과 빨간색 티라노의 눈치만 살피고 있던 아이는 울면서 노란색 티라노로 변하고, 그런 아이의 모습을 바라보는 파란색, 빨간색 티라노는 사람의 모습으로 변한다. 이 도서는 부모의 부정적 감정이 아이에게 그대로 전염됨을 알려준다.

 독서치료적 적용

감정 전이는 타인의 표정이나 말투, 목소리, 자세 등을 무의식적으로 모방하고 자신과 일치시키면서 감정적으로 동화하는 경향을 일컫는 심리학 용어이다. '어린이는 어른의 거울이다'라는 말도 감정 전이를 설명하는 말인데, 아이들은 관찰(표정, 말, 행동 등)을 통해 부모로부터 많은 것을 배우게 된다. 즉, 아이들에게 있어 가장 먼저 관계를 맺는 부모는 모델 역할을 하는 셈이다. 특히 부모가 느끼는 감정은 아이들에게도 그대로 전염되는데, 부모의 부정적 감정은 상대적으로 힘이 약한 아이를 대상으로 발산되는 경우가 있다. 화가 난 부모를 보며 의기소침해지고, 겁을 먹고, 불안해하며, 숨죽여 눈치를 살피는 책 속 아이의 모습은, 아이를 키우고 있는 부모들에게 자신에 대해 그리고 자녀에 대해 생각해볼 수 있는 기회를 줄 것이다.

발문

단계		내용
동일시	텍스트 수준	마음에 와 닿은 장면이 있나요?
	내담자 수준	그 장면이 와 닿은 이유는 무엇인가요?
카타르시스	텍스트 수준	티라노의 모습을 지켜보던 아이는 어떤 기분이었을까요?
	내담자 수준	만약 여러분이 티라노를 바라보던 아이였다면 어떤 기분이었을까요?
통찰	텍스트 수준	아이가 티라노로 변했다는 것은 어떤 의미인가요?
	내담자 수준	부모가 느끼는 감정이 아이에게 그대로 전염되는 모습을 보면서 어떤 생각이 드시나요?
내 삶 적용		여러분도 책 속의 티라노처럼 행동한 경험이 있나요?

활동 소개

활동 종류	미술	활동 제목	감정 파이 나누기
활동 목표	나의 감정을 탐색 후 자녀에게 전이되는 감정을 확인해 본다.		
준비물	8절 도화지, 색연필		

■ 활동 방법

① 자신이 느끼는 감정은 무엇이 있는지 탐색해 본다.

② 8절 도화지에 동그라미를 그린 후, ①에서 탐색해 본 자신의 감정의 크기를 동그라미에 피자 조각처럼 나누어 본다.

③ 동그라미에 나눈 조각에 감정을 적고, 그 감정을 느끼는 상황을 적어 본다.

④ 감정 파이에 적힌 감정들이 자녀에게 전이되는 때가 있는지 살펴본다.

⑤ 감정 파이를 함께 나누어 본다.

⑥ 나의 티라노 같은 감정이 자녀에게 전이되지 않도록 하기 위한 조절 방법에 대해 감정 파이에 적어 본다.

■ 활동 예시

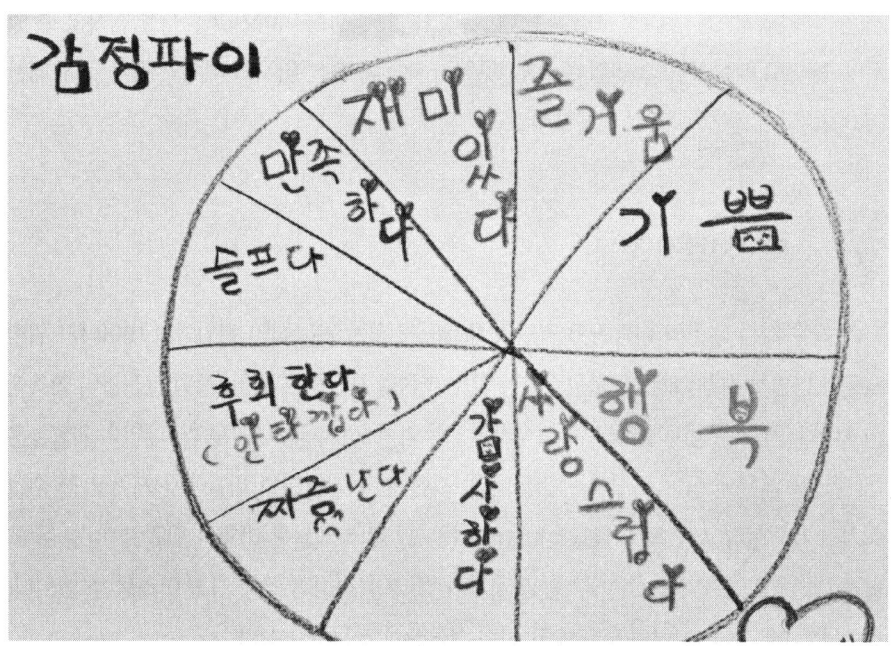

휴독서치료연구소 선정 2021년 7월의 문학작품

내 안에 내가 있다

알렉스 쿠소 글 | 키티 크라우더 그림 | 신혜은 옮김
바람의아이들 | 2020

대상	성인
종류	도서

 소개

원제가 '내안에'인 이 그림책은 인체를 해부도처럼 파격적으로 묘사한다. 또한 상징성이 강한 그림들은 어렵게도 느껴진다. 게다가 첫 문장도 "내가 항상 나인 건 아니었다."로 시작된다. 그야말로 의문점이 가득하다. 내가 '나'가 아니면 누구란 말인가? "내가 되기 전까지, 난 내안에 없었다."라는 문장을 통해 '나의 내면'에 대한 이야기라는 점을 짐작할 수 있지만, 눈으로 직접 보고 확인할 수 없는 곳이기 때문에 항상 미지의 세계와 같은 곳에 대한 이야기이다. 그림책 속에서 나를 찾아보자.

 **독서치료적 적용**

이 책은 자신 내면의 어둠과 맞닥뜨려 해결되지 않는 반복적인 행위에서 벗어나기 위한 시도와 방법을 통해 내 삶의 결정권자가 되는 과정을 표현하고 있다. 책의 문장들이 함축적인 시어 같아서 문장마다 여러 번 생각하게 만든다. 내안의 적, 내안은 밤, 내안의 괴물들은 내 행복을 혹은 성장을 가로막는 것들이다. 그런데 그 괴물과의 싸움에서 지기로 한 순간 이기기 시작한다. 내안의 괴물을 받아들여서일까? 결국 괴물은 바위가 되었고 '나'는 구름을 발견하였다. 그리고 내 안에서는 무지개가 떴다. 상징성이 강해 다소 어려울 수 있으나, 내면을 들여다보고 심연의 나를 찾고 싶은 이들에게 추천하고 싶다.

발문

단계		내용
동일시	텍스트 수준	이 책에서 가장 인상적인 장면은 어디인가요?
	내담자 수준	그 부분이 가장 인상적인 이유는 무엇인가요? '불가능한 것들을 결정' 하고 싶었던 적이 있나요?
카타르시스	텍스트 수준	괴물과의 내기에 져서 괴물에게 먹혔을 때 주인공의 기분은 어땠을까요? 괴물이 알았다고 할 때까지, 큰 소리를 오래 질러 괴물을 이겼을 때 주인공의 기분은 어땠을까요?
	내담자 수준	내 안의 괴물과 싸워 졌다면 나의 기분은 어떨까요? 내 안의 괴물과 싸워 이겼다면 나의 기분은 어떨까요?
통찰	텍스트 수준	괴물 안에 들어간 주인공이 만난 것은 또 괴물이었습니다. 그 괴물은 누구일(무엇이었을)까요?
	내담자 수준	내안에 자리 잡고 있는 괴물은 누구(무엇)일까요?
내 삶 적용		나는 어떨 때 내안의 괴물과의 시합에서 질까요? 나는 어떻게 하면 내안의 괴물과의 시합에서 이길 수 있을까요?

 **활동 소개**

활동 종류	미술	활동 제목	내 마음의 주인
활동 목표	내 마음의 주인은 나라는 점을 알 수 있다.		
준비물	필기도구, 색연필		

■ 활동 방법

① 색연필 등을 이용하여 내안의 나를 자유롭게 그려본다.

② 그린 후 내가 그린 '내안의 나'를 설명한다.

　※ '내안의 나'를 그릴 때 나의 마음이 어땠는지 그린 후 마음이 어땠는지에 대해서도 자유롭게 말해본다.

③ 내가 내 마음의 주인이 되는(내 마음을 깨닫는) 과정에 대해서 자유롭게 이야기를 나눈다.

■ 활동 예시

▶ 내안의 나를 표현해 보기

휴독서치료연구소 선정 2021년 9월의 문학작품

함께

루크 아담 호커 지음 | 김지연 옮김 | BARN | 2021

대상	성인
종류	도서

 소개

사람들은 해야 할 일들이 넘쳐나는 바쁜 일상 속에서 끊임없이 시간을 흘려보내며 매일 똑같은 하루를 살아간다. 그러던 어느 날 갑자기 찾아온 폭풍은 거리의 풍경과 공기를 바꾸고 삶의 엔진마저 꺼버렸다. 생명의 움직임이 멈춘 도로와 불빛이 꺼진 번화가의 낯섦은 익숙해지나, 한편으로 변화에 대한 두려움에 사람들은 자신만을 생각하게 된다. 거대한 시련 속에서 우리는 무엇을 할 수 있고 무엇을 해야 할까?

 독서치료적 적용

코로나-19가 전 세계로 퍼지면서 팬데믹이 찾아오고 사람들의 일상은 크게 달라졌다. 감염에 대한 불안, 주변 사람들에 대한 경계심과 사회적 거리 두기가 지속되며 느끼는 무기력감은 '코로나-19'와 '우울감'을 합친 '코로나 블루'라는 신조어를 만들기도 했다. 이는 코로나19의 확산으로 인해 많은 사람들의 일상생활에 제약이 커지면서 사람들이 우울감과 무기력을 느끼게 된 현상이다. 이 책은 루크 아담 호커가 코로나 시대의 혼란과 단절을 거대한 먹구름으로 묘사하고, 이런 시련을 혼자가 아닌 함께 극복하는 것이 더욱 의미 있음을 전한다. 무엇보다, 코로나-19에 지치고 외로운 사람들에게 위로와 희망을 전해 줄 것이다.

발문

단계		내용
동일시	텍스트 수준	어느 부분이 가장 마음에 와 닿았나요?
	내담자 수준	왜 그 부분이 가장 마음에 와 닿았나요?
카타르시스	텍스트 수준	어느 순간 모든 것이 멈추고 일상을 잃었을 때 사람들의 기분은 어땠을까요?
	내담자 수준	당신이 만약 그 상황에 처했다면 기분이 어땠을까요?
통찰	텍스트 수준	예상치 못한 큰 두려움 앞에서 다른 이에게 손을 내밀어 잡아 주는 이들이 나타났을 때, 상황은 어떻게 달라졌나요?
	내담자 수준	이 작품을 읽고 나서 생각이 달라진 점이 있나요?
내 삶 적용		당신도 이와 비슷한 경험이 있나요? 그럴 때 어떻게 했었나요?

활동 소개

활동 종류	미술	활동 제목	우리는 하나
활동 목표	대인 간의 친밀감 및 긍정적 감정 교류의 중요성에 대해 알 수 있다.		
준비물	8절 도화지, 가위, 풀, 색종이, 색연필, 싸인펜		

■ **활동 방법**

① 8절 도화지를 아코디언 모양으로 4면이 나오게 접는다.

② 종이를 접은 상태에서 사람 모양을 자유롭게 그리고 선을 따라 가위로 오린다.

③ 잠시 눈을 감고 지나온 삶을 떠올리며 그동안 살아가는데 힘이 되어주었거나 손을 내밀어주었던 사람들을 떠올린다.

④ 방금 떠올린 사람들을 생각하며 오려둔 사람 모양의 앞면에 색연필, 색종이 등을 이용하여 자유롭게 꾸며 준다.

⑤ 뒷면에는 그 대상이 있어 힘이 되었던 점, 하고 싶은 말, 그동안 하지 못했던 말 등을 자유롭게 적어 본다.

■ **활동 예시**

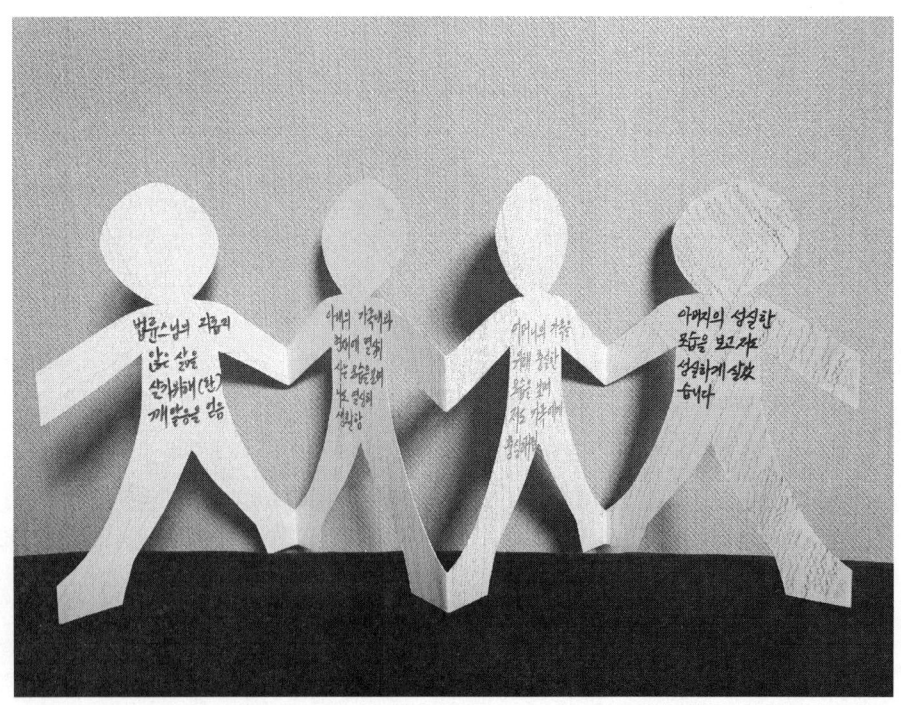

| 휴독서치료연구소 선정 2021년 11월의 문학작품 |

엄마 도감

권정민 글·그림 | 웅진주니어 | 2021

대상	성인
종류	도서

 소개

아기의 눈에 비친 엄마의 24시간은 어떤 모습일까? '엄마가 태어났습니다. 나와 함께'로 시작하는 이 그림책은, 아기가 태어나면서부터 변화되는 엄마의 생김새, 아침에는 침대, 저녁에는 비행기로 변하는 엄마 몸의 구조와 기능, 손, 팔뚝, 관절염의 발달 등 달라지는 엄마 몸의 변화, 늘 잠이 부족한 엄마의 수면 활동과 언제 어디서든 아기가 부르면 치타보다도 빠르게 반응하는 엄마의 속도, 엄마의 기분과 엄마의 가방 등, 엄마가 처음인 간난 엄마의 좌충우돌하는 1년 동안의 다양한 모습을 아이의 시선에서 연구하고 기록하고 있다.

 **독서치료적 적용**

엄마가 된다는 것은 설렘과 두려움을 동반한다. 왜냐하면 엄마가 된다는 것은 단순히 아기의 기저귀를 갈아주고, 이유식을 먹이는 것이 전부는 아니기 때문이다. 그렇다면 엄마가 된다는 것은 무엇일까? 우치다 린타로의『엄마가 된다는 건 뭘까?』라는 그림책 속 미미의 말처럼, 엄마가 된다는 건 아이의 이름을 불러 주고, 아이와 함께 손잡고 걷고, 아이가 아플 때 아이를 걱정하다가, 자기도 모르게 꼭 껴안고 눈물을 흘리는 것이다. 또한 엄마가 된다는 것은 이 책에서 보여주듯이 손목에 붕대를 감아대고, 좋은 엄마가 되기 위해 아기를 관찰하고 연구하는 것이다. 하지만 아기와 함께 태어나는 신생 인류인 '엄마'들도, 엄마가 처음이어서 여러모로 힘든 점이 많다. 따라서 이 그림책은 힘들고 외로운 엄마들에게 위로가 되어 줄 것이다.

발문

단계		내용
동일시	텍스트 수준	이 그림책에서 가장 인상적인 장면은 어디인가요?
	내담자 수준	그 부분이 가장 인상적인 이유는 무엇인가요?
카타르시스	텍스트 수준	엄마가 할머니를 만났을 때 어떤 기분이었을까요?
	내담자 수준	당신이 그 입장이라면 어떤 기분일까요?
통찰	텍스트 수준	할머니를 만났을 때 엄마가 아기처럼 잠만 잔 이유는 무엇일까요?
	내담자 수준	이 그림책을 읽고 나서 깨달은 점이 있나요?
내 삶 적용		당신도 그림책의 엄마와 비슷한 경험이 있나요? 그럴 때 어떻게 했었나요? 아이에게 비춰진 나의 모습은 무엇일지 생각해 보세요.

 **활동 소개**

활동 종류	미술	활동 제목	나에게 주는 선물
활동 목표	육아로 지치고 힘든 부모님을 위로하며 응원하는데 목표가 있다.		
준비물	캔버스 액자, 색깔별 스칸디아 모스 이끼, 목공용 풀, 나뭇가지 등 보조 재료, 그림 도구 등		

■ 활동 방법

① 캔버스 액자에 연필이나 그림 도구를 이용해 꾸미고 싶은 밑그림을 그린다. 나뭇가지 등 보조 재료를 이용해 원하는 모양을 만들 수도 있다.

② 손질된 스킨디아모스 이끼에 풀을 묻혀가면서 밑그림에 붙인다.

③ 그림 도구나 피규어, 스티커를 이용해 그림을 보충할 수 있다.

④ 나에게 보내는 응원의 글을 적는다.

■ 활동 예시

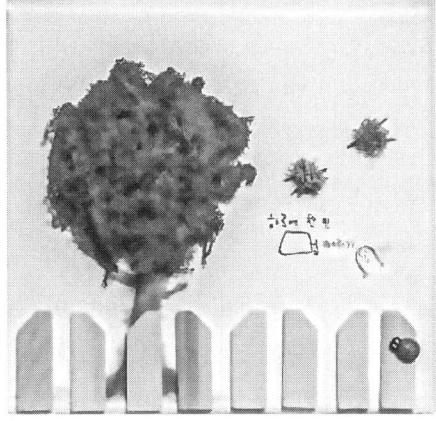

휴독서치료연구소 선정 2021년 12월의 문학작품

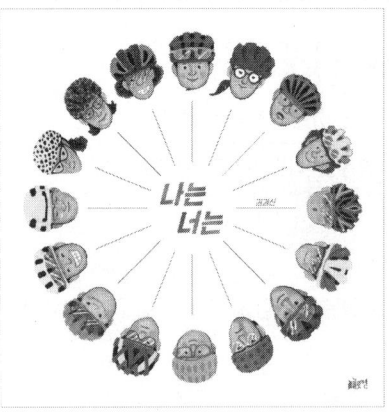

나는 너는

김경신 글·그림 | 글로연 | 2021

대상	성인
종류	도서

 소개

다양한 성격을 가진 16인이 자전거 경주를 한다. 그 과정은 각자가 걷는 인생의 길처럼 내리막과 오르막길이 있고, 내가 주인공이 되었다가 타인의 삶에서는 조연이 되기도 하며, 서로 응원과 격려를 보내주기도 한다. 이 책은 MBTI 성격유형을 바탕으로 한 다양한 나에 대한 내용을 자전거 경주에 비유하며 인생의 여러 측면들을 보여주고 있다.

 독서치료적 적용

마이어스(Myers)와 브릭스(Briggs)가 융(Jung)의 심리 유형론을 토대로 고안한 자기 보고식 성격 유형 검사인 MBTI는 외향과 내향, 감각과 직관, 사고와 감정, 판단과 인식이라는 4가지 기준에 따라, 사람들을 16가지의 성격 유형으로 나눈다. 이 책은 MBTI 성격유형별 개성과 특징을 자전거 경주에 참여한 16명의 인생에 빗대어 보여주고 있다. 각각의 삶에서는 주인공으로 살고 있는 16명의 각기 다른 나, 내가 바라보는 나와 너가 보는 내가 같을 수도 있고 다를 수도 있음을 보여주며, 서로의 인생을 응원 및 격려하고 있다. 그러므로 이 책은 삶의 길에서 좌절하고 힘들어 하는 성인들에게 응원과 격려를 보내주기 위한 목적으로 활용할 수 있을 것이다.

발문

단계		내용
동일시	텍스트 수준	이 책에서 가장 인상적인 장면은 어디인가요?
	내담자 수준	그 장면이 가장 인상적이었던 이유는 무엇인가요?
카타르시스	텍스트 수준	나는 뒤처지더라도 힘든 친구를 도와주며 같이 가는 게 좋다고 하였습니다. 그때 뒤처진 사람의 기분은 어땠을까요?
	내담자 수준	당신이 만약 남들보다 뒤처진 입장이었다면 기분이 어땠을까요?
통찰	텍스트 수준	"너는 해낼 줄 알았어."라는 말을 들으면 어떤 생각이 떠오를까요?
	내담자 수준	내가 해낸 것들은 무엇이 있을까요?
내 삶 적용		무엇인가를 해내고 이겨내기 위해서 나는 무엇을 어떻게 하는 것이 좋을까요?

활동 소개

활동 종류	놀이, 작문	활동 제목	마음 밴드
활동 목표	힘들고 지칠 때 서로의 삶을 응원하고 격려할 수 있다.		
준비물	나는 너를 너는 나를 활동지, 토닥토닥 스티커, 원형 라벨지		

■ **활동 방법**

① 집단원들은 토닥토닥 스티커를 들고 돌아다니며 가위 바위 보를 한다. 이때 이긴 사람이 진 사람에게 토닥토닥 스티커를 붙여준다.

② 토닥토닥 스티커를 붙인 뒤 자리에 앉아 '나는 너를 너는 나를' 활동지 중앙에 나의 고민과 걱정을 적은 후 오른쪽 방향으로 돌린다.

③ 상대방의 고민과 걱정을 읽고 격려나 응원의 말, 조언의 말을 원형 스티커에 적어 붙여준다.

④ 본인의 활동지가 돌아오면 활동이 끝난다. 이후 나의 고민에 대해 집단원들로부터 어떤 메시지를 받았는지, 그 중에서 가장 위로와 힘이 되었던 단어를 선택한다. 그러면 고른 단어를 집단원들이 큰 소리로 다시 한 번 말해준다.

■ **활동 예시**

토닥토닥 스티커

나는 너를 너는 나를

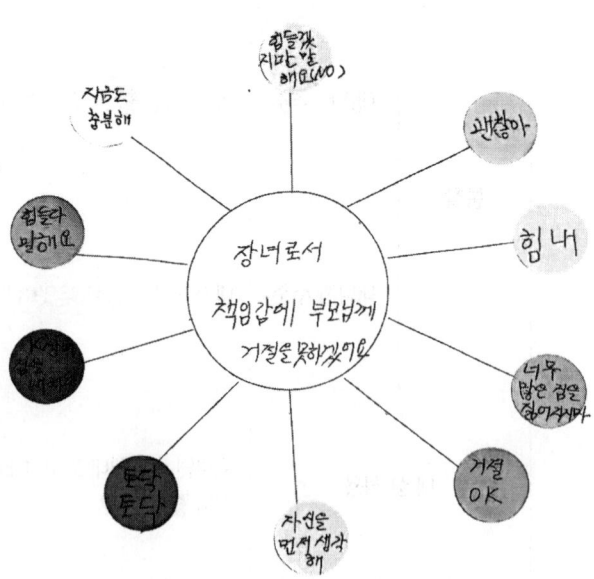

나는 너를 너는 나를

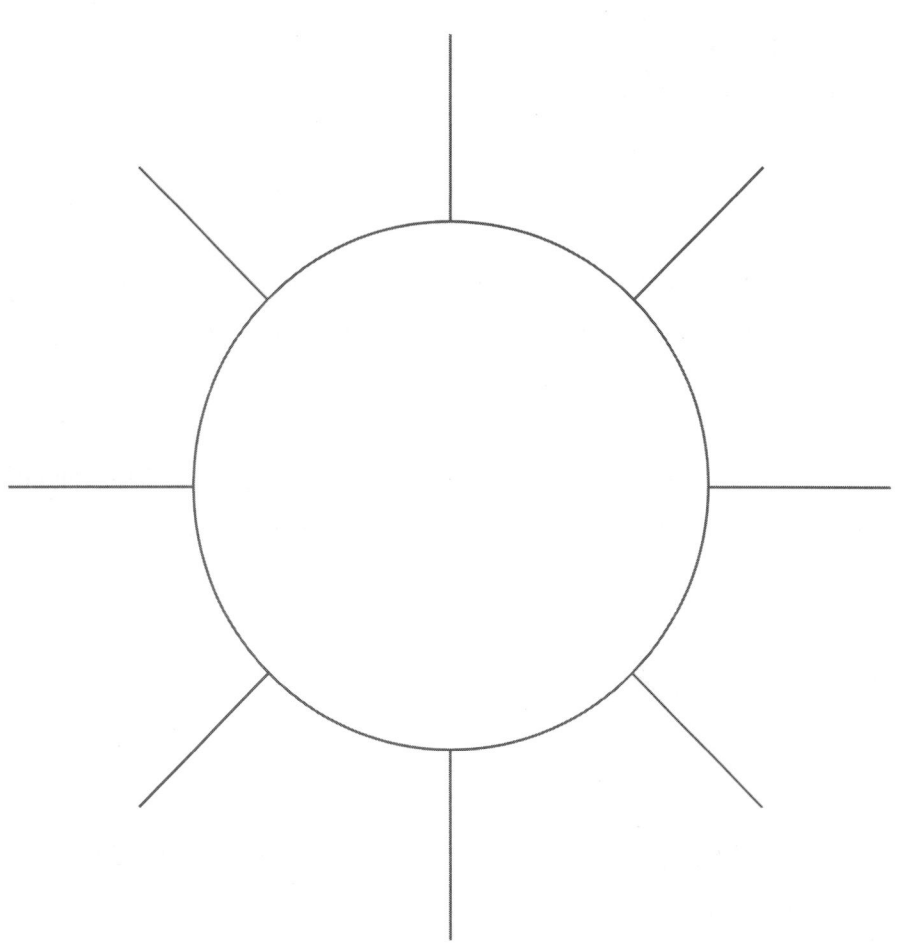

휴독서치료연구소 선정 2022년 1월의 문학작품

우리는 안녕

박준 글 | 김한나 그림 | 난다 | 2021

대상	성인
종류	도서

 소개

이 책은 저자의 아버지가 키우는 개 '단비'와 '단비'를 찾아 온 새의 만남과 헤어짐에 관한 이야기로 구성되어 있다. 어느 날, 단비를 찾아 온 새와 단비는 마음을 주고받는 '안녕'으로 첫인사를 나눈다. 단비와 새의 만남은 이렇게 시작되었고, 서로에게 다양한 '안녕'을 건넨다. 같이 앉아서 서로의 말을 들어주고 밥을 나누어 먹으면서 혼자를 뛰어넘는 '안녕'을 주고받는 사이가 되었다. 단비와 새는 이별을 하게 된다. 단비와 새의 이별에도 '안녕'이 존재한다. '안녕'은 단비와 새의 만남에서부터 이별까지 모든 것을 그리고 담는 말이다.

 독서치료적 적용

이 책은 단비와 새의 만남 및 이별의 과정을 통해 관계에 관한 이야기를 다루고 있다. 관계는 시작과 끝이 있고, 시작과 끝 사이에는 과정이 있다. 이 책에서는 관계의 시작과 과정, 끝에는 늘 '안녕'이 존재한다고 말한다. '안녕'은 관계의 시작에서 끝까지 같은 단어지만, 다른 의미로 표현된다. 처음 만나서 건네는 '안녕'은 처음 하는 말이고, 마음을 주고받는 말이다. 관계의 과정에서 건네는 '안녕'은 무엇인가를 함께 나누고 배려하면서 마음을 차곡차곡 모으는 말이다. 관계의 끝에서 건네는 '안녕'은 서로를 놓아주고, 서로의 뒷모습을 지켜봐주는 말이다. 이 책은 독자에게 자신이 맺고 있는 관계에 대해 생각해 볼 수 있는 기회를 제공할 것이다.

발문

단계		내용
동일시	텍스트 수준	이 책에서 가장 기억에 남는 부분은 어디인가요?
	내담자 수준	그 부분이 가장 기억에 남는 이유는 무엇인가요?
카타르시스	텍스트 수준	단비와 새는 '안녕'을 주고받을 때 어떤 마음이었을까요?
	내담자 수준	여러분은 누군가와 인사를 주고받을 때 어떤 마음인가요?
통찰	텍스트 수준	새와 만나고 이별하는 과정을 통해 단비가 알게 된 것은 무엇일까요?
	내담자 수준	여러분은 이들의 만남과 이별에서 자신의 어떤 점을 보게 되었나요?
내 삶 적용		여러분은 타인과의 관계에서 서로 어떤 말을 주고받고 싶은지 생각해 보세요. 그것이 여러분에게 어떤 의미인지 생각해 보세요.

활동 소개

활동 종류	작문, 역할극	활동 제목	너와 나의 대화
활동 목표	상대방을 배려하고 존중하는 태도로 대화할 수 있도록 돕는다.		
준비물	4절지, 포스트잇, 필기도구		

■ 활동 방법

① 내가 대화하고 싶은 사람을 정하고, 내가 그 사람에게 주로 하는 말을 적어 본다. 그 말의 의미를 적어본다.

② 그 사람이 나에게 주로 하는 말을 적어 본다. 그 말의 의미는 무엇이라고 생각하는지 적어본다.

③ 다른 참여자들과 함께 나누면서 보다 건설적인 방식으로 대화할 수 있는 방법을 모색한다.

④ 내가 그 사람에게 하고 싶은 말을 적어 본다. 그 말의 의미를 적어본다.

⑤ 내가 그 사람에게 듣고 싶은 말을 적어 본다. 그 말의 의미를 적어본다.

■ 활동 예시

▶ 내가 대화하고 싶은 사람 : 아이

나 : 엄마, 말 좀 잘 들어. 넌 엄마 말을 안 들어서 문제야. (엄마가 하라는 대로 하면 좋은데 왜 말을 안 들어!)

아이 : 아, 좀! (엄마 말은 듣기도 싫어. 안 듣고 싶어.)

나 : 네가 생각하는 대로 한 번 해 봐, 잘 할 수 있어. 너는 처음에는 어려워해도 자신감을 갖고 하잖아. (엄마도 조금은 걱정이 되긴 하지만, 엄마는 늘 너를 믿고 응원하지.)

아이 : 엄마, 고마워. 엄마가 그렇게 말해주니까 잘 할 수 있을 거 같아. (나도 좀 걱정되지만 엄마가 믿어주면 덜 걱정되고 힘이 될 것 같아.)

> 휴독서치료연구소 선정 2022년 6월의 문학작품

엄마가 그랬어

야엘 프랑켈 지음 | 문주선 옮김 | 모래알 | 2022

대상	성인
종류	도서

 소개

이 책은 한 아이가 "캠프를 가는 건 나인데 뭘 가져갈지 정하는 건 엄마다"라고 말하며 시작된다. 엄마는 아이에게 캠프에서 필요할 거라고 생각되는 물건들을 하나도 빠짐없이 말하고, 아이는 싫다는 소리 없이 "네, 엄마", "그럼요, 엄마"라는 식으로 간결하게 반복적으로 대답한다. 하지만 아이는 대답과 달리 엄마가 챙겨준 물건들을 자신만의 방식으로 활용하며 즐거운 시간을 보낸다. 엄마와 아이의 엇갈리는 차이 속에 이들은 어떻게 조화로운 관계를 유지해 나갈까?

 **독서치료적 적용**

작가 '야엘 프랑켈'은 책 속에서 아이를 챙기는 엄마의 입장을 파란색으로, 캠프를 가는 아이의 입장을 빨간색으로 표현했다. 작가가 엄마와 아이의 입장 차이를 색으로 나타냈듯이, 실제 부모와 자녀의 생각 기준이 서로 다르기도 하며 부모가 자식에게 자신의 방식을 강요하기도 한다. 자식을 걱정하고 챙겨주는 부모의 마음과 달리, 자식은 부모의 걱정을 잔소리와 참견으로 치부해 부모와 자녀 간에 갈등과 대입이 발생하는 모습은 흔하게 볼 수 있다. 따라서 자녀와의 갈등에 대해 고민하는 부모들은, 이 그림책을 통해 부모와 자녀 간의 관계를 탐색해보면 도움이 되겠다. 특히 서로의 다름을 인정하는 것이 부모 자녀 관계의 행복과 시작이라는 것을 통찰할 수 있기를 바란다.

발문

단계		내용
동일시	텍스트 수준	책의 장면 중 가장 마음에 와 닿은 부분이 있었나요?
	내담자 수준	그 부분이 마음에 와 닿은 이유는 무엇일까요?
카타르시스	텍스트 수준	캠프를 가는 건 자신인데 캠프에 무엇을 가져갈지 정하는 엄마에게 대답하는 아이의 기분은 어떨까요?
	내담자 수준	당신이 만약에 그 입장이라면 기분이 어떨까요?
통찰	텍스트 수준	엄마 말을 잘 듣는 아이가 대답과 달리 엄마 말대로 하지 않았던 이유는 무엇일까요?
	내담자 수준	이 책을 읽고 나서 생각이 달라진 점이 있나요?
내 삶 적용		여러분도 자녀와의 관계에서 서로의 생각이나 방식의 차이를 경험한 적이 있었나요? 그럴 때 어떻게 했었나요?

활동 소개

활동 종류	작문	활동 제목	우리의 엇갈린 생각은?
활동 목표	부모와 자녀 간의 관계를 탐색해 볼 수 있다.		
준비물	활동지, 필기도구		

■ **활동 방법**

① 활동지를 한 장씩 나눠준다.

② 평소 자녀와의 관계에서 반복적으로 일어났던 의견 충돌이나 갈등 상황을 떠올려 보고 각자의 입장이 되어서 활동지 내용을 적는다.

③ 서로의 입장이 다른 상황에서 자신이 부모로서 어떤 선택을 하는지 구체적인 행동이나 태도 등을 적는다.

④ 자신의 선택이 자녀와의 사이에서 어떤 모습으로 나타나고 어떤 영향을 미치는지 생각해본다.

⑤ 활동지의 내용을 집단원들과 함께 나눈다.

■ **활동 예시**

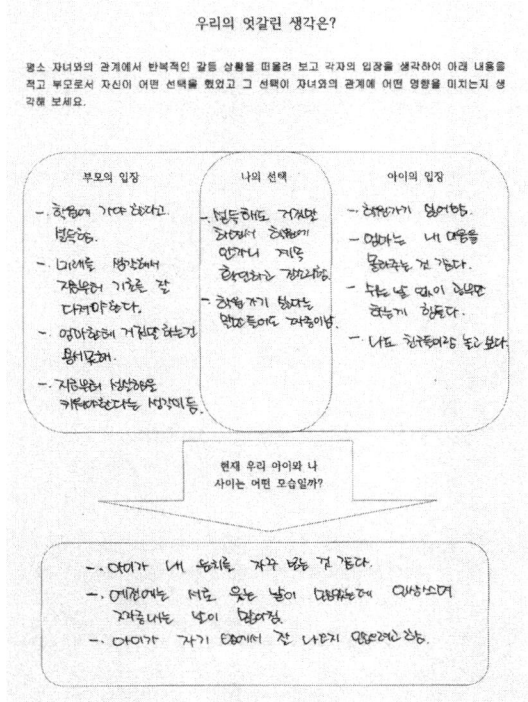

우리의 엇갈린 생각은?

평소 자녀와의 관계에서 반복적인 갈등 상황을 떠올려 보고 각자의 입장을 생각하여 아래 내용을 적고, 부모로서 자신이 어떤 선택을 했었으며 그 선택이 자녀와의 관계에 어떤 영향을 미쳤는지 생각해 보세요.

부모의 입장	나의 선택	아이의 입장

현재 우리 아이와 나 사이는 어떤 모습일까?

휴독서치료연구소 선정 2022년 7월의 문학작품

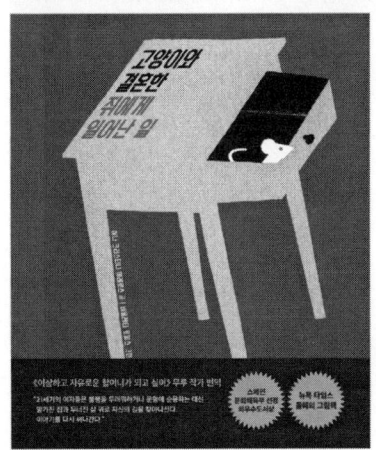

고양이와 결혼한 쥐에게 일어난 일

아나 크리스티나 에레로스 글 | 비올레타 로피스 그림
정원정·박서영 옮김 | 오후의소묘 | 2021

대상	성인
종류	도서

소개

이 책의 원제는 '잘난 체한 적 없던 쥐에게 일어난 실화'로, 겸손한 아내가 되라는 스페인 민담에서 출발한 이야기이다. "넌 집도 있는데 왜 결혼을 안 하니?" 아늑한 집에 사는 깔끔하고 성실한 작은 쥐는 많은 구혼자 중에서 가장 작고 약해 보이는 새끼고양이와 결혼한다. 그러나 고양이 음식을 먹는 바람에 배탈이 나고, 물에 빠져 죽을 위기의 상황에서도 오히려 자신을 구하려는 고양이의 발톱에 긁힐 것을 두려워한다. 과연 쥐의 결혼 생활이 행복하게 이어질 수 있을까?

독서치료적 적용

행복을 꿈꾸며 결혼을 선택하는 사람들이 많다. 그러나 결혼 생활에서는 여전히 여성들의 희생을 더 강요한다. 특히 매일 해야 하는 식사 준비, 청소, 빨래, 자녀의 양육은 여성의 삶을 송두리째 빼앗아간다. 그렇게 순응하다보면 새로운 길로 나아갈 수도 없게 된다. 그런데 이 그림책 속의 여성은 길게 땋은 머리카락을 잘라버린다. 어쩌면 스스로가 엮은 운명의 길과 같은 시간의 흔적을 없애버림으로써, 향후 삶을 주도적으로 이끌어 가려는 변화의 의지를 내비친다. 그녀에게는 향후 어떤 변화가 이어질지 기대하면서, 이 그림책을 결혼 후 요구되는 아내의 삶에 대해 고민하는 성인 여성들에게 추천한다. 이 이야기 속에서 삶을 주도적으로 이끌어 갈 용기를 얻게 될 것이다.

발문

단계		내용
동일시	텍스트 수준	가장 마음에 와 닿은 부분은 어디인가요?
	내담자 수준	그 부분이 마음에 와 닿은 이유는 무엇인가요?
카타르시스	텍스트 수준	뒤죽박죽된 집안을 정돈하고 난 후 곱게 땋아 내렸던 자신의 긴 머리를 자르는 여자는 어떤 기분일까요?
	내담자 수준	당신이 만약 주인공이라면 기분이 어땠을까요?
통찰	텍스트 수준	창문 밖으로 보이는 여자와 주변의 풍경을 보며 어떤 생각이 들었나요?
	내담자 수준	이 작품을 읽고 나서, 생각이 달라진 점이 있나요?
내 삶 적용		당신도 이런 경험을 한 적이 있나요? 그럴 때 어떻게 했나요?

 **활동 소개**

활동 종류	미술	활동 제목	결혼 이야기
활동 목표	결혼 생활에 관한 무의식을 의식화하는 상호작용을 통해 새로운 의미를 발견하고, 자신의 역할 변화를 계획할 수 있다.		
준비물	잡지, 풀, 가위, 8절 도화지, 크레파스, 필기도구		

■ **활동 방법**

① 참여자는 자신의 결혼 생활을 떠올려 보고 이와 연관된 이미지, 눈에 띄는 이미지를 잡지에서 6가지 골라 오린다.

② 참여자는 각 이미지에 담긴 의미를 의식화하여 이야기 나눈다.

③ 6가지의 이미지 사진을 개념적으로 알아볼 수 없게 조각을 낸다.

④ 오려낸 조각들을 한데 모은 후 그중에서 마음에 드는 조각 3개, 마음에 들지 않는 조각 3개를 고른다. A4용지 위에 자유롭게 구성한 후 풀로 붙인다. 이후 바탕이나 여백에 크레파스를 이용하여 색을 칠한 후 제목을 붙인다.

⑤ 참여자는 삶의 조각들을 마음대로 위치를 구상하고 표현하는 과정에서 느낀 정서, 완성 후 느껴지는 감정을 자신의 결혼 생활과 연결하여 이야기를 완성한다.

⑥ 참여자들은 결혼 이야기를 마친 후 앞으로 결혼 생활에서 추구하고자 하는 변화, 자신의 역할에 관해 이야기를 나눈다.

⑦ 활동 후 소감을 나눈다.

■ **활동 예시**

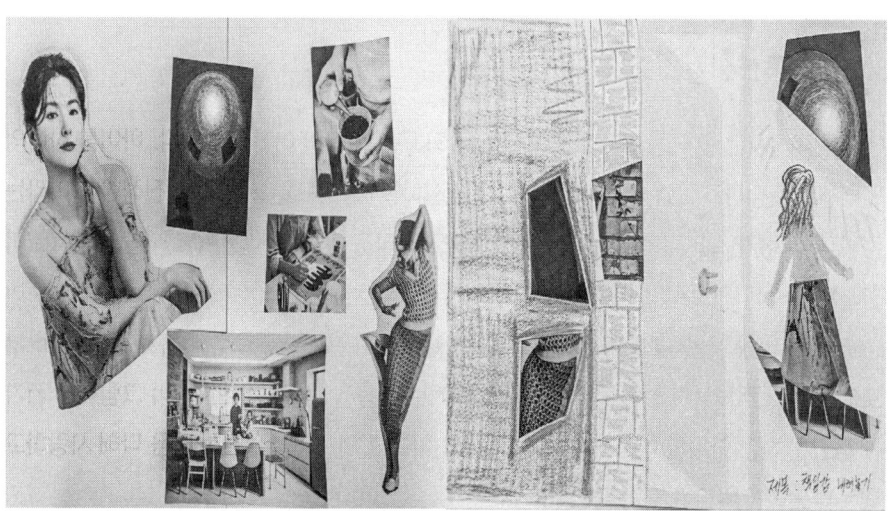

휴독서치료연구소 선정 2022년 8월의 문학작품

너는 나의 모든 계절이야

유혜율 글 | 이수연 그림 | 후즈갓마이테일 | 2022

대상	성인
종류	도서

 소개

엄마의 웃음이고 빛이고 사랑이고 자랑이고 꿈이었던 아이가 어느 날 갑자기 "나는 엄마가 원하는 아이가 아닌 것 같아요."라고 말하며 점차 거리를 두고 등을 보인다. 또한 방문을 닫고 혼자만의 시간을 보낸다. 성장통을 겪는 아이는 엄마에게 엄마만의 빛을 찾으라고 말하며 독립을 시작한다. 아이의 성장 과정을 바라보는 엄마는 아이에게 "너는 엄마의 추억이고 엄마의 기다림이야."라고 말한다. 이 그림책은 인생의 단계를 거쳐 가는 아이와 그 아이를 바라보는 엄마의 마음을 계절에 빗대어 대화의 형식으로 표현하고 있다.

 독서치료적 적용

오은영 박사는 한 예능 프로그램에서 '육아의 목표는 독립'이라고 말했다. 아이를 하나의 인격체로 존중하고, 성인이 되어 주체적으로 살아갈 수 있도록 돕는 것이 진정한 육아라는 것이다. 아이가 잘되길 바라는 것은 모든 부모의 마음이다. 하지만 독일의 동요 중 〈꼬마 한스〉처럼 자녀의 독립을 두려워하며 아이에게 지나치게 집착하는 성인 분리불안을 보이는 부모도 많다. 이런 부모의 집착은 사랑의 잘못된 표현 방식으로부터 비롯된 것이다. 부모는 아이가 주체적인 성인으로 자라도록 지켜보고 응원해 주어야 한다. 이 그림책은 커가는 동안 변하는 아이를 바라보며, 때론 기쁘고 아프고 외롭지만 여전히 마음 다해 사랑하고 있는 부모에게 위로가 되어 줄 것이다.

발문

단계		내용
동일시	텍스트 수준	이 책에서 가장 인상적이었거나, 마음에 와 닿은 부분은 어디인가요?
	내담자 수준	그 부분이 가장 인상적이거나 마음에 와 닿은 이유는 무엇인가요?
카타르시스	텍스트 수준	"너는 엄마의 꽃이고 가시야"라고 말하는 엄마는 어떤 심정일까요?
	내담자 수준	만약 당신의 자녀가 멀어진다고 느낀다면 어떤 심정일까요?
통찰	텍스트 수준	아이가 스스로를 "나는 깊은 숲속의 꽃처럼 귀한 아이야"라고 말할 수 있었던 이유는 무엇일까요?
	내담자 수준	책 속 엄마의 경험을 통해 당신이 깨닫게 된 것은 무엇인가요?
내 삶 적용		자녀가 자라면서 겪게 되는 심리적 어려움으로 당신과 단절되고 있다고 느끼게 된다면, 당신은 어떻게 할 수 있을까요?

 **활동 소개**

활동 종류	미술	활동 제목	나에게 주는 위로
활동 목표	커가는 동안 변하는 아이를 바라보며 때론 기쁘고 아프고 외롭기도 하지만, 여전히 마음 다해 사랑하고 있는 부모님 자신에게 위로와 응원을 해준다.		
준비물	캔버스 액자, 조화, 이젤, 색깔 네임펜 등		

■ **활동 방법**

① 캔버스 액자를 나누어 준다.

② 색깔 네임펜을 이용해 나에게 주는 응원이나 칭찬 메시지를 적는다.

③ 조화와 네임펜을 이용해 액자를 꾸민다.

④ 완성된 작품을 함께 나눈 후, 참여자들은 포스트잇을 활용해 서로의 그림에 긍정적 피드백을 해준다.

■ **활동 예시**

> 휴독서치료연구소 선정 2022년 9월의 문학작품

내 차를 운전하기 위해서는

채인선 글 | 박현주 그림 | 논장 | 2021

대상	성인
종류	도서

 소개

운전석 옆자리에 앉은 아이는 나도 내 차를 운전하고 싶다고 말을 한다. 그러자 아빠는 나이가 들어 어른이 되어야 운전면허증을 딸 수 있다고 말한다. 또한 어른이 된다는 건 엄마 차나 아빠 차를 다니다가, 자신의 차를 꺼내 홀로 운전대를 잡고 다른 차들로 꽉 찬 길로 나가 자기만의 차를 운전하는 것이라고 말을 한다. 이 그림책은 아빠와 아들의 대화를 통해 자기만의 차는 각자의 인생, 내가 살아가는 삶이라는 이야기를 해주고 있다.

 **독서치료적 적용**

어른이 된다는 것은 무엇일까? 어른의 사전적 정의는 '다 자란 사람' 또는 '다 자라서 자기 일에 책임을 질 수 있는 사람'이다. 또한 에릭슨의 발달단계에 따르면 '정체성 대 정체감 혼미'인 청소년기를 지나 '친밀성 대 고립감'의 시기에 이르는 20대 이후를 '어른' 혹은 '성인기'의 시작이라고 할 수 있겠다. 따라서 이 시기는 직업과 결혼 상대자 등, 일생에 있어 중요한 선택을 하게 되는 시기인데, 이 책은 이처럼 선택의 기로에 서 있는 성인들에게 자신의 속도대로 자신만의 운전대를 잡고 주도적인 선택을 할 수 있도록 도와줄 것이다.

📖 발문

단계		내용
동일시	텍스트 수준	이 책에서 가장 인상적인 장면은 어디였나요?
	내담자 수준	그 장면이 가장 인상적이었던 이유는 무엇인가요?
카타르시스	텍스트 수준	"원하는 대로 살 수 있는 것은 자기 삶뿐이야."라고 말하는 아빠의 심정은 어땠을까요?
	내담자 수준	만약 당신이 원하는 대로 자기 삶을 산다면 어떤 기분이 들까요?
통찰	텍스트 수준	"아빠도 네가 원하는 삶을 살 수 있을까? 너도 아빠가 원하는 삶을 살 수 있니?"라고 아빠가 질문한 이유는 무엇일까요?
	내담자 수준	당신이 만약 누군가 원하는 삶을 산다면 어떨까요?
내 삶 적용		당신이 원하는 삶을 살기 위해서는 어떤 방법이 있을까요? 앞으로 어떻게 살아가야 할까요?

활동 소개

활동 종류	작문	활동 제목	나의 차 주인 되기
활동 목표	이 활동은 직업과 결혼 상대자 등, 일생에 있어 중요한 선택을 하게 되는 시기인 성인들에게, 자신의 속도대로 자신만의 운전대를 잡고 주도적인 선택을 할 수 있도록 도와줄 것이다.		
준비물	활동지, 필기도구		

■ **활동 방법**

① 활동지에 나의 장점과 단점을 두 개씩 적는다.

② 활동지에 나의 가치를 적고 가치를 실현하기 위한 방법을 적는다.

③ 활동지에 나의 최종 목표를 적고 목표를 이루기 위한 구체적인 방법을 적는다.

■ **활동 예시**

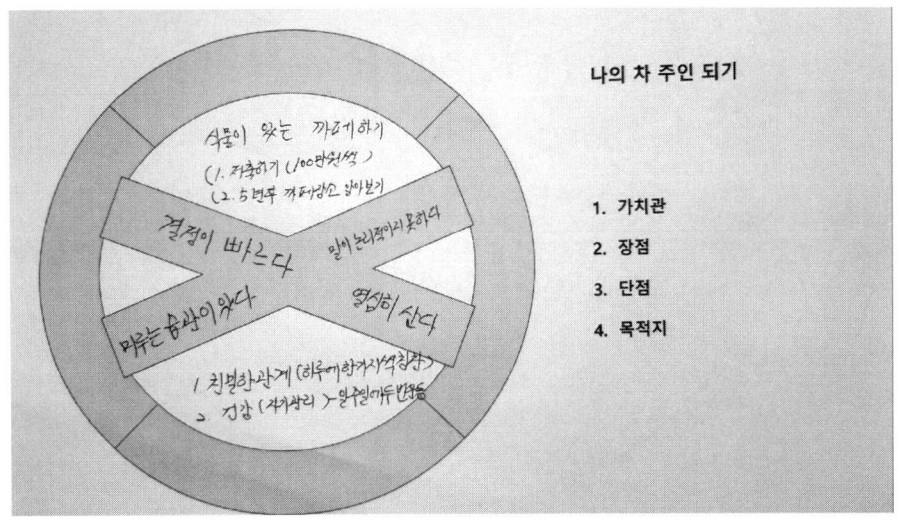

나의 차 주인 되기

1. 가치관   2. 장점   3. 단점   4. 목적지

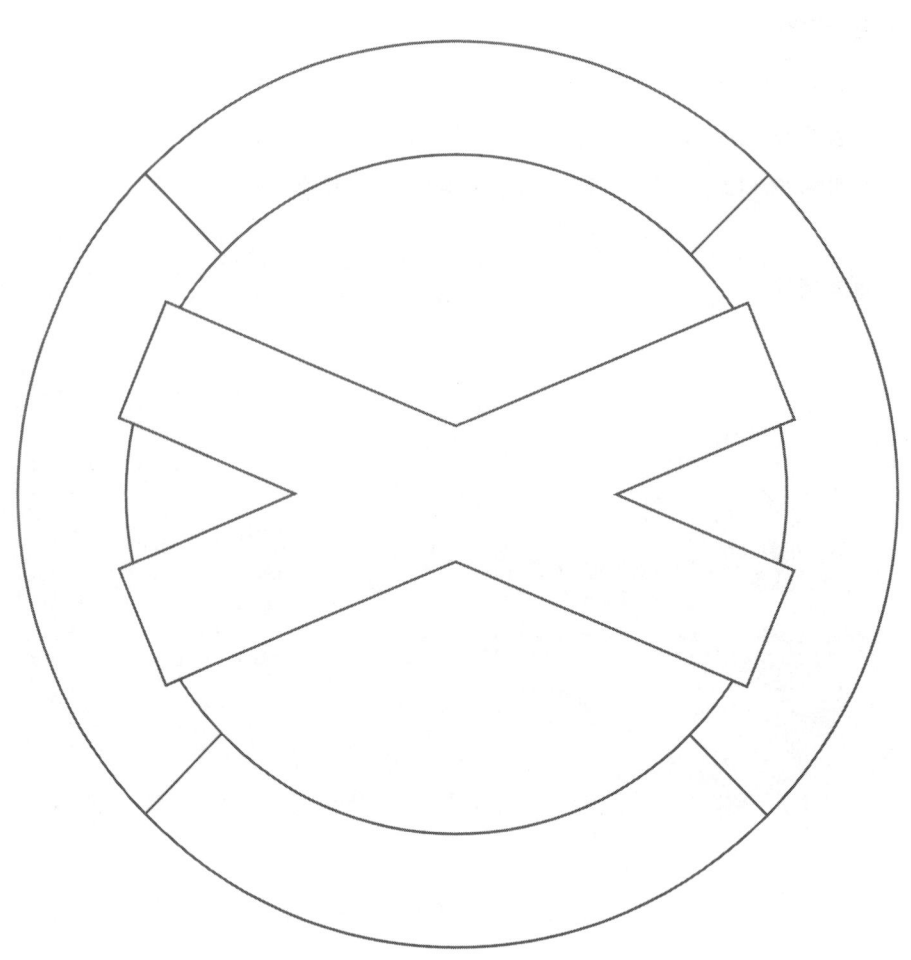

| 휴독서치료연구소 선정 2022년 12월의 문학작품 |

나의 아기 오리에게 : 삶을 더욱 반짝이게 하려면

코비 야마다 글 | 찰스 산토소 그림 | 김여진 옮김
상상의힘 | 2022

대상	성인
종류	도서

 소개

    이제 막 알을 깨고 세상으로 나온 오리, 그는 잠재력을 바탕으로 많은 꿈을 꾸게 될 것이다. 드디어 오리는 자신이 원하는 곳을 향해 있는 힘껏 발을 내딛게 되는데, 매 순간 두려움을 느낄 상황을 마주한다. 그러나 그런 걱정은 상상 속에서 만들어지고 있는 것일 뿐이며, 모든 일은 결코 저절로 단순해지고, 쉬워지며, 나아지지 않는다. 따라서 삶은 항상 어렵기 때문에 지금 행복해지는 법을 배워야 하며, 내게 많은 재능이 있다는 희망과 용기를 주는 그림책이다.

 **독서치료적 적용**

    삶에 대해 긍정적이고 희망적이며 자신감 넘쳤던 마음도, 때때로 두려움과 후회, 그리고 불가능할 것이라는 생각으로 바뀔 때가 있다. 그럴 때면 나는 누구인지, 잘하는 것은 무엇인지, 가치관은 무엇인지 등 여러 측면에서의 혼란이 발생하고, 그로 인해 자존감도 낮아진다. 이 그림책은 삶에 대한 인식이 부정적으로 바뀌며 자신에 대해 혼란을 느낄 때, 가장 큰 걸림돌은 결국 자기 자신일 수 있다는 점을 알려준다. 더불어 지금이 나의 시간이기 때문에 빛나는 모든 순간을 만끽하라고 말해준다. 따라서 이 책은 삶이 힘들어 많은 고민을 갖고 있는 성인들에게, 자신에 대해 탐색하고 이해하며 성장하는데 도움이 될 것이다.

발문

단계		내용
동일시	텍스트 수준	마음에 와 닿은 장면은 어디인가요?
	내담자 수준	그 장면이 마음에 와 닿은 이유는 무엇인가요?
카타르시스	텍스트 수준	자신이 하고 싶은 것을 찾으려는 아기 오리는 어떤 기분일까요?
	내담자 수준	만약 내가 아기 오리였다면 어떤 기분일까요?
통찰	텍스트 수준	아기 오리가 자신의 삶을 찾으라고 하는 이유는 무엇일까요?
	내담자 수준	작품 속의 아기 오리를 보면서 달라진 생각이 있나요?
내 삶 적용		나의 삶을 더욱 반짝이게 하기 위한 노력을 했던 경험이 있나요?

 ## 활동 소개

활동 종류	작문	활동 제목	나의 삶 살펴보기
활동 목표	현재 나의 삶을 살펴보고 자기 돌봄을 할 수 있도록 돕는다.		
준비물	활동지, 필기도구		

■ 활동 방법

① 지금부터 현재의 나의 삶을 살펴보는 작업을 위해 집단이 이루어지고 있는 공간에서 자리를 이동해도 된다는 것을 알려준다.

② 자리 이동이 끝났으면 활동지를 나누어 주고, 잠시 눈을 감고 현재의 삶을 돌아볼 수 있는 시간을 준다.

③ 활동지에 생각한 것들을 적어 볼 수 있도록 한다.

④ 활동지를 작성한 후의 기분 또는 생각을 나누어 본다.

■ 활동 예시

나의 삶 살펴보기

항목	내가 잘하고 있는 것	노력하고 싶은 것
신체적	건강을 위해 일주일에 3번 걷기	꾸준히 게을수 없는 운동
관계	내가 더먼더 싫음 넘지 않으려고 위해 노력하고 있다.	가끔 내 심중 넘는 사람들에게 당당하게 하고 싶다.
여가	좋아하는 뮤지컬, 콘서트 가기위해 저축 한다.	혼자 여행을 하고 싶은데 용기가 부족 (아쉬움).
심리적	자신에 대한 보호, 책임감을 염어낸 것.	스트레스 받을때 해소하는 방법을 찾기.
배움	꾸준히 꺼내고 있는것.	대학을 갈수 없는법 상식 부족 (현재지식 것이 편요한것 같다).
경제적.		월급에서 의무적 저축 하는것. 노후에 대한 대비.

나의 삶 살펴보기

항목	내가 잘하고 있는 것	노력하고 싶은 것
신체적		
관계		
여가		
심리적		

휴독서치료연구소 선정 2023년 3월의 문학작품

동행

우유수염 글·그림 | 단비어린이 | 2022

대상	성인
종류	도서

 ## 소개

    이 그림책은 한 남자가 한 여자를 만나 가족을 이루어 함께 살아가는 인생의 과정을 거실에 놓여 있는 소파의 시선으로 담아내고 있다. 늘 혼자였던 한 남자는 어느 날 새로운 사람을 만나 함께 행복한 시간을 만들어간다. 함께 아이를 낳고 키우면서 힘들고 어려운 날들이 반복되고, 아이들이 자라면서 다시 혼자 있는 시간이 많아져도 그 남자의 인생에는 늘 함께하는 사람들이 있다. 함께 서로를 응원하고, 걱정하고, 믿어주는 '가족'의 이름으로 말이다. 이 그림책은 거실에 놓인 소파에 모여 함께 행복한 시간을 보내는 가족의 다양한 모습을 통해 자신의 인생에 동행하는 소중한 사람, 가족의 의미에 대해 생각할 수 있도록 해주는 책이다.

 ## 독서치료적 적용

    전통적 의미의 가족은 혈연, 혼인, 입양 등의 관계로 이어진 집단이라고 볼 수 있으나 오늘날 저출산과 이혼율의 증가, 독신가구, 조손가족 등 사회제도의 변화와 개인의 욕구에 따라 가족의 형태와 기능이 다양하게 변화하고 있다. 이에 반해 가족이 개인에게 주는 의미는 크게 달라지지 않는다. 즉 혈연과 관계없이 가족은 자신과 일상의 생활을 함께 공유하며 존중과 사랑 등 정서적 유대 관계를 나누는 사람이다. 따라서 이 그림책은 지금까지 서로를 배려하고 존중하며, 함께 행복한 인생을 만들어 온 소중한 가족의 의미를 떠올려 보고, 앞으로 가족과 동행하며 채워 나갈 자신의 역할에 대해 고민해 볼 수 있는 기회를 제공할 것이다.

발문

단계		내용
동일시	텍스트 수준	가장 마음에 와 닿은 부분은 어디인가요?
	내담자 수준	그 부분이 마음에 와 닿은 이유는 무엇인가요?
카타르시스	텍스트 수준	주인공 남자가 소파에 홀로 앉아 사진을 찍을 때, 한 가정을 이룬 후 인생을 함께 살아 온 가족과 모여 가족사진을 찍을 때의 기분은 각각 어땠을까요?
	내담자 수준	당신이 만약 주인공이라면 기분이 어땠을까요?
통찰	텍스트 수준	늘 혼자였던 남자가 새로운 사람을 만나 소중한 가족을 이루고, 함께 인생을 만들어 가는 모습을 보며 어떤 생각이 들었나요?
	내담자 수준	당신이 만약 주인공이라면 앞으로 가족과 동행하며 채워갈 역할은 무엇이라고 생각하나요? 이 작품을 읽고 나서, 생각이 달라진 점이 있나요?
내 삶 적용		당신도 이런 경험을 한 적이 있나요? 그럴 때 어떻게 했나요?

활동 소개

활동 종류	놀이, 작문	활동 제목	소중한 사람, 가족
활동 목표	가족의 의미를 살펴보고, 가족 안에서 자신의 역할에 대해 고민하는 시간을 갖는다.		
준비물	A4용지, 봉인형 또는 사람 모양지, 필기도구		

■ 활동 방법

① 치료사는 참여자가 살아온 삶의 전반을 떠올려 자신과 일상의 생활을 함께 공유하며 살아 온 '가족'을 인식할 수 있도록 돕는다.

② '가족'의 범위는 혈연, 혼인, 입양의 범위를 넘어 사람뿐 아니라 동·식물 등 스스로 가족이라고 인식하는 모든 관계를 포함한다.

③ 참여자는 A4용지의 중앙에 자신의 인형을 배치하고, 자신의 주변에는 유대 관계의 거리를 고려하여 가족 구성원 인형을 배치한다. (정서적 유대 거리가 가까운 사람은 자기 인형과 가까운 위치에 올려놓는다.)

④ 자기 인형과 가족구성원 인형을 각각 선으로 연결한 후 관계의 의미를 간단하게 기록한다.

⑤ 이야기(1) 활동 : 참여자는 자기 가족을 소개하고, 관계의 의미에 관해 이야기 나눈다.

⑥ 이야기(2) 활동 : 참여자는 앞으로 가족과 동행하며 채워갈 자신의 역할과 다짐, 계획 등을 떠올려 이야기 나눈다.

⑦ 활동을 마무리하며 소감을 나눈다.

※ 재료 출처 - 봉인형 : 학토재(https://www.happyedumall.com)에서 구입 가능

■ 활동 예시

휴독서치료연구소 선정 2023년 4월의 문학작품

엄마, 우리는 왜 울어요?

프란 핀타데라 글 | 아나 센데르 그림 | 김정하 옮김
그린북 | 2020

대상	성인
종류	도서

 ### 소개

"엄마, 우리는 왜 울어요?" 마리오의 질문에 엄마는 슬픔이 너무 커서 몸 안에 머물지 못하고 어떻게든 빠져나오려고 우는 것이라고, 어떤 때는 아파서, 어떤 때는 세상을 이해할 수 없어서, 어떤 날은 아무도 우리를 안아 주지 않아서 운다고 답한다. 이 그림책은 눈물에 대한 마리오의 질문에 엄마가 비유와 상징으로 그 의미를 설명해주는 내용을 담고 있다.

 ### 독서치료적 적용

사람들이 눈물을 흘리는 경우는 다양하다. 그런데 일반적으로 좌절을 겪었거나 슬플 때, 분노가 일거나 짜증이 날 때 흘리는, 부정적 감정의 결과로 인식되어 있다. 따라서 이때 흘리는 눈물은 카타르시스를 촉진하는 효과를 갖고 있다. 치료 장면에서 상담자는 내담자의 감정에 대한 부분을 가장 먼저 고려하게 된다. 즉, 부정적 감정을 갖고 있다면 그것을 표현할 수 있도록 도와주고자 한다. 그런 맥락에서 이 그림책은 특히 눈물을 흘리고 싶은데 그 자체를 부정적으로 인식하는 내담자들에게, 자신의 감정을 제대로 알고 표현할 수 있는 기회를 제공할 것이다.

발문

단계		내용
동일시	텍스트 수준	이 그림책에서 가장 인상적인 장면은 어디인가요?
	내담자 수준	그 부분이 가장 인상적인 이유는 무엇인가요?
카타르시스	텍스트 수준	마리오가 "엄마, 우리는 왜 울어요?"라고 물었을 때 엄마의 기분은 어땠을까요?
	내담자 수준	만약 당신이 엄마와 같은 입장이라면 어떤 기분일까요?
통찰	텍스트 수준	마리오는 엄마에게 눈물의 의미가 무엇인지를 질문합니다. 이 과정을 통해 마리오가 알게 된 것은 무엇일까요?
	내담자 수준	마리오와 엄마의 대화를 통해 깨달은 점이 있나요?
내 삶 적용		자신의 부정적인 감정을 느낄 때 당신은 어떠한 방법으로 승화시키면 좋을지 생각해 보세요.

 **활동 소개**

활동 종류	작문	활동 제목	감정 온도계
활동 목표	가정이나 직장 등의 생활 속에서 갖게 되는 주된 감정을 점검하고, 부정적인 감정은 적절히 해결함으로써 정서적 안정감을 갖는다.		
준비물	감정 온도계 활동지, 필기도구		

■ 활동 방법

① 감정 온도계 활동지를 나누어 준다.

② 지금 나의 감정의 이름을 적는다.

③ 얼마나 화가 나는지, 얼마나 기쁜지를 감정의 강도를 온도계에 색칠한다.

④ 무슨 일로 화가 났는지, 무슨 일로 기뻤는지 이유를 적는다.

⑤ 내 몸과 마음 상태는 어떤지 적는다.

⑥ 화가 났을 때 온도를 낮추는 방법은 무엇이 있을지 적는다.

■ 활동 예시

▶ 감정의 온도계

감정의 이름은?
화남, 기쁨, 속상함, 슬픔, 행복 등 현재 자신의 감정은 어떤지 적어봄
감정의 이유는 무엇입니까?
감정의 이유가 무엇인지 사건이나 상황을 적어봄
내 마음과 몸의 상태는 어떠합니까?
그 감정으로 인한 마음의 상태는 어떤지, 몸에 나타나는 반응은 어떤지를 적어봄. 예) 답답하고 머리 아픈 증상이 나타남.
어떻게 하면 온도를 낮추거나 혹은 유지할 수 있을까요?
불쾌한 감정의 온도를 낮추거나, 좋은 감정을 유지하기 위한 나만의 방법을 생각해 적어봄 예) 차를 마시고 음악을 들으며 잠깐의 휴식

감정의 온도계

| 10 |
| 9 |
| 8 |
| 7 |
| 6 |
| 5 |
| 4 |
| 3 |
| 2 |
| 1 |

온도

감정의 이름은?
감정의 이유는 무엇입니까?
내 마음과 몸의 상태는 어떠합니까?
어떻게 하면 온도를 낮추거나 혹은 유지할 수 있을까요?

휴독서치료연구소 선정 2023년 6월의 문학작품

나는…

엘리스 윌크 글·그림 | 이경혜 옮김
문학과지성사 | 2023

대상	성인
종류	도서

 소개

이 책은 '나'의 삶과 '내'가 경험하는 것들을 담고 있다. 여행, 부드럽게 나를 깨우는 아침, 커피 향기를 전해주는 문, 바람, 비, 이마 위를 지나가는 구름, 뺨에 흘러내리는 눈물, 달아오른 분노, 얼굴을 환하게 밝히는 웃음. 가장 작고 동그랗고 반들거리는 자갈, 졸졸 따라다니며 나와 함께 하는 그림자, 나를 바라보는 눈길, 어디에도 있는 나의 모든 것 중의 한 조각, 지금 이 순간, 삶. 이것들은 나의 모든 것 중의 한 조각이고, 나의 삶이다.

 **독서치료적 적용**

내가 느끼고, 생각하고, 행동하는 것은 '나'를 만든다. 우리는 자신이 속한 환경에서 끊임없는 경험을 하고, 그 중에서 의미 있는 요소들은 반복되면서 더 의미 있는 경험이 된다. 그 경험은 다시 반복되고, 비슷한 경험들과 연합하여 더 강력한 경험이 된다. 그것은 우리의 뇌가 우리의 경험을 저장하면서 신경회로망을 구축하고, 그 신경회로망은 우리의 경험에 깊게 관여하기 때문이다. 느끼고, 생각하고, 행동하는 우리의 경험은 '언어'라는 도구로 더 강력한 경험이 된다. 우리는 모두 자기 삶의 저자이자, 주인공으로서 자신의 경험을 어떤 언어로 경험할 것인지를 자신이 정할 수 있다. 이 책은 독자에게 자신의 삶을 어떤 언어로 경험하는 주인공이 될지를 생각해 보는 기회를 제공할 것이다.

발문

단계		내용
동일시	텍스트 수준	이 책에서 가장 기억에 남는 부분은 어디인가요?
	내담자 수준	그 부분이 가장 기억에 남는 이유는 무엇인가요?
카타르시스	텍스트 수준	이 책의 화자(말하는 사람)는 지금 어떤 감정을 느끼고 있을까요?
	내담자 수준	여러분은 이 책의 단어, 문장 등을 보면서 어떤 감정을 느꼈나요?
통찰	텍스트 수준	이 책의 화자는 자신이 경험하는 모든 것을 소중하게 여깁니다. 그 이유는 무엇일까요?
	내담자 수준	여러분은 이 책을 통해 자신의 경험과 자신에 대해 새롭게 알게 된 점이 무엇인가요?
내 삶 적용		여러분은 자신의 삶에서 무엇을 경험했는지, 앞으로 어떤 경험을 해보고 싶은지 생각해 보세요.

활동 소개

활동 종류	미술, 작문	활동 제목	나에게 주고 싶은 삶
활동 목표	자신의 삶에 대한 긍정적인 관점을 갖도록 돕는다.		
준비물	신문, 잡지, 필기도구, 4절지, 가위, 풀		

■ 활동 방법

① 자신의 삶을 설명하는 단어나 이미지, 사진 등을 오려 붙인다.

② 그것이 주는 느낌이나 영향을 적어 본다.

③ 자신이 바라는 삶의 단어나 이미지, 사진 등을 추가해서 붙인다.

④ 위의 것을 바탕으로 자신에게 들려주고 싶은 말을 적어 본다.

■ 활동 예시

- 자신을 설명하는 단어 : 희망, 응원, 용기, 감동, 아침, 봄, 성장, 변화

- 이 단어들이 나에게 주는 영향 : 어려움이 있을 때 그것에 깊게 빠지지 않고 다시 일어서서 시작할 수 있는 힘이 되어 줌

- 자신을 설명하는 이미지나 사진 : 새싹, 꽃, 열매, 기도, 책, 숲, 길, 햇살

- 나에게 들려주고 싶은 말 : 난 네가 무엇을 하든 널 응원해. 네가 어디에 있어도 나의 응원이 너에게 닿을 수 있게 할게. (드라마 '스물 다섯 스물 하나' 대사 중에서)

휴독서치료연구소 선정 2023년 7월의 문학작품

인생이라는 이름의 영화관

지미 리아오 글·그림 | 문현선 옮김
대교북스주니어 | 2021

대상	성인
종류	도서

 소개

이 책은 엄마를 일찍 여의고, 아빠와 함께 엄마가 좋아하던 영화를 보면서 성장하는 주인공의 일대기를 담고 있다. 주인공의 성장에 따라, 이야기의 내용에 따라, 스크린에 상영되었던 영화는 그림책의 배경이 된다. 영화를 통해 다양한 감정을 해결하는 과정을 경험하는 주인공은, 그럼에도 삶은 아름답다고 말한다.

 **독서치료적 적용**

한 사람의 인생은 장편 영화에 비유되기도 한다. 왜냐하면 정도의 차이는 있지만 그 안에는 흥망성쇠가 모두 담겨 있기 때문이다. 사람들은 그야말로 저마다의 인생이라는 영화를 찍고 있다. 그 안에서는 내가 주인공이기 때문에, 결국 그 이야기를 바꿀 수 있는 것도 본인이다. 일찍 엄마를 여의고 아빠하고만 살게 된 주인공도 삶을 아름답다고 여긴 것처럼, 부정적인 이야기를 긍정적인 이야기로 바꾸기를 원하는 성인들에게 추천하고 싶은 작품이다. 돌아보면 분명 내 인생에는 아름답거나 기뻤던 일들이 더 많았을 것이며, 앞으로도 그럴 것이라는 점을 기억하기 바란다.

발문

단계		내용
동일시	텍스트 수준	가장 기억에 남는 부분은 어디인가요?
	내담자 수준	왜 그 부분이 기억에 남았나요?
카타르시스	텍스트 수준	'저는 착하게도 뭐든 혼자서 잘하고 아빠도 잘 챙겨 드려요. 아빠한테 팔짱 끼고 떠드는 것도 좋지만, 어떤 고민은 엄마한테만 말하고 싶어요.'라며 엄마를 그리워하는 주인공의 마음은 어땠을까요?
	내담자 수준	내가 주인공이라면 어떤 마음이었을까요?
통찰	텍스트 수준	"아, 영화 속 삶은 얼마나 아름다운지!"라고 말하던 주인공은 이후 "아! 삶은 얼마나 아름다운지."라고 말합니다. 무엇 때문이었나요?
	내담자 수준	주인공이 살아가는 여정을 보며 내 생각에 변화가 있었다면 무엇인가요?
내 삶 적용		주인공이 겪었던 여러 일들이 나에게도 일어났던 적이 있었나요? 어떻게 했나요?

활동 소개

활동 종류	작문, 미술	활동 제목	내 인생의 한 컷
활동 목표	내 인생의 한 컷을 정리하며 삶을 돌아보고 스스로 격려할 수 있다.		
준비물	필기도구, 종이 또는 도화지, 그림도구		

■ 활동 방법

① 현재까지의 삶의 여정 중 가장 기억에 남는 한 컷을 떠올린다. 잔잔한 음악을 틀어놓아도 좋겠다.

② 떠올린 한 컷을 구체화하는 작업을 한다.(언제쯤, 누구와 무슨 일이 있었던 상황인지 등)

③ 그림으로 표현하거나, 글쓰기로 정리하면서 내 인생의 한 컷 안에 있는 나를 위로 또는 격려한다.

④ 발표할 수 있는 만큼 발표하고 상호작용한다.

■ 활동 예시

> **내 인생의 한 컷**
>
> 전국 고고 백일장에서 3등을 했던 나.
> 상장과 장학증서를 받은 장면.
> 힘든 상황에서 문예반 활동을 하던
> 나는 문학을 통해 위로를 받았고,
> 무척 열심히 시를 썼던 기억이 있다.
> 이때의 기억으로 내 삶에서 문학의
> 가치를 인정하고, 사람들에게 문학을
> 매개로 다가가 소통하는 일을 하고
> 있구나 하는 생각이 든다. 견뎌줘서 고마워.

휴독서치료연구소 선정 2023년 8월의 문학작품

오늘 상회

한라경 글 | 김유진 그림 | 노란상상 | 2021

대상	성인
종류	도서

 소개

어스름한 새벽, 오늘 상회에 깜빡깜빡 불이 켜진다. 손님이 오기 전에 주인은 작은 병을 반짝이게 닦고 병에 적힌 사람들의 이름을 확인한다. 어제는 있었지만 오늘은 없는 이름도 있고, 오늘부터 시작되는 이름도 있다. 아이부터 노인까지 다양한 사람들이 오늘 상회에 찾아오면 주인은 오늘을 건넨다. 머리카락이 하얗게 센 할머니는 오랜 시간 이곳에 찾아왔고 할머니는 어릴 때, 오늘을 더 달라고 고집을 부렸던 꼬마였다. 그동안 수많은 오늘을 보낸 할머니의 이야기가 담겨 있는 도서이다.

 독서치료적 적용

인간의 발달 중 성인기는 이루어야 할 과업이 많은 시기이다. 신체적·지적 능력·사회정서 발달 등 개인이 선택한 삶의 양식에 다양한 역할 수행을 경험하며 오늘을 바쁘게 살아간다. 현대 사회에서 성인으로 살아가다 보면, 오늘을 어떻게 살아가는지도 모르고 시간을 보낼 때가 많다. 모든 사람에게 똑같이 주어지는 오늘이 소중할 때도 있고, 피곤할 때도 있고, 후회와 미련으로 기억하고 싶지 않을 때도 있어서 내가 살아온 오늘이 무의미하고 가치 없이 느껴질 때도 있다. 하지만 할머니의 모습을 통해 오늘의 소중함을 깨닫게 해 준다. 이 도서는 오늘을 살아가는 것이 힘들다고 하는 성인들에게 도움을 줄 것이다.

발문

단계		내용
동일시	텍스트 수준	작품을 보면서 가장 마음에 와 닿은 곳은 어디인가요?
	내담자 수준	그곳이 마음에 와 닿은 이유는 무엇인가요?
카타르시스	텍스트 수준	오늘 상회에 가던 발걸음을 멈추고 작은 벤치에 앉아 있는 할머니는 어떤 기분이었을까요?
	내담자 수준	내가 벤치에 앉아 있는 할머니라면, 어떤 기분이 들었을까요?
통찰	텍스트 수준	'할머니의 얼굴에 다시 오늘이 내려앉았습니다.' 이 문장이 의미하는 것은 무엇일까요?
	내담자 수준	'다시 오늘이 내려앉았습니다.'의 문장은 여러분에게 어떤 의미로 다가오나요?
내 삶 적용		할머니처럼 오늘을 멈추고 작은 벤치고 앉고 싶었던 때가 있나요?

활동 소개

활동 종류	작문	활동 제목	변화 행동 인지하기
활동 목표	자신의 변화 행동을 인지하여 오늘을 살아가는 데 희망을 갖도록 한다.		
준비물	활동지, 필기도구		

■ **활동 방법**

① 활동지를 나누어 준다.

② 활동지의 항목 중, '오늘을 멈추고 싶었던 이유'를 먼저 적고, 순위를 적도록 한다. 그리고 '오늘을 살았던 이유'를 적고, 순위를 적도록 한다.

③ 힘들었지만 오늘을 살았던 자신의 변화 행동을 인지할 수 있도록 돕는다.

④ 당신에게 다시 오늘이 내려앉았습니다. 어떤 병에 당신의 오늘을 담을 것이며, 그 병을 무엇으로 채우고 싶은지 이유를 들어 본다.

■ **활동 예시**

변화 행동 인지하기

순위	오늘을 멈추고 싶었던 이유	순위	오늘을 살았던 이유

▶ 당신에게 다시 오늘이 내려앉았습니다. 당신은 어떤 병에 당신의 오늘을 담을 것이며, 그 병에 무엇을 채우고 싶으신가요?

⇒

휴독서치료연구소 선정 2023년 10월의 문학작품

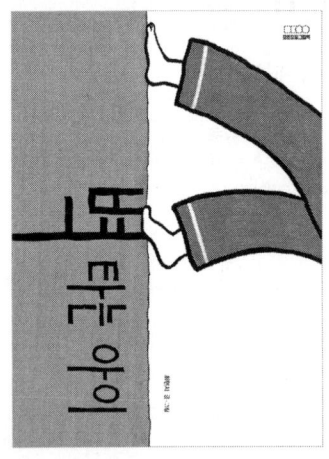

벽 타는 아이

최민지 글·그림 | 모든요일그림책 | 2023

대상	성인
종류	도서

 소개

보통 마을에 벽 타는 아이가 살았다. 보통 마을에서는 어른들 눈에 이상한 아이들은 모두 '모자성'에 가두었다. 부모는 아이를 '모자성'에 보내지 않기 위해 벽을 탈 때마다 달래도 보고 화를 내며 고쳐보려고 했지만, 아무 소용이 없었다. 의사, 과학자, 주술사 등 온갖 전문가들을 불러 치료해 봤으나 모두 실패했다. 더 이상 견딜 수 없던 아이는 "나는 벽 타는 아이예요!"라고 외치며 벽 타기를 즐겼다. 벽을 타던 아이는 창밖으로 '모자성'에 갇힌 아이를 발견하고 스스로 '모자성'에 가기로 결정한다. 벽 타는 아이는 왜 스스로 '모자성'에 갔을까?

 독서치료적 적용

몇 년 전에 부모와 10대 자녀 간의 갈등을 다루는 「동상이몽, 괜찮아 괜찮아!」라는 프로그램이 큰 인기를 끌었었다. 자녀를 양육하다 보면 서로의 입장이 다르고 원하는 바가 다르다는 사실에, 때로는 갈등의 원인이 되고 서로에게 상처를 주기도 한다. 특히 부모가 자녀의 생각이 자신과 다르다는 것을 인정하지 않고 잘못되었다거나 틀렸다는 식으로 강요할 때, 아이는 스스로 존중받지 못하다고 느끼며 부모와의 갈등이 심화 될 수 있다. 이 책은 평범하지 않은 주인공의 행동을 통해 부모들이 자녀를 있는 그대로 인정하고 수용하는 것이 중요하다는 것을 깨닫게 도울 것이다. 또한, 부모로서의 자신의 역할과 태도에 대해 점검하고 고민해 볼 수 있는 기회를 제공할 것이다.

 **발문**

단계		내용
동일시	텍스트 수준	어느 부분이 가장 마음에 와 닿았나요?
	내담자 수준	왜 그 부분이 가장 마음에 와 닿았나요?
카타르시스	텍스트 수준	내 아이가 남들과 다르게 벽을 타는 걸 보는 부모의 심정은 어땠을까요?
	내담자 수준	만약에 여러분이 그 부모의 입장이라면 심정이 어땠을까요?
통찰	텍스트 수준	벽 타는 아이를 이상한 아이라고 생각하는 어른들과 다르게, 아이들이 벽 타는 아이를 환영하며 그 행동을 함께 한 이유는 무엇일까요?
	내담자 수준	이 그림책을 읽고 나서 생각이 달라지거나 새롭게 알게 된 점이 있나요?
내 삶 적용		여러분도 자녀의 행동이 남들과 다르다고 생각되거나 못마땅하게 느껴졌던 적이 있었나요? 그럴 때 어떻게 했었나요?

활동 소개

활동 종류	작문	활동 제목	아이의 단점을 장점으로 생각 전환하기
활동 목표	자녀의 모습을 있는 그대로 수용할 수 있다.		
준비물	활동지, 필기도구		

■ **활동 방법**

① 활동지를 한 장씩 나눠준다.

② 평소에 자녀가 하지 않았으면 하는 행동이나 단점이라고 생각되는 부분을 떠올려 적는다.

③ 자녀가 하지 않았으면 하는 행동이나 단점이 가지고 있는 긍정적인 측면에 대해 생각해 보고 장점으로 빛날 수 있게 적는다.

④ 완성된 활동지를 집단원들과 함께 나눈다.

예시) 하고 싶은 것만 한다. → 좋아하는 게 명확하다.
행동이 느리다 → 신중하고 차분하다.

■ **활동 예시**

내 아이의 단점을 장점으로 생각 전환하기

여러분의 자녀에게 단점이라고 생각되는 부분이 있나요? 단점은 다른 측면에서 바라보면 누군가에게는 장점으로 보일 수 있답니다. 자녀의 단점이라고 생각되는 부분을 적고 장점으로 빛날 수 있게 생각의 전환을 해보세요.

내 아이의 단점	장점으로 생각 전환하기
수줍어 한다	예의 바르다.
자기 것을 잘 챙기지 못한다	배려심이 많다
편식이 심하다	자기 주관이 뚜렷하다.

내 아이의 단점을 장점으로 생각 전환하기

여러분의 자녀에게 단점이라고 생각되는 부분이 있나요? 단점은 다른 측면에서 바라보면 누군가에게는 장점으로 보일 수 있답니다. 자녀의 단점이라고 생각되는 부분을 적고 장점으로 빛날 수 있게 생각의 전환을 해보세요.

내 아이의 단점	장점으로 생각 전환하기

휴독서치료연구소 선정 2023년 11월의 문학작품

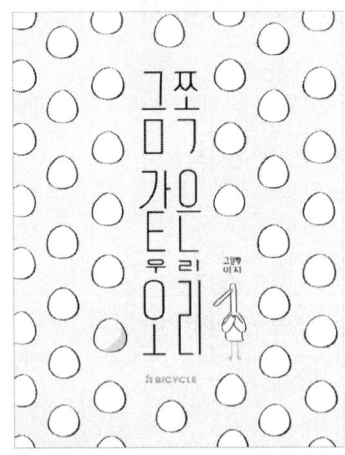

금쪽같은 우리 오리

이지 글·그림 | 바이시클 | 2022

대상	성인
종류	도서

 소개

오리 엄마는 아이들에게 최고의 엄마가 되겠다고 결심했다. "얘들아, 엄마만 믿고 따라 해!" 아이들을 완벽하게 잘 키우고 싶은 오리 엄마는 잘 숨는 법, 지렁이 잡는 법 등 알려주고 가르쳐 주고 싶은 것이 많았다. 오리 엄마는 매번 뛰어난 실력을 보이는 '튼튼이'를 유독 챙기며 칭찬보다 더욱 잘하기를 바라는 기대와 요구가 늘어났다. 그러자 풀이 죽은 채 뒤처지는 아이들, 다른 것에 더 관심이 많은 아이들에게 '튼튼이'를 보고 잘 배우며 따라오라고 소리쳤다. 그런데 한참 후 뒤를 돌아보니 다른 아이들이 모두 사라졌다. 그제야 아이들의 마음을 챙기지 못했음을 깨달은 오리 엄마는 아이들과 만나 화해할 수 있을까?

 독서치료적 적용

부모의 양육 태도는 자녀의 발달에 중요한 역할을 한다. 적절한 수준의 부모 기대는 자녀의 성취동기를 올리고 삶의 만족도를 높이지만 지나친 성취 기대와 간섭을 가하는 양육 태도는 자녀에게 스트레스 요인으로 작용하여 성장과 발달에 부정적인 영향을 미친다. 또한 다자녀가정 내에서 부모가 의식적 또는 무의식적으로 자녀마다 차이를 두어 다르게 행동하고 반응하는 차별적 양육 행동은 형제간의 갈등과 경쟁의식을 유발한다. "엄마는 잘하는 튼튼이만 보고, 내 쪽은 안 봐. 엄마! 우리도 있어요!"라는 외침에서 부모의 사랑과 관심을 받고자 하는 자녀의 마음이 고스란히 전해진다. 따라서 이 그림책은 자녀 양육에 대해 고민하는 성인이 스스로 양육 태도를 점검하고, 자녀의 마음을 이해하는 기회를 제공할 것이다.

 **발문**

단계		내용
동일시	텍스트 수준	가장 마음에 와 닿은 부분은 어디인가요?
	내담자 수준	그 부분이 마음에 와 닿은 이유는 무엇인가요?
카타르시스	텍스트 수준	뒤처져 있던 아기 오리들로부터 "엄마는 잘하는 튼튼이만 보고, 내 쪽은 안 봐. 엄마! 우리도 있어요!"라는 외침을 들었을 때 엄마 오리의 기분이 어땠을까요?
	내담자 수준	당신이 만약 엄마 오리라면 기분이 어땠을까요?
통찰	텍스트 수준	최고의 엄마가 되기 위해 아기 오리들을 훈육하는 엄마 오리의 모습을 보며 어떤 생각이 들었나요?
	내담자 수준	만약 당신의 자녀들이 각각 성향과 관심 분야, 능력이 다르다는 것을 알게 되었다면 어떻게 양육했을까요? 이 작품을 읽고 나서, 생각이 달라진 점이 있나요?
내 삶 적용		당신도 이런 경험을 한 적이 있나요? 그럴 때 어떻게 했나요?

활동 소개

활동 종류	작문 및 토의	활동 제목	자녀와의 대화 점검
활동 목표	자녀와 주로 나누는 대화를 통해 스스로 양육 태도를 점검할 수 있다.		
준비물	활동지(엄마의 말! 말! 말!), 필기도구		

■ 활동 방법

① 참여자는 눈을 감고 평소에 자녀와 나눈 대화를 떠올려 보는 시간을 갖는다.

② 참여자는 활동지에 '내가 아이에게 하는 말 중에 자주 하는 말', '아이에게 한 말 중에서 후회스러운 말', '다시 아이에게 해주고 싶은 말'을 적는다.

③ 참여자들은 한 사람씩 돌아가며 활동지에 기록한 '엄마의 말'을 발표한다. 이때 자녀와 대화를 나누던 당시의 상황, 엄마가 취한 행동이나 표정, 당시에 느꼈던 자신의 마음, 엄마의 말에 대한 자녀의 반응에 대해서도 함께 이야기를 나눈다.

④ 참여자는 자녀와 나눈 대화를 기록하고, 다른 참여자들과 함께 이야기를 나누는 과정에서 자신이 자녀에게 취하고 있는 양육 태도를 객관적으로 바라보는 기회를 얻는다.

⑤ 활동 후 소감을 나눈다.

■ 활동 예시

엄마의 말! 말! 말!

1) 내가 아이에게 자주 하는 말

상황	자주 하는 말	내가 취한 행동이나 표정	당시에 느꼈던 내 마음	자녀의 반응

2) 아이에게 한 말 중에서 후회하는 말

상황	후회하는 말	내가 취한 행동이나 표정	당시에 느꼈던 내 마음	자녀의 반응

3) 다시 아이에게 해주고 싶은 말

해주고 싶은 말	그 이유는?

4절 노인편

휴독서치료연구소 선정 2021년 1월의 문학작품

어느 늙은 산양 이야기

고정순 글·그림 | 만만한책방 | 2020

대상	노인
종류	도서

소개

젊고 멋진 산양이 있었다. 그런데 이제는 지팡이 없이 한 걸음도 걷지 못하는 늙은 산양이 되었다. 어제가 오늘 같고 오늘이 어제 같던 어느 날, 산양은 힘없이 지팡이를 떨어뜨리는 시간들이 많아졌고 죽음이 가까워졌다는 걸 느꼈다. 가만히 앉아서 죽을 수 없다고 생각한 산양은 자신이 죽기 딱 좋은 곳을 찾아 집을 나선다. 너른 들판, 높은 절벽, 시원한 강가도 가보지만 자신이 원하는 곳은 아니었다. 오히려 늙고 힘없는 자신의 모습과 마주하며 쓸쓸하게 돌아선다. 늙은 산양은 어떤 죽음을 맞이하고 싶었던 것일까?

독서치료적 적용

모든 인간은 태어나서 일생이라는 여정을 지나고, 마지막으로 죽음을 맞이한다. 죽음은 누구도 피할 수 없는 숙명이다. 사람들은 노년기에 접어들어 친구나 친지의 죽음, 신체적 문제 등을 겪으며 이제는 죽음을 생각해 보고 준비해야 할 시기라는 것을 깨닫는다. 그러므로 삶의 마지막을 준비할 때 자신이 살아온 삶을 되돌아보고, 그것이 어떤 목적과 의미를 갖는지 자문하고 정리해보는 것은 매우 중요하다. 이 책은 노인들이 자신의 인생을 회고하고 자신의 삶과 행동을 새로운 시각으로 해석할 수 있도록 도울 것이다.

발문

단계		내용
동일시	텍스트 수준	어느 부분이 가장 마음에 와 닿았나요?
	내담자 수준	그 부분이 가장 마음에 와 닿은 이유는 무엇인가요?
카타르시스	텍스트 수준	자꾸 지팡이를 놓치는 자신을 보고 죽음이 가까워졌다고 생각하는 늙은 산양의 기분은 어떨까요?
	내담자 수준	만약에 당신이 늙은 산양의 입장이라면 기분이 어떨까요?
통찰	텍스트 수준	늙은 산양이 결국은 집으로 돌아갔는데, 그 이유는 무엇일까요?
	내담자 수준	늙은 산양을 보면서 어떤 생각이 드셨나요?
내 삶 적용		최근에 잘 사는 만큼 잘 죽는 것이 중요하다는 의미로 '웰다잉' 문화가 확산되고 있습니다. 당신은 '죽음'을 준비한다는 것에 대해 생각해본 적이 있나요? 그럴 때 어떻게 했었나요?

 **활동 소개**

활동 종류	작문	활동 제목	웰다잉을 위한 나의 준비 목록
활동 목표	지나온 삶을 회고하고 앞으로의 노년 생활을 계획한다.		
준비물	활동지		

■ **활동 방법**

① '웰다잉을 위한 나의 준비 목록표' 활동지를 한 장씩 나눠 준다. 잠시 눈을 감고 지난 온 삶에 대해 회상한다.

② 눈을 뜨고 활동지 1번 '인생 그래프'를 완성한다. 태어날 때부터 현재까지의 삶을 떠올려보고 시기별로 중요했던 사건을 행복(+/-) 점수로 그래프에 표시한 후에 선을 이어본다.

③ 그래프를 그리고 알게 된 것들에 대해 서로 나눈다.

④ 인생 그래프를 바탕으로 앞으로 남은 삶을 더욱 의미 있게 살기 위해 준비해야 할 것들에 대해 생각해보고 활동지 2번에 자유롭게 작성한다.

⑤ 웰다잉을 위한 나의 준비 목록을 작성할 때 경제적, 의료적, 사회적, 법적인 측면 등에 대해 세부적으로 작성할 수 있도록 한다.

■ **활동 예시**

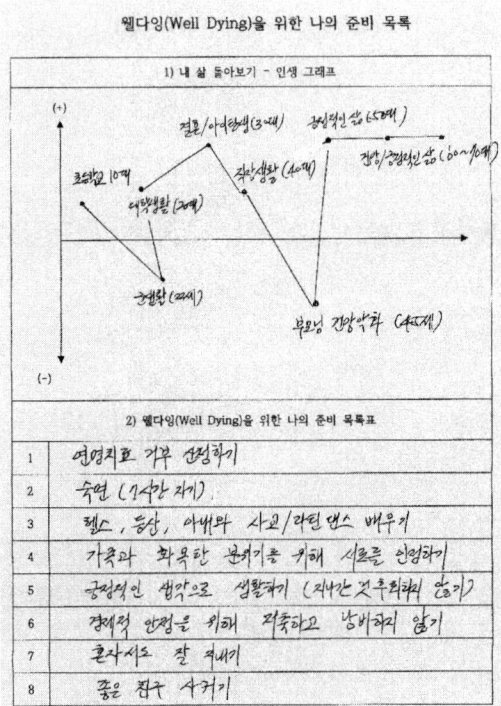

웰다잉(Well Dying)을 위한 나의 준비 목록

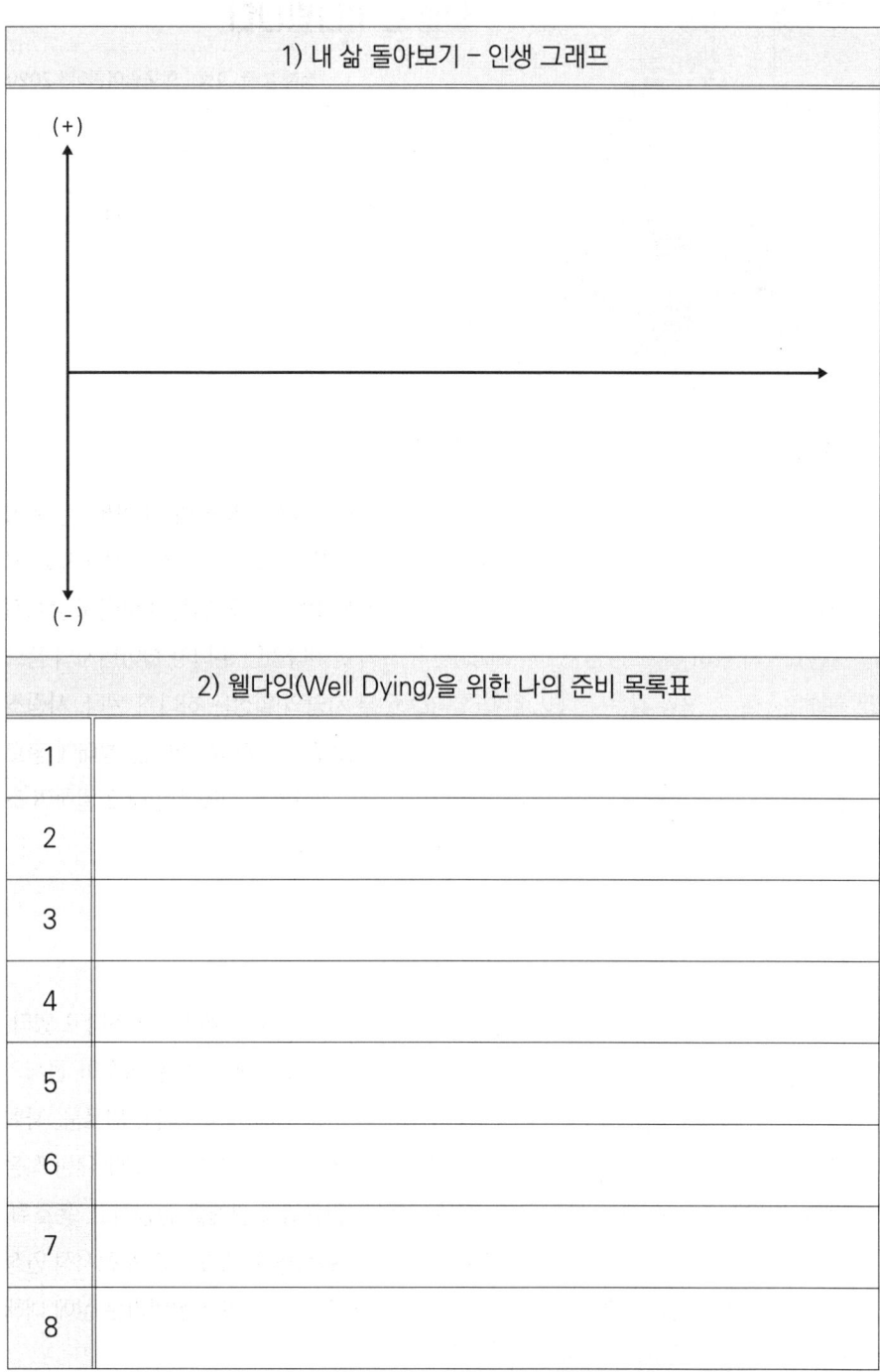

	2) 웰다잉(Well Dying)을 위한 나의 준비 목록표
1	
2	
3	
4	
5	
6	
7	
8	

> 휴독서치료연구소 선정 2021년 2월의 문학작품

오늘도 기다립니다

정혜경 글·그림 | 한울림어린이 | 2020

대상	노인
종류	도서

 소개

할아버지의 새로운 취미는 바로 인형 뽑기! 오늘도 누군가를 기다리며 할아버지는 인형 뽑기에 열중하고 있다. 할아버지는 인형을 누구에게 주려는 것일까? 이 책은 배우자를 잃고 홀로 하루를 시작하는 할아버지의 일상, 가족과 함께 사는 손녀의 일상이 나란히 펼쳐지면서 분위기가 전혀 다른 두 삶을 마주하게 한다. 그리고 기다리던 손녀가 할아버지의 품으로 달려오는 순간 꽃잎 같은 폭죽이 터지며 비로소 두 사람의 일상은 하나가 된다. 사랑스러운 손녀와의 행복한 시간은 금세 지나가고, 가족이 모두 돌아간 후 커다란 침대에 홀로 누운 할아버지는 오늘도 혼자 잠이 들지만 괜찮다, 나는 기다리는 것을 잘한다고 말하며 조심스럽게 외로움을 감춘다.

 독서치료적 적용

배우자와의 사별, 이혼, 자녀의 독립 등으로 홀로 사는 노인이 해마다 늘어나고 있다. 통계청 자료(2019)에 의하면 1인 가구(독거) 중에서 70세 이상 고령층 비중이 전체의 18.4%나 된다. 홀로 사는 노인은 동거가족이 있는 노인에 비해 우울, 불안, 외로움, 사회적 고립감 등 불안정한 정서와 높은 수준의 스트레스를 경험할 수 있으므로 이에 대한 적절한 대비가 필요하다. 즉 따로 사는 가족, 친구, 주변 사람들과의 관계를 점검하고, 동호회, 취미활동 등 관계 유지 및 증진을 모색하는 다양한 사회활동을 통해 노년기의 정서적 안정과 지지체계를 형성할 필요가 있다. 이 책은 노인들에게 노년기의 홀로 살아가는 삶에 대해 생각해 볼 수 있는 기회를 제공할 것이다.

발문

단계		내용
동일시	텍스트 수준	가장 마음에 와 닿은 부분은 어디인가요?
	내담자 수준	그 부분이 마음에 와 닿은 이유는 무엇인가요?
카타르시스	텍스트 수준	"나는 이제 혼자 삽니다."라고 말하며 커다란 침대에서 홀로 아침을 맞이하는 할아버지의 기분은 어땠을까요?
	내담자 수준	당신이 만약 주인공이라면 기분이 어땠을까요?
통찰	텍스트 수준	가족이 모두 돌아간 후 커다란 침대에 홀로 누운 할아버지는 오늘도 혼자 잠이 들지만 "괜찮다, 나는 기다리는 것을 잘한다."고 말하는 모습을 보며 어떤 생각이 들었나요?
	내담자 수준	이 작품을 읽고 나서 생각이 달라진 점이 있나요?
내 삶 적용		당신도 이런 경험을 한 적이 있나요? 그럴 때 어떻게 했나요?

활동 소개

활동 종류	작문	활동 제목	고독력으로 살아가기
활동 목표	노년기의 홀로 살아가는 삶 속에서 경험한 가치(고독력)를 찾고 삶을 긍정적으로 바라볼 수 있다.		
준비물	활동지, 필기도구		

■ 활동 방법

① 고독력은 고독을 즐길 줄 아는 독립적인 힘으로, 홀로 있는 시간을 즐기고 창의적으로 활용하는 힘(「고독력」 / 다케나가 노부유키 / 2004)을 말한다. 배우자와의 사별, 이혼, 자녀의 독립으로 인해 홀로 살아가고 있는 참여자는 삶의 경험을 떠올려 활동지에서 지시하는 질문에 대해 답변을 기록한다.

② 참여자는 한 사람씩 차례로 돌아가며 자신이 홀로 살아가는 삶에서 다양한 가치를 경험한 순간에 대해 발표한다.

③ 참여자는 안정적인 고독력으로 살아가기 위해서 앞으로 필요한 것 또는 스스로 노력해야 할 부분에 관해 이야기를 나눈다.

④ 활동을 마친 후 소감을 나눈다.

■ 활동 예시

고독력으로 살아가기

1. 당신이 홀로 사는 삶 속에서 다음의 다양한 가치를 경험한 순간을 떠올려 기록하세요.

1) 내가 보람을 느낀 순간은 유튜브를 보며 처음 김치를 담갔을 때. 맛있었다!
2) 내가 외롭지 않다고 느낀 순간은 자식들이 다 제집으로 돌아가고 텅 빈 집에 혼자 있어도 허전하지 않고 좋을 때.
3) 내가 용기 있게 행동했다고 느낀 순간은 환갑의 나이에 혼자 배낭여행을 떠난 것
4) 내가 나 자신을 사랑한다고 느낀 순간은 점심때 혼자 먹을 때 나를 위해서 무엇을 할까? 무엇을 먹을까? 고민하다 결정한 때
5) 내가 자신 있게 도전한 일이 있다면 자식 도움 없이 혼자서 청약 구청 서류 발급받고, 전세 계약도 해 본 일.
6) 내가 자유로운 삶을 살고 있다고 느낀 순간은 누군가의 허락이나 눈치를 보지 않고 내 마음대로 할 수 있다는 것이 자유다
7) 내가 재미있게 즐기고 있는 것이 있다면 아침마다 브런치를 먹으러 멋진 카페에 가는 것.
8) 나에게 즐거움을 주는 것이 있다면 좋아하는 음악을 크게 틀어놓고 막걸리를 즐기는 것
9) 내가 창의적으로 이루어 놓은 것이 있다면 집 안 벽을 내 손으로 고치고, 가꾸며 살아가는 것
10) 내가 행복을 느끼는 순간은 "엄마가 혼자서도 잘 하고 계시네" 하며 자녀가 뿌듯해하고 칭찬해 줄 때

2. 당신이 안정적인 고독력으로 살아가기 위해서 앞으로 필요한 것 또는 스스로 노력해야 할 부분이 있다면 무엇인가요?

1) 건강을 잘 챙긴다 (일찍 자고, 일찍 일어나기, 영양제 챙겨 먹기)
2) 자녀에게 먼저 물어보거나 부탁하지 말고 일단 먼저 도전해 보기
3) 나의 능력을 다른 사람을 돕는데 사용해서 보람있는 일 하기 (자원봉사)
4) 좋아하는 여행, 캠핑 떠나기
5) 지금, 이 시간을 충분히 즐기기. (내일 걱정은 내일 하자!)

고독력으로 살아가기

1. 당신이 홀로 사는 삶 속에서 다음의 다양한 가치를 경험한 순간을 떠올려 기록하세요.

1) 내가 보람을 느낀 순간은

2) 내가 외롭지 않다고 느낀 순간은

3) 내가 용기 있게 행동했다고 느낀 순간은

4) 내가 나 자신을 사랑한다고 느낀 순간은

5) 내가 자신 있게 도전한 일이 있다면

6) 내가 자유로운 삶을 살고 있다고 느낀 순간은

7) 내가 재미있게 즐기고 있는 것이 있다면

8) 나에게 즐거움을 주는 것이 있다면

9) 내가 창의적으로 이루어 놓은 것이 있다면

10) 내가 행복을 느끼는 순간은

2. 당신이 안정적인 고독력으로 살아가기 위해서 앞으로 필요한 것 또는 스스로 노력해야 할 부분이 있다면 무엇인가요?

1)

2)

3)

4)

5)

휴독서치료연구소 선정 2021년 3월의 문학작품

선물이 툭!

김도아 지음 | 파란자전거 | 2021

대상	노인
종류	도서

 소개

몇 해 전 할머니를 병원에 보내고 낡고 오래된 집에 혼자 살고 있는 할아버지, 어느 날 엉망진창인 마당의 고물상 위로 선물이 툭 떨어졌다. 할아버지는 주인을 찾아주려고 했지만 찾아가는 이가 없어 방구석에 처박아 둔 선물상자에서, 어느 봄날 새싹이 쏘옥 고개를 내밀었다. 할아버지는 상자 속의 씨앗들을 심으며, 그리고 향긋한 향기가 집 안 가득 퍼질 때, 잊고 있었던 할머니와의 소중한 시간들을 떠올린다. 그리고 마당의 잡동사니들은 어느새 하나 둘 화분으로 바뀌고, 마당은 아름다운 정원으로, 무표정하던 할아버지의 표정은 행복한 미소로 바뀌어 간다. 할아버지의 일상을 바꾼 뜻밖의 선물 상자는 과연 누구의 선물이었을까?

 독서치료적 적용

노인들은 빈곤, 질병, 고독, 무위 4가지 측면에서 어려움을 겪고 이로 인한 사회적 문제도 심각하다. 이 책은 고독한 노인에게 갑자기 찾아온 뜻밖의 선물로 인해 잊고 있던 행복한 추억과 미소를 찾는 이야기를 담고 있다. "기억은 아마도 모든 것 중 최고의 선물일 것이다."라는 클로리아 게이터의 말처럼 주인공 할아버지의 흐릿해지고 잊혀간 소중한 추억이 뜻밖의 선물로 행복을 선사했듯이, 이 책은 이별 후 혼자 우울과 고독으로 힘들어 하고 있거나 무엇을 해야 할지 몰라 막막한 시간을 보내고 있는 노인들에게, 잊고 있던 행복한 기억을 떠올림으로 다시금 행복의 경험을 제공해 주고, 자신이 할 수 있는 일을 계획하고 실행해 볼 수 있도록 도와 줄 것이다.

발문

단계		내용
동일시	텍스트 수준	이 그림책에서 가장 마음에 와 닿는 장면은 어디인가요?
	내담자 수준	그 부분이 가장 마음에 와 닿은 이유는 무엇인가요?
카타르시스	텍스트 수준	상자 안에 있는 온갖 씨앗들을 본 할아버지의 기분은 어땠을까요?
	내담자 수준	만약 당신이 할아버지와 같은 입장이라면 어떤 기분일까요?
통찰	텍스트 수준	씨앗을 키우기 전과 후의 할아버지의 모습을 비교해 보세요. 어떤 차이점이 있나요?
	내담자 수준	이 그림책을 읽고 나서 당신이 깨달은 점이 있나요?
내 삶 적용		당신의 삶을 변화시킬 특별한 일은 무엇일지 생각해 보세요.

 **활동 소개**

활동 종류	원예	활동 제목	너였구나!
활동 목표	반려 식물이 자라는 과정을 통해, 행복감과 돌봄에 대한 책임감을 갖도록 하는 데 목표가 있다.		
준비물	식물 키우기 키트, 이름표, 매직		

■ **활동 방법**

① 화분에 배양토를 넣고 물이 골고루 스며들도록 흠뻑 물을 준다.

② 씨앗은 약 1cm 깊이로 심는다.

③ 화분에 이름표를 붙이고 이름을 적어준다.

④ 햇빛이 잘 드는 곳에 놓아준다.

⑤ 물주기는 화분의 배양토의 겉흙이 말랐을 때 분무기로 촉촉하게 물을 준다. (물이 너무 많으면 씨앗이 썩을 수도 있다.)

■ **활동 예시**

휴독서치료연구소 선정 2021년 4월의 문학작품

인생은 지금

다비드 칼리 지음 | 정원정·박서영 옮김
오후의소묘 | 2021

대상	노인
종류	도서

 소개

은퇴를 한 남편은 이제 우리 마음대로 살 수 있다며 아내에게 여행을 가자고, 외국어를 배우자고, 악기를 배우자고, 밤낚시를 하자고, 하루 종일 풀밭에 누워 구름을 보자고 이야기를 한다. 그러나 아내는 "오늘? 뭐 하러? 이것만 하고."라며 거절을 한다. 귀찮아하는 여자의 말과 행동에 포기할 만도 한데 포기하지 않고 "나랑 지금 이 순간을 살고 싶지 않아? 인생은 지금이야!"라는 말을 하며 같이 오늘을 살 것을 이야기 하는 남편의 말은 인생에 대해, 현재에 대해, 관계에 대해 많은 생각을 하게 해준다.

 **독서치료적 적용**

노년기는 우울, 외로움, 은퇴 후 사회적 고립감으로 인해 어려움을 겪고 있는 시기라고 할 수 있다. 또한 과거 잘 나가던 때를 이야기하고 과거를 회상하며 현재를 살고 있지 못하는 경우가 많이 있다. 지금은 몸이 아파서 몸이 나으면, 지금은 여유가 없어, 여유가 생기면, 지금은 이라는 말로 합리화를 하며 살고 있기도 하다. 그러나 이 책에서는 인생은 이미 여기 있다고, 바로 지금이라고, 내일, 또 내일을 말하다간 귀중한 시간은 흘러간다고 말한다. 이 책은 지금을 즐기지 못하고 먼 미래를 보며 가능성이 없을 것 같아 고민하고 매일 무언가를 유예하며 살아가는 성인들에게, 또한 과거에 머물러 지금 현실을 살고 있지 못하는 노인들에게 도움이 될 것이다.

📖 발문

단계		내용
동일시	텍스트 수준	이 책에서 가장 인상 깊었던 장면은 어디인가요?
	내담자 수준	그 장면이 인상 깊었던 이유는 무엇인가요?
카타르시스	텍스트 수준	이것도 해보고 저것도 해보자는 할아버지의 말에 매번 핑계를 대는 할머니의 심정은 어땠을까요?
	내담자 수준	당신이 만약 그 입장이었다면 심정이 어땠을까요?
통찰	텍스트 수준	할아버지가 "인생은 오늘이야, 인생은 지금이라니까!"라고 말한 이유는 무엇일까요?
	내담자 수준	할아버지와 할머니의 모습을 보면서 생각이 달라진 점이 있나요?
내 삶 적용		당신의 인생에서 중요한 것은 무엇인가요? 당신은 오늘을 어떻게 살아가고 있나요?

활동 소개

활동 종류	작문	활동 제목	인생은 지금
활동 목표	지금, 현재를 살아가는 것의 중요성을 알 수 있다.		
준비물	활동지		

■ 활동 방법

① 잠시 눈을 감고 내 주위에 있는 사람들과 나의 모습을 떠올려 본다.

② 눈을 뜨고 인생은 지금 활동지의 질문들을 읽어본다.

③ 인생은 지금 활동지에 있는 질문에 나의 생각을 적어 본다.

④ 세 가지 질문에 대한 나의 생각을 적고 오늘이나 지금 할 수 있는 일들을 적어 본다.

■ 활동 예시

인생은 지금

가장 중요한 때   오늘
가장 중요한 사람   나, 가족, 친구, 주위사람들 (모임)
가장 중요한 일   건강 지키기

인생은 지금

오늘 나를 위해 물 1리터 마시기
오늘 가족을 위해 전화하기
오늘 친구를 위해 전화하기
오늘 주위 사람들에게 안부 묻기
오늘 나의 건강을 지키기 위해 걷기

인생은 지금

가장 중요한 때

가장 중요한 사람

가장 중요한 일

인생은 지금

휴독서치료연구소 선정 2021년 5월의 문학작품

끝의 아름다움

알프레도 코렐라 지음 | 이현경 옮김
소원나무 | 2021

대상	노인
종류	도서

 소개

　이 책은 '끝'의 의미를 다루고 있다. 100살이 된 거북이 니나는 지난 100년간 수많은 여행을 해왔고, 이제 여행이 끝나간다는 것을 알게 되었다. 니나는 '끝'이라는 이 짧은 단어가 마음에 들지 않았고, 단어의 의미가 이해되지 않았다. 니나는 '끝'의 의미를 이해하고 싶었고, 그것을 위해 여행을 시작했다. 이 책은 니나가 '끝'의 의미를 이해하기 위한 여행의 과정을 담고 있다. 니나는 다른 존재들이 말하는 '끝'에 대한 의미를 들으며, 어느새 끝에 도착한다. '끝'의 의미를 알기 위해 시작한 니나의 여행이 드디어 끝났고, 니나의 100년 여행도 끝났다.

 **독서치료적 적용**

　자신이 삶의 끝에 서 있다는 것을 알게 된 거북이 니나는 '끝'의 의미를 이해할 수 없어 두려워했다. '끝'의 의미를 알기 위해 시작한 여행에서 니나는 '끝'은 모두에게 같은 의미가 아니라, 대상에 따라 다른 의미가 부여되는 주관적 경험이라는 것을 알게 된다. '끝'은 누군가에게는 나쁜 것이고, 누군가에게는 평생 기다려 온 순간이며, 누군가에게는 방향을 바꿔야 할 순간이다. 또 누군가에게는 새로운 시작을 의미한다. 이 책은 '끝'을 두려워하는 노년기 독자들의 인식 확장을 돕는 자료가 될 것이다. 그들은 '끝'은 이미 정해진 단어가 아니라, 자신이 의미를 부여하고 새롭게 정의할 수 있는 단어라는 것을 알게 될 것이다.

발문

단계		내용
동일시	텍스트 수준	이 책에서 가장 인상적인 장면은 어디인가요?
	내담자 수준	그 부분이 가장 인상적인 이유는 무엇인가요?
카타르시스	텍스트 수준	니나가 삶의 끝에 서 있다고 느꼈을 때 어떤 심정이었나요?
	내담자 수준	만약 당신이 삶의 끝에 서 있다고 느낀다면 어떤 심정일까요?
통찰	텍스트 수준	니나가 '끝'의 의미를 알기 위해 다른 이들에게 '끝'은 어떤 의미인지를 질문합니다. 이 과정에서 니나가 알게 된 것은 무엇일까요?
	내담자 수준	우리의 경험과 그 경험에 대한 의미 부여가 우리의 삶에 어떤 영향을 줄까요?
내 삶 적용		당신에게 '끝'은 어떤 의미인지 생각해 보세요.

활동 소개

활동 종류	작문, 미술	활동 제목	이미지 시 쓰기
활동 목표	자신이 생각하는 '끝'의 이미지를 구체화함으로써, 그 의미를 명료화할 수 있도록 돕는다.		
준비물	필기도구		

■ **활동 방법**

① 끝이라는 말을 떠올리면 생각나는 이미지를 떠올린다.

② 떠올린 이미지를 활용하여 시를 쓴다.

③ 완성된 시의 내용과 분위기에 맞는 제목을 붙인다.

④ 시와 어울리는 그림을 그린다.

■ **활동 예시**

▶ 떠오르는 이미지

시작, 아쉬움, 완성, 과정, 슬픔, 받아들임, 후련함, 두려움, 이별

▶ 이미지 시 쓰기

끝...

시작은
완성의 첫 발

끝은
완성과 또 다른 시작의 과정

그 사이에 존재하는 아쉬움
그 어디쯤에 존재하는 슬픔, 두려움

끝은...
후련함, 받아들임

휴독서치료연구소 선정 2021년 8월의 문학작품

푸른 빛의 소녀가 : 박노해 시 그림책

박노해 글 | 카지미르 말레비치 그림
느린걸음 | 2020

대상	노인
종류	도서

 소개

"지구에서 좋은 게 뭐죠?" 러시아 화가 말레비치의 강렬한 그림으로 표현된 이 시 그림책은 먼 행성에서 불시착한 푸른 빛의 소녀의 물음으로 시작한다. 과연 그녀는 어디로부터 왜 온 것일까? 또한 떠나가며 "지금 나랑 같이 다른 행성으로 갈래요?"라고 제안한 이유는 무엇일까? 시집과 화집의 경계를 묘하게 넘나드는 원색의 강렬한 추상화는, 짧은 시어가 있으면 물음이라는 색에, 시어가 없으면 생각이라는 색에 빠지게 한다.

 독서치료적 적용

'나는 어떤 인생을 살아왔나? 나는 지구(나와 주변인들)에게 어떤 존재인가? 내 삶에서 중요한 건 무엇이었을까? 나는 무엇을 놓치고 살아왔을까?' 등을 생각하게 하는 그림책이다. '지구를 벗어나지도 나를 벗어나지도 못하는 것이 지구에서 슬픈 거', '소유하고 인정받는데 짧은 생을 다 쓰느라 자기 자신마저 알지 못한 채 떠나가는 거'라는 시인의 말은 '나를 얽매이게 하는 것들이 무엇인지, 그럼에도 내 삶을 버텨낼 수 있게 해준 지지기반은 무엇인지' 등 많은 생각들이 떠오르게 한다. 따라서 이 책은 내 삶을 뒤돌아보고 앞으로 나는 어떤 삶을 살 것인지에 대해 생각보고 싶은 이들에게 추천하고 싶다.

발문

단계		내용
동일시	텍스트 수준	이 책에서 가장 기억에 남는 장면은 어디인가요?
	내담자 수준	그 부분이 가장 기억에 남는 이유는 무엇인가요?
카타르시스	텍스트 수준	지구를 벗어나지도 나를 벗어나지도 못한다고 말할 때 '나'는 어떤 기분일까요?
	내담자 수준	푸른빛의 소녀의 질문은 나에게 어떤 기분을 들게 하나요?
통찰	텍스트 수준	푸른빛의 소녀는 '나'에게 무엇을 물어보는 것일까요?
	내담자 수준	지구를 벗어나지도 나를 벗어나지도 못하고, 소유와 인정받는 데 짧은 생을 다 쓰느라 자기 자신마저 알지 못한 채 떠나는 것에 대해, 지은이는 슬프다고 답합니다. 나는 무엇이 슬픈가요?
내 삶 적용		'나를 얽매이게 하는 것', '내 삶의 지지기반'은 무엇인지 생각해 볼까요?

 **활동 소개**

활동 종류	미술(북 아트, 콜라주)	활동 제목	시집 만들기
활동 목표	'내 삶의 질문'이 담긴 시집을 만들 수 있다.			
준비물	머메이드지(A4), 흰 A4 용지, 잡지, 풀, 가위, 검정 종이테이프, 싸인펜, 필기도구			

■ 활동 방법

① 나에 던지고 싶은 질문(삶의 지표 등)을 정한다. (적당한 크기로 흰 용지에 옮겨 적는다.)
② A4사이즈의 머메이드 종이를 반으로 접는다. (면지가 4면이 된다. 앞표지, 뒤표지, 면지2면)
③ 잡지에서 원하는 부분을 잘라 콜라주 형식으로 표지나, 면지부분을 꾸민다. 나에게 던지고 싶은 질문을 적은 용지도 적당한 구성으로 붙인다.
④ 겉면의 끝에 검정 종이테이프를 붙이고, 책표지를 꾸민다.

■ 활동 예시

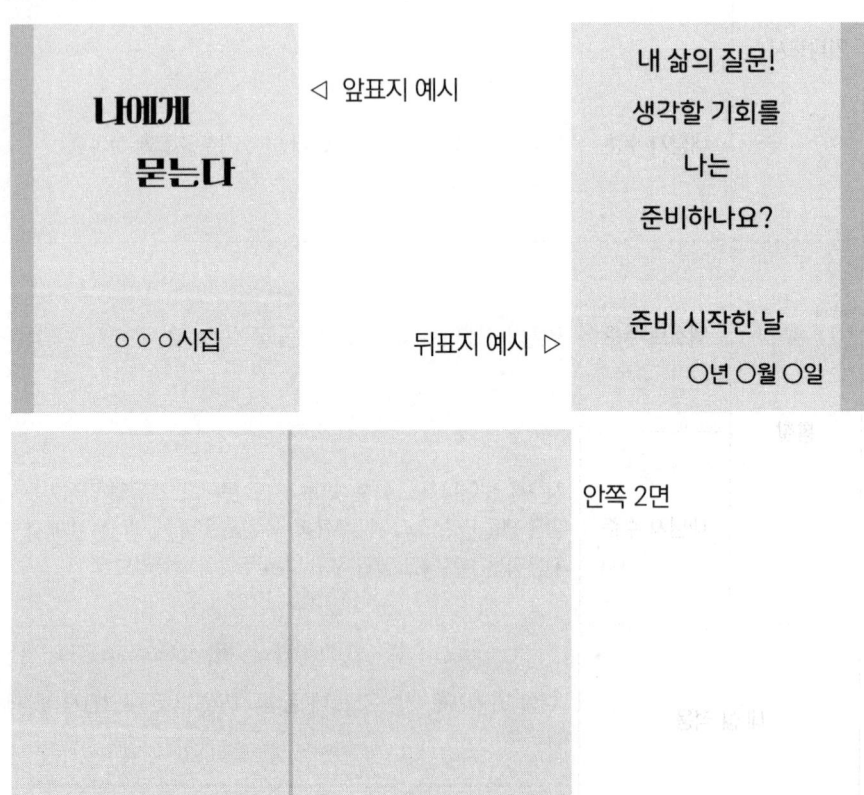

휴독서치료연구소 선정 2022년 1월의 문학작품

결코 늦지 않았다

신현수 글 | 오희령 그림 | 백화만발 | 2020

대상	노인
종류	도서

 소개

    40년 교직 생활을 퇴임하는 김팔복 교감 선생님, 퇴임 한 후 어느 때처럼 새벽에 일어나 교정으로 향하지만, 이내 다시 발걸음을 옮기며 헛헛하고 쓸모없어진 것 같은 마음에 가슴이 아려오기도 한다. 그러던 어느 날 보디빌더 모집이라는 게시판을 보고 시니어 보디빌더를 꿈꾸며 활력을 되찾고 제2의 인생을 살게 된다. 이 책은 은퇴 후 새로운 삶을 사는데 늦은 때는 없다고 말하고 있다.

 **독서치료적 적용**

    노년기의 은퇴는 삶의 질에 중요한 영향을 미친다. 은퇴를 바라보는 바람직한 방식은 전 생애를 포함하는 하나의 과정으로 이해하고 받아들이는 것이다. 또한 은퇴 후의 생활에 잘 적응하기 위해서는 사회 활동과 사회적 관계를 유지하기 위한 노력과, 자신의 흥미와 가치를 발견하는 것이 필요하다. 위의 그림책 주인공 김팔복 씨처럼 흥미 있는 일을 찾아 제2의 인생을 즐기고 살아있다는 가치감을 느끼는 것은, 노년기에 활력을 찾는 것에 있어 매우 중요하다. 이 책은 은퇴 후 무엇을 해야 할지 막막하고, 마음을 알아주지 않아 외롭고, 자신이 가치가 없어 진 것 같아 슬픈 노인들에게 위로와 격려가 될 수 있을 것이다. 또한 '지금 이 나이에 무엇을 해'라는 말을 하며 늦었다고 생각하고 있는 노년들에게 새로운 가능성을 발견하게 해줄 것이다.

발문

단계		내용
동일시	텍스트 수준	이 책에서 가장 인상적인 장면은 어디인가요?
	내담자 수준	그 장면이 가장 인상적인 이유는 무엇인가요?
카타르시스	텍스트 수준	정년퇴임한 김팔복 교감선생님의 심정은 어땠을까요?
	내담자 수준	만약 당신이 퇴임을 했다면 기분이 어땠을까요?
통찰	텍스트 수준	김팔복 교감선생님께서 퇴임을 하고 보디빌더에 도전하기 전과 후는 어떤 차이점이 있나요?
	내담자 수준	이 작품을 읽고 나서 깨달은 점이 있나요?
내 삶 적용		당신이 은퇴하게 된다면 무엇을 할 것인지 생각해 보세요.

 **활동 소개**

활동 종류	작문	활동 제목	결코 늦지 않았다
활동 목표	은퇴 후 무엇을 해야 할지 막막하고 자신의 가치가 없어 진 것 같아 우울해 하며 늦었다고 생각하고 있는 노년들에게, 욕구를 발견하여 새로운 가능성이 있음을 발견하도록 할 것이다.		
준비물	결코 늦지 않았다 활동지, 필기도구		

■ **활동 방법**

① 윌리암 글래서의 현실치료 5가지 욕구를 읽어본다.

② 현실치료의 욕구에 맞게 삼각형의 밑 부분 1단계부터 나의 욕구를 적는다.

③ 욕구를 적었다면 바로 행동 할 수 있는 것부터 순서를 정해본다.

■ **활동 예시**

결코 늦지 않았다~

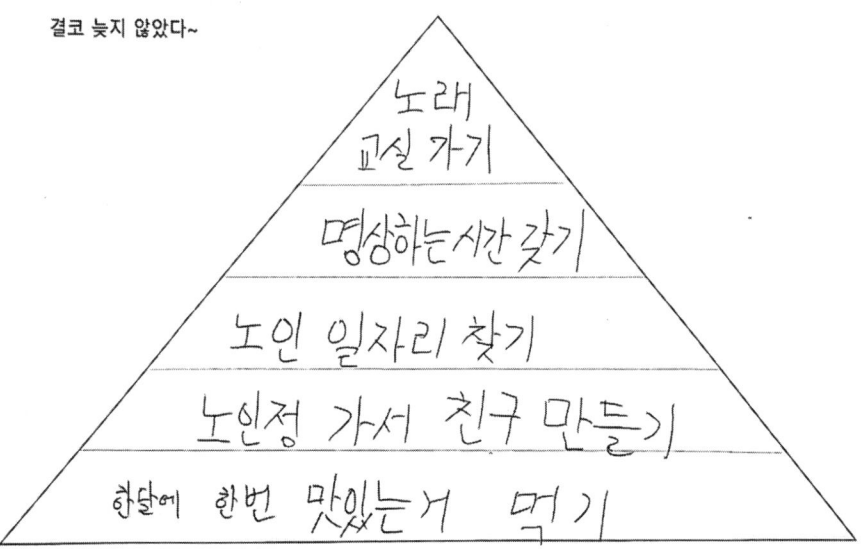

결코 늦지 않았다

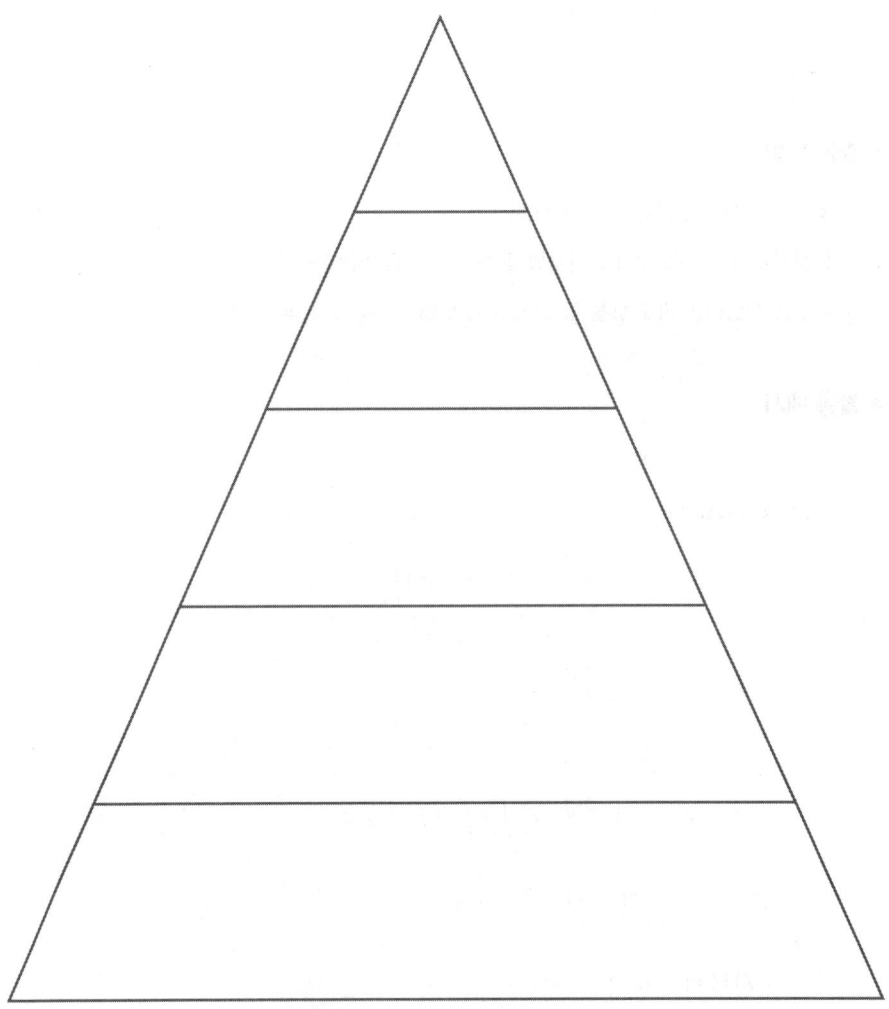

> 휴독서치료연구소 선정 2022년 2월의 문학작품

삶의 모든 색

라사 아이사토 글·그림 | 김지은 옮김
길벗어린이 | 2021

대상	노인
종류	도서

 소개

　이 책은 노르웨이 북셀러 상을 수상한 작품으로, 아이의 삶, 소년의 삶, 자기의 삶, 부모의 삶, 어른의 삶 등 기나긴 삶에 관한 내용으로 구성되어 있다. 호기심이 많고 무적이었던 유년기를 지나, 어른들의 걱정을 들으며 반항하는 청소년기를 거쳐, 무언가를 찾아가는 자기로서의 삶을 고민하고, 낯선 것을 두려워하는 어른이 된 뒤 노년기를 맞았다가, 결국 모든 순간을 간직하고 떠나게 된다. 이와 같이 각자 살아온 삶의 색은 달라도, 모든 순간 우리는 사랑받아야 할 충분한 존재임에는 틀림없다.

 **독서치료적 적용**

　이 책은 우리가 어떤 순간에도 사랑받았다고 느끼기를 바란다. 상처를 받은 적이 있고 어떤 시기를 지나오느라 힘겹게 몸부림을 쳤던 순간이 있지만, 우리는 사랑받기 충분한 존재였음을 기억하기를 바란다. 모두 자신의 날개로 훨훨 날아갈 수 있기를 응원한다. 마침내 연금수령자가 되고 마음대로 움직여 주지 않는 몸, 혼자 남겨진 슬픔과 외로움을 느낄 때도 있지만, 하고 싶었던 일을 할 시간이 생겼다는 것에 감사한다. 모든 순간을 담고 떠나는 마지막 순간까지 자신의 모든 순간에서 사랑을 느꼈기를 바란다. 따라서 이 책은 노년기 독자들이 자신의 삶을 회상하고, 자신의 삶을 통합하는 것을 도와줄 것이다.

발문

단계		내용
동일시	텍스트 수준	이 책에서 가장 기억에 남는 부분은 어디인가요?
	내담자 수준	그 부분이 가장 기억에 남는 이유는 무엇인가요?
카타르시스	텍스트 수준	아이에서 노인이 될 때까지 어떤 삶을 살아왔는지를 되돌아보는 사람의 심정은 어떨까요?
	내담자 수준	여러분은 자신의 삶을 돌아보면서 어떤 감정을 느끼시나요?
통찰	텍스트 수준	각자 살아온 방식이 달라도 모든 순간에 우리는 사랑받을 가치가 있다는 문장은 어떤 의미일까요?
	내담자 수준	우리는 조건 없이 사랑받을 가치가 있다는 사실이 여러분의 삶에 어떤 영향을 줄 수 있을지 생각해 보세요.
내 삶 적용		과거와 현재, 미래에 자신을 사랑하는 방식에 대해 생각해 보세요.

활동 소개

활동 종류	작문, 미술	활동 제목	인생 그래프 그리기
활동 목표	삶의 과정을 살펴보고, 그 시간이 자신의 삶에 주는 영향력과 의미를 이해할 수 있도록 돕는다.		
준비물	4절지, 필기도구, 자		

활동 방법

① 종이에 가로축과 세로축의 기준선을 그린다.

② 가로축은 연령을 나타내고, 세로축은 긍정적 또는 부정적 경험에 대한 만족도를 의미한다.

③ 기준선을 기준으로 아래쪽은 부정적인 경험, 위쪽은 긍정적 경험을 기록한다.

④ 출생부터 현재까지 중요한 사건이나 의미 있는 경험을 표시하고, 그 점들을 이어 인생그래프를 완성한다.

활동 예시

1세 : 내가 태어났을 때는 아들이 아니라서 환영과 축복을 받지 못함

5세 : 자라면서 가족들에게 사랑을 받으면서 자람. 나이 차이가 많이 나는 언니들은 나에게 어울리는 옷을 만들어서 입혀주었고, 아버지는 책을 구해서 무릎에 앉혀 놓고 자주 읽어주심.

12세 : 몸이 약했던 나는 병원에 자주 다녀야 해서 힘들었음 점점 더 악화되어 더 이상 학교를 다닐 수 없었던 나는 집에서 쉬면서 치료를 받아야 했음. 그 시절, 나는 친구들이 학교에 가는 것을 부러워하며 많이 위축됨.

15세 : 부모님께서 열심히 일해서 모은 돈으로 새 집으로 이사를 가게 되어 나만의 방이 생겼고, 그곳에서 나는 혼자만의 시간을 많이 보낼 수 있어서 정말 행복했음.

※ 위의 내용을 바탕으로 인생그래프에 표시를 하고, 인생 그래프를 완성한다.

휴독서치료연구소 선정 2022년 4월의 문학작품

지금이 딱 좋아

하수정 글·그림 | 웅진주니어 | 2022

대상	노인
종류	도서

 소개

고애순 할머니는 아파트에서 혼자 살고 있다. 할머니가 바라보는 세상은 베란다의 반쯤 열린 창문으로 보이는 밖의 풍경이 전부이다. 할머니는 집안에서 사용하는 세탁기, 냉장고, 밥솥 등의 물건에 이름을 붙여 놓고 가전제품을 향해 사람과 이야기하듯 말한다. 밖에 나가지 않아도 베란다에서 세상이 다 보이는데 뭐 하러 밖으로 나가냐고 스스로 이야기를 하며 밖으로 한 발짝도 내딛지 않는다. 그랬던 할머니가 스스로 밖으로 나가게 되는 사건이 생기고, 사람들을 만나 이야기를 나누며 내가 아직 오지도 않은 때를 생각하고 미리 시들어 있었음을 깨닫게 되는 이야기를 담고 있는 그림책이다.

 독서치료적 적용

노년기는 성공적인 성취 경험이 많을수록 긍정적인 자아상을 유지하게 되고 그것은 성공적인 노화의 기반이 된다. 하지만 노년기는 체력과 사회적 영향력이 감소되는 시기이다. 그로 인해 우울감, 고립감, 소외감 등의 부정적 요인들로 인해 세상과 단절하여 사회적으로 고립되는 경우가 있다. 그래서 새로운 도전을 받아들이는 것, 시도하는 것을 주저하게 되며 지금 시작하기에는 늦었다는 생각으로 성취 경험을 맛보지 않으려고 한다. 이 도서는 세상 밖으로 나가는데 용기가 필요한 노인들에게 '지금이 딱 좋아'라는 할머니의 말이 도움이 될 것이다.

발문

단계		내용
동일시	텍스트 수준	마음에 와 닿은 장면은 어디인가요?
	내담자 수준	그 장면이 와 닿은 이유는 무엇인가요?
카타르시스	텍스트 수준	할머니가 집 안의 물건과 말을 할 때 어떤 기분일까요?
	내담자 수준	만약 내가 할머니라면 기분이 어떨까요?
통찰	텍스트 수준	할머니가 오늘을 좀 다르게 해 보기로 한 이유는 무엇일까요?
	내담자 수준	세상 밖으로 나가기 시작한 할머니의 모습을 보고 떠오르는 생각이 있나요?
내 삶 적용		노년기가 되고 나서 용기가 필요했던 경험이 있나요?

활동 소개

활동 종류	작문	활동 제목	지금이 딱 좋아! (버킷리스트)
활동 목표	노년기에 이루고 싶은 것의 목록을 작성하여 실천해 볼 수 있다.		
준비물	활동지, 필기도구		

■ 활동 방법

① 노년기(지금이 딱 좋아!)에 이루고 싶은 것이 무엇인지 생각해 보기

② 생각한 목록에 대해 구체적으로 활동지에 작성해 보기(시기, 이유 등)

③ 활동지를 작성하면서 어떤 생각이 들었는지 이야기 나누기

■ 활동 예시

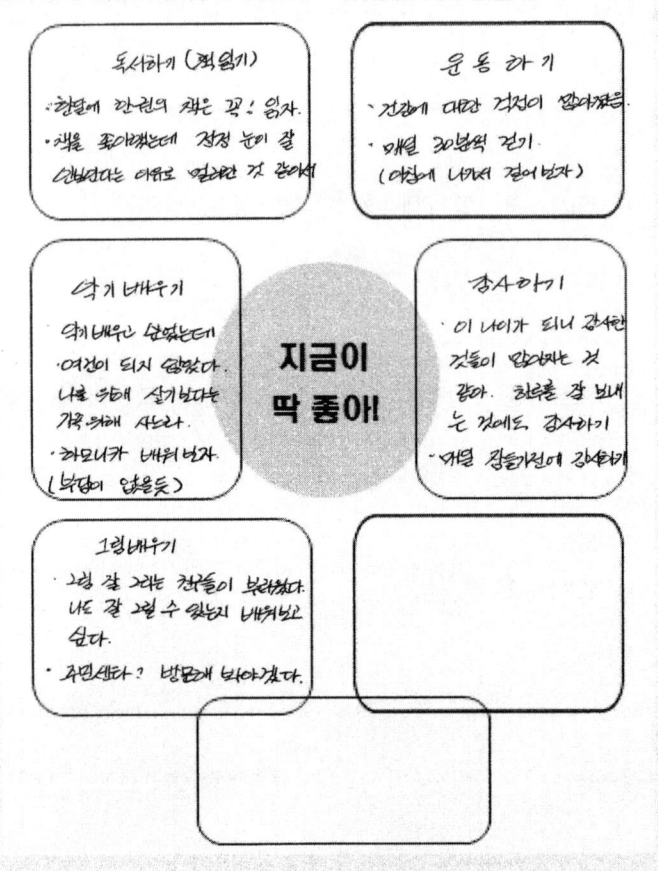

지금이 딱 좋아!

휴독서치료연구소 선정 2022년 5월의 문학작품

할머니의 저녁 식사

M. B. 고프스타인 글·그림 | 이수지 옮김
미디어창비 | 2021

대상	노인
종류	도서

 소개

서문 '나의 가족들에게'로 시작하는 이 책은 어느 할머니의 하루를 보여준다. 할머니는 새벽 다섯 시에 일어나 아침을 차려 먹고 재빨리 설거지를 한 뒤, 햇빛을 가릴 모자를 쓰고 호수로 가 하루 종일 낚시를 한다. 저녁이 되어 집에 돌아오면 잡은 물고기로 식사 준비를 하고, 아주 천천히 식사를 즐긴다. 식사가 끝나면 서둘러 설거지를 끝내고, 다시 잠자리에 든다. 내일 또 낚시하러 갈 수 있도록 말이다. 간결한 그림과 내용은 단조로운 그녀의 일상을 닮은 것 같다. 그럼에도 나름 계획적이며 주도적인 삶을 사는 그녀처럼.

 독서치료적 적용

나의 노년은 어떻게 펼쳐질까? 또는 어떻게 펼쳐지고 있는가? 할 일 없이 무료하게 남은 시간을 세며 세월을 보낼까? 아니면 뭔가에 쫓겨, 또는 그 어떤 정보에 쏠려, 또는 어떠한 강한 신념이 생겨 무리에 휩쓸려 다닐까? 그것도 아니면 굴레인 듯 굴레 같은 가족, 주변 지인들에게서 벗어나지 못하고 휘둘려 살고 있을까? 이제 선택과 집중을 해야 할 시기이다. 이제까지의 삶을 되돌아보고, 내가 원하는 삶이 무엇일지, 그래서 어떻게 살 것인지 앞으로 남은 삶을 계획해 보자. 이 그림책은 싫은 설거지는 재빨리 하고, 하고 싶은 낚시는 하루 종일 하기 위해 일찍 잠자리에 드는 할머니처럼, 나를 위한 노년기의 삶을 계획하려는 분들에게 도움이 될 것이다.

발문

단계		내용
동일시	텍스트 수준	이 책에서 가장 인상적인 장면은 어디인가요?
	내담자 수준	그 부분이 가장 인상적인 이유는 무엇인가요?
카타르시스	텍스트 수준	낚시를 할 때 할머니는 어떤 기분일까요?
	내담자 수준	좋아하는 일을 할 때 나의 기분은 어떨까요?
통찰	텍스트 수준	할머니는 설거지는 재빨리 하면서 저녁식사는 왜 천천히 하실까요? 할머니는 왜 하루 종일 낚시를 할까요?
	내담자 수준	지금 내 인생의 중요한 일은 무엇일까요?
내 삶 적용		건강하게 나이를 먹는 것에 대해서 나는 어떠한 준비를 하고 있나요? 내 행복을 위해 필요한 것은 무엇일까요? 무엇을 준비해야 할까요?

 **활동 소개**

활동 종류	작문	활동 제목	일기 쓰기
활동 목표	나의 행복한 하루를 정리할 수 있다.		
준비물	필기도구		

■ **활동 방법**

① 내가 행복했던 하루를 생각해보고, 그 날의 일과를 시간 순으로 적어본다.

② 어떤 점이 행복했고, 그 행복이 어떤 측면 때문이었는지에 대해 충실하게 적어본다.

③ 그 행복했던 하루를 다시 맞이하려면 어떻게 해야 하는지도 생각해 본다.

■ **활동 예시**

'나의 행복한 하루' 일기 쓰기

휴독서치료연구소 선정 2022년 7월의 문학작품

나는 한때

지우 글·그림 | 반달 | 2021

대상	노인
종류	도서

 소개

'나'의 일대기는 한때 새싹이었고, 껌과 친구가 되기도 했으며, 망아지였다가 커튼이기도 했다는 이야기로 시작된다. 이와 같이 자신의 한때를 이야기하고 있는 '나'는 바로 '머리카락'으로, 작가는 우리가 살아가면서 겪는 다양한 사건과 변화를 머리카락도 함께 겪었을 것이므로, 그 시간들의 한때를 머리카락을 통해 기억해 보려고 시도한다. 과연 우리들의 머리카락에는 어떤 시간과 기억이 삶의 한때로 남아 있을까?

 **독서치료적 적용**

노년기는 인생을 돌아보고 정리하며 삶의 의미에 대해 생각하고 이해하려고 노력하는 중요한 시기이다. 이 시기에 자신의 삶을 의미 있고 만족스러운 것으로 인식하는 노인은 노년기를 동요 없이 평온하게 보내며 죽음에 대해 의연한 태도를 보인다. 반면, 지나온 삶에 대해 원망과 불만족스러움을 경험하는 노인은 삶에 대한 무의미함과 절망감을 느끼며 죽음에 대한 공포로 불안한 노년기를 보내게 된다. 따라서 이 책은 노년기를 맞이한 노인들이 일생을 함께한 머리카락을 통해 자신이 살아온 삶을 되돌아 볼 수 있는 계기를 마련해 줄 것이다. 또한, 자신의 삶에서 좋았던 한때를 회상하며 삶의 의미를 재인식 할 수 있도록 도울 것이라 생각되어 추천하는 바이다.

📖 발문

단계		내용
동일시	텍스트 수준	책의 장면 중 가장 마음에 와 닿은 부분이 있었나요?
	내담자 수준	그 부분이 마음에 와 닿은 이유는 무엇일까요?
카타르시스	텍스트 수준	새싹이었던 때를 지나 지금에 이른 책 속 주인공의 기분은 어떨까요?
	내담자 수준	당신이 만약에 그 입장이라면 기분이 어떨까요?
통찰	텍스트 수준	"한때 나는, 여러 가지 이름이었어." 이 문장이 의미하는 것은 무엇일까요?
	내담자 수준	이 그림책을 읽고 여러분이 알게 된 점은 무엇인가요?
내 삶 적용		여러분은 지나온 한때에 대해 생각해 본 적이 있으신가요? 그럴 때 어떻게 했었나요?

 **활동 소개**

활동 종류	미술, 작문	활동 제목	나의 일대기
활동 목표	삶의 긍정적이었던 한때를 회상하며 삶의 의미를 재정립할 수 있다.		
준비물	활동지, 필기도구, 싸인펜, 색연필		

■ **활동 방법**

① 활동지를 한 장씩 나눠준다.

② 잠시 눈을 감고 지나온 삶을 회상해본다. 자신의 삶에서 좋았던 한때를 떠올려보고 연상되는 것을 그림으로 표현한다.

③ 그림을 보고 그때의 자신을 한마디로 적는다.

④ 완성된 활동지를 집단원들과 함께 나눈다.

■ **활동 예시**

나의 일대기

나의 삶을 되돌아보며 좋았던 한때를 떠올려 연상되는 것을 그림으로 표현하고 그때의 '나'를 한마디로 적어보세요.

(전역했을때)의 나

이때의 나를 한마디로 표현하면?
무엇이든 할 수 없을것 같은 자신감

(결혼했을때)의 나

이때의 나를 한마디로 표현하면?
사랑하는 사람과 새로운 것을 할수 있다는 희망

(자식이 생겼을때)의 나

이때의 나를 한마디로 표현하면?
나의 분신이 생겨 나와 비슷한 또하나의 사랑하는 가족이 생김

(50대의)의 나

이때의 나를 한마디로 표현하면?
여러사람을 만나며 그 속에서도 나자신은 편안한 삶을사는 공평감

나의 일대기

나의 삶을 되돌아보며 좋았던 한때를 떠올려 연상되는 것을 그림으로 표현하고 그때의 '나'를 한마디로 적어보세요.

(   )의 나

이때의 나를 한마디로 표현하면?

(   )의 나

이때의 나를 한마디로 표현하면?

(   )의 나

이때의 나를 한마디로 표현하면?

(   )의 나

이때의 나를 한마디로 표현하면?

휴독서치료연구소 선정 2022년 8월의 문학작품

옥춘당

고정순 글·그림 | 길벗어린이 | 2022

대상	노인
종류	도서

 소개

　제삿날이면 할아버지는 제사상에서 제일 예쁘고 향기로운 사탕, 옥춘당을 할머니의 입에 넣어주곤 했다. 낯가림이 심했던 할머니에게 할아버지는 남편이자 유일한 친구였다. 그런데 어느 날 갑자기 폐암 말기 진단을 받은 할아버지는 병원이 아닌 할머니의 곁에서 변함없이 다정하게 일상을 보내다가 마지막 인사를 하고 떠났다. 할머니는 할아버지를 잃은 상실감에 말을 잃고, 기억을 멈춘 채 조용히 무너져갔다. 치매로 인해 요양원에서 생활하는 할머니는 종일 동그라미를 그리며 누구를 기다리고 있는 것일까?

 **독서치료적 적용**

　노년기 발달적 위기인 배우자와의 사별 경험은 생존자에게 깊은 충격과 고통을 수반하는 가장 큰 스트레스 사건이다. 사별로 인한 상실은 깊은 슬픔, 불안, 우울, 죄책감 등의 심리적 부적응을 초래하고, 신체적·정신적 질병으로도 이어질 수 있다. 그러므로 상실에 대한 부정과 고립, 분노, 타협, 우울, 수용의 다섯 단계의 애도 과정을 통해 슬픔과 고통의 감정을 충분히 표현하고, 현실을 수용하는 과정이 필요하다. 즉 상실에 대한 의미재구성을 통해 고통을 극복하고, 변화된 환경에 적응하며 새로운 삶을 모색하는 과정, 개인의 삶과 죽음에 대한 성찰을 통해 노년기 자아를 통합하는 과정이 필요한 것이다. 따라서 이 책은 노년기를 맞이한 노인들에게 일생을 함께하는 배우자의 상실에 대한 의미를 찾고, 상실의 아픔을 극복하는 삶에 대해 생각해 볼 수 있는 기회를 제공할 것이다.

발문

단계		내용
동일시	텍스트 수준	가장 마음에 와 닿은 부분은 어디인가요?
	내담자 수준	그 부분이 마음에 와 닿은 이유는 무엇인가요?
카타르시스	텍스트 수준	늘 다정한 남편이자 유일한 친구였던 할아버지의 죽음을 경험한 할머니의 기분은 어땠을까요?
	내담자 수준	당신이 만약 주인공이라면 기분이 어땠을까요?
통찰	텍스트 수준	치매로 인해 요양원에서 생활하는 할머니가 종일 그린 동그라미에는 어떤 의미가 담겨 있을까요?
	내담자 수준	이 작품을 읽고 나서, 생각이 달라진 점이 있나요?
내 삶 적용		당신도 이런 경험을 한 적이 있나요? 그럴 때 어떻게 했나요?

활동 소개

활동 종류	사진 이야기	활동 제목	동그라미 추억
활동 목표	추억이 담긴 물건을 통해 소중한 추억과 의미를 떠올리고, 배우자 상실의 아픔을 극복하는 방법에 대해 말로 표현할 수 있다.		
준비물	배우자와의 추억이 담긴 물건 사진 3장, 풀, 가위, 활동지		

■ **활동 방법**

① 참여자는 활동 전에 미리 사랑하는 사람과의 추억이 담긴 물건 사진을 준비하고, 치료사가 제시한 활동지의 동그라미 안에 배열하여 붙인다.

② 참여자는 사진 속 물건과 관련된 소중한 기억 이야기, 그 이야기 속에 담긴 의미, 사진을 동그랗게 자를 때의 느낌 등을 발표한다.

③ 참여자는 일생을 함께해 온 배우자 상실의 아픔을 극복하는 삶의 경험에 관해 자유롭게 이야기 나눈다.

④ 활동 후 소감을 나눈다.

■ **활동 예시**

동그라미 추억

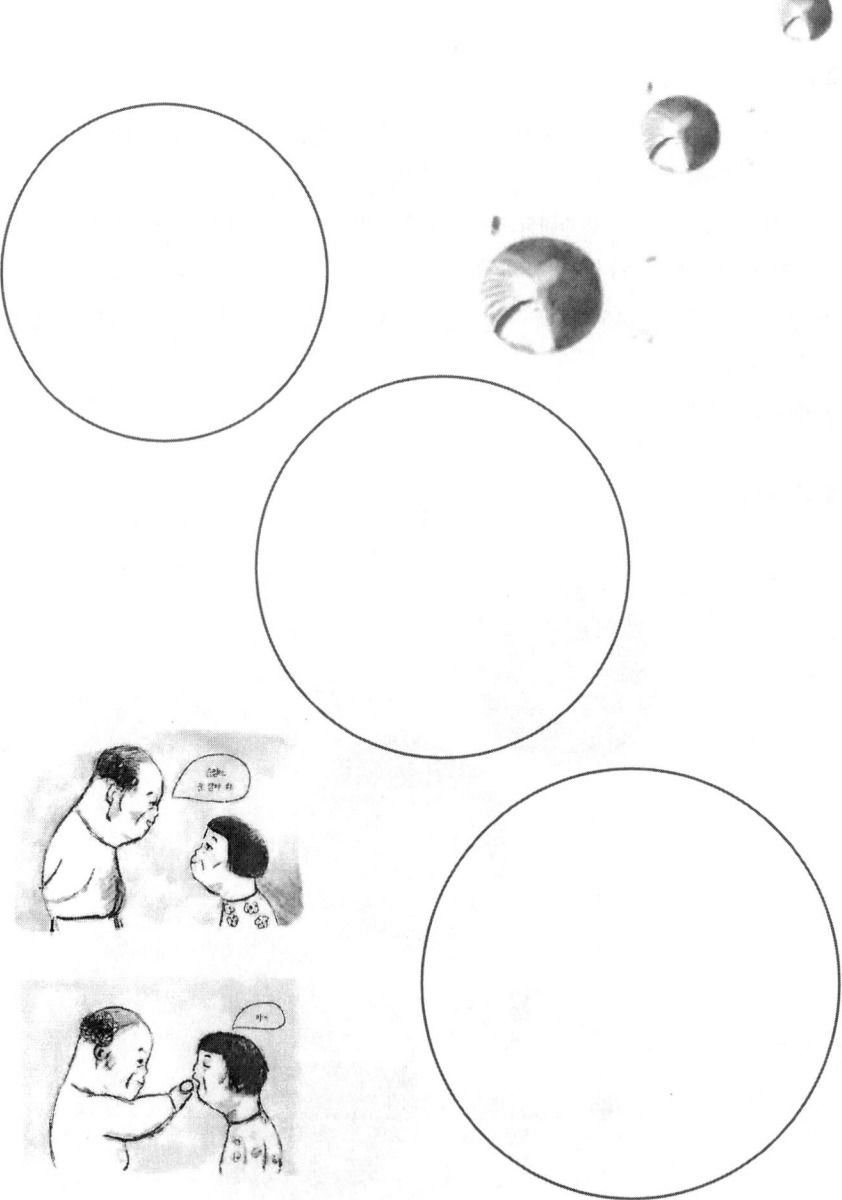

휴독서치료연구소 선정 2022년 10월의 문학작품

백살공주 꽃대할배

박일례 글·그림 | 출판놀이 | 2021

대상	노인
종류	도서

 소개

이 책은 작가가 65세에 처음으로 낸 노인을 위한 그림책이다. 이 책에 등장하는 주인공은 생각과 취향이 맞지 않는 노년 부부이다. 그들의 이야기는 딸기 밭에서 처음 만난 날을 시작으로 할머니의 건망증으로 잃어버린 팔지를 무심히 내미는 노년의 일상에 이를 때까지 이어진다. 그런데 이와 같은 시간의 흐름은 이별로 이어지는데, 홀로 묵묵히 걸어가는 할머니의 뒤로 강아지가 따른다.

 **독서치료적 적용**

우리나라도 2025년이면 초고령화 사회로 접어든다고 한다. 따라서 평균 수명 또한 100세 시대로 바뀌었으며, 60세의 나이가 청년으로 불릴 만큼 노인들의 인구가 급속하게 증가하고 있는 실정이다. 그렇다면 노인들이 느끼는 삶의 질은 어떨까? 노인들의 삶의 질을 높이기 위해서는 노화 현상에 대한 수용과 상실감에 대한 극복 등이 필요하다. 이 책은 65세의 작가가 처음으로 출간한 그림책이라는 점만으로도 독자인 노인들에게 도전 의식을 불러일으키고 희망도 갖게 해줄 것이다. 또한 노인으로서 적응적인 삶을 살아갈 수 있도록 하는 데 도움을 줄 것이다.

발문

단계		내용
동일시	텍스트 수준	이 책에서 가장 인상적인 장면은 어디였나요?
	내담자 수준	그 장면이 가장 인상적이었던 이유는 무엇인가요?
카타르시스	텍스트 수준	할아버지의 동문서답에 할머니의 기분은 어땠을까요?
	내담자 수준	만약 당신이 할머니의 입장이라면 어떤 기분이 들었을까요?
통찰	텍스트 수준	혼자 걸어가는 할머니의 뒷모습에서 할아버지와 같이 있을 때와 어떤 차이점이 있었나요?
	내담자 수준	당신이 만약 혼자 남게 된다면 어떤 변화가 일어날까요?
내 삶 적용		만약 당신 옆에 늘 있던 사람이 없다면 앞으로 어떻게 할 수 있을까요?

활동 소개

활동 종류	사진 이야기	활동 제목	인생 파노라마
활동 목표	이 활동은 과거, 현재, 미래를 사진으로 선택하여 이야기를 하는 것으로 방어가 적고 무의식을 나타내도록 한다. 또한 노인으로서 삶을 통합하고 현재를 수용하는 것을 통해 적응적인 삶을 살아갈 수 있도록 하는데 도움을 줄 것이다.		
준비물	두런두런 인성카드, 인생 이야기 활동지		

■ **활동 방법**

① 두런두런 인성카드 더미에서 과거, 현재, 미래의 모습을 선택한다.
② 인생 이야기 활동지에 과거, 현재, 미래 카드를 차례로 놓고, 나의 인생을 이야기 해본다.
③ 집단원들의 이야기가 끝나면 두런두런 카드 더미에서 나에게 해주고 싶은 격려의 말을 찾아 현재의 칸 밑에 둔다.
④ 내가 뽑은 격려의 말을 집단원들이 함께 이야기 해준다.

■ **활동 예시**

◇ **과거** : 아이들과 먹고 살기 위해 힘든 나날을 보냈다.
◇ **현재** : 주름도 많고 몸도 아프고 누가 내 옆에 있어서 손이라도 잡아주면 좋겠다.
◇ **미래** : 편안하게 죽음의 문으로 들어 갈 수 있기를 소망한다.

▶ 나를 응원하는 격려의 카드

충분히
그럴 수 있어.

인생 이야기

| 휴독서치료연구소 선정 2022년 11월의 문학작품 |

당신과 함께

잔디어 글·그림 | 정세경 옮김 | 다림 | 2019

대상	노인
종류	도서

 소개

이 책은 죽은 아내와의 추억을 그리워하는 남편의 마음을 아내의 시선으로 따라간다. 오늘은 결혼기념일이다. 남편 조지는 아내와의 추억이 깃든 장소들을 지나, 아내 마리가 가장 좋아했던 풍경이 보이는 벤치를 찾아간다. 벤치는 아내 마리를 위해 조지가 마련한 것 같다. 그곳에 마치 아내가 함께 있는 것처럼 아내에게 사랑과 고마움을 전한다. 두 사람은 그 벤치에서 함께 앉아 있다가 남편 조지는 언덕을 내려가고, 벤치에는 조지가 아내를 위해 가져온 꽃과 마음을 담아 새긴 글이 보인다.

 독서치료적 적용

이 책의 주인공은 배우자를 상실한 노인이다. 배우자를 상실한 노인은 상실감과 우울감을 경험할 수 있고, 그로 인해 일상에 부정적인 영향을 받을 수 있다. 그러나 이 책에 등장하는 조지는 기념일을 챙기고, 아내와의 추억을 떠올리며 살아간다. 아내가 떠났지만 늘 그랬던 것처럼 아내가 함께 있다는 생각은 여전히 서로 연결되어 있다는 느낌을 갖게 할 것이다. 아내와의 행복하고 긍정적인 기억은 상실감과 우울감을 견디게 하는 힘이 될 것이다. 행복하고 긍정적인 기억은 부정적인 감정을 조절하고, 자신의 상황을 수용하는 데 도움이 되기 때문이다. 이 책은 배우자를 상실한 노인 독자가 새로운 관점으로 자신의 상황을 이해하는 기회를 제공할 것이다.

발문

단계		내용
동일시	텍스트 수준	이 책에서 가장 기억에 남는 부분은 어디인가요?
	내담자 수준	그 부분이 가장 기억에 남는 이유는 무엇인가요?
카타르시스	텍스트 수준	먼저 떠난 아내를 추억하는 남편의 심정은 어떨까요?
	내담자 수준	여러분이 주인공처럼 배우자를 떠나보냈다면 어떤 심정일까요?
통찰	텍스트 수준	추억이 있는 공간에서 아내를 그리워하는 것은 남편에게 어떤 의미가 있을까요?
	내담자 수준	여러분은 애도의 시간이 사별을 한 사람에게 어떤 의미가 있다고 생각하시나요?
내 삶 적용		애도의 시간을 어떤 방식으로 보내면 좋을지 생각해 보세요.

활동 소개

활동 종류	사진, 작문, 역할극	활동 제목	사진으로 만나는 우리
활동 목표	배우자와의 추억을 떠올리며 애도의 시간을 갖도록 돕는다.		
준비물	배우자와의 추억이 있는 사진, 풀, 가위, 4절지, 필기도구		

■ 활동 방법

① 4절지에 배우자와의 추억이 있는 사진을 붙이고, 그 사진에 대한 추억을 배우자에게 설명하듯 써본다.

② 그 밑에 같은 사진에 대한 배우자의 추억 내용을 배우자의 입장에서 예측해서 써본다.

③ 배우자에게 하고 싶은 말을 써본다.

④ 그 말에 대한 배우자의 답을 예측해서 써본다.

■ 활동 예시

나 : 이 사진은 우리가 새 집으로 이사 갔을 때, 당신과 함께 텃밭을 가꾸던 모습을 찍은 거야. 당신도 기억나지? 당신이 이때 좋아하는 모습을 보고 저게 뭐라고 저렇게 좋아하나 싶었는데, 당신이 좋아하니 나도 좋았어.

배우자 : 이 사진 속에 있는 당신과 나는 참 젊었고, 이날은 날씨도 참 좋았네. 참 예쁘고 눈부시다.

나 : 당신이 하고 싶다던 것들이 별것도 아닌데 많이 못 해줘서 미안해. 그게 한이 되네.

배우자 : 맞아, 당신이 나한테 더 잘 해줬으면 더 좋았겠지. 그래도 그만하면 나에게도 아이들한테도 최선을 다했어. 당신도 고생 많았잖아. 고마워. 먼저 가서 미안하지만, 그래도 이렇게 나를 잊지 않고 생각해 주면 좋겠어.

휴독서치료연구소 선정 2023년 2월의 문학작품

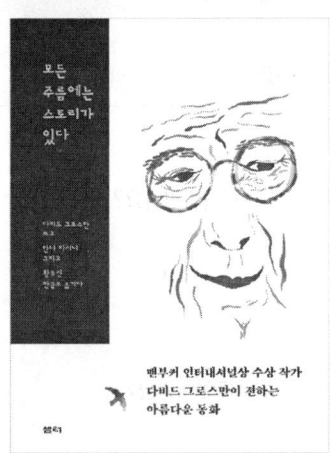

모든 주름에는 스토리가 있다

다비드 그로스만 글 | 안나 마시니 그림
황유진 옮김 | 샘터 | 2021

대상	노인
종류	도서

 소개

"할아버지, 얼굴의 주름은 어쩌다 생긴 거예요?" 주름 하나 없는 아이가 주름 많은 할아버지에게 질문을 한다. 누구도 던지지 않았던 질문에 노인은 생각에 잠겨, 주름에 걸려 있는 다양한 사연을 말한다. 어떤 주름은 나이 들어서, 어떤 주름은 가까운 이의 죽음, 또 어떤 주름은 사랑하는 이의 탄생 때문에 생긴 것으로, 주름에는 행복과 슬픔, 그리고 한 사람의 일생이 담겨 있다는 것을 말이다. 때가 되면 저절로 알게 되는 얼굴이 주름을 만드는 법에 대한 이야기이다.

 **독서치료적 적용**

나이가 들면 얼굴에 그 사람의 삶이 보인다고 한다. 삶의 궤적이 주름이라는 이름으로 얼굴에 새겨지기 때문일까? 사람의 '삶'이란 무엇일까? 그리고 '나이 듦'이란 어떻게 다가올까? 이 책은 행복한 일과 슬픈 일 등의 이야기를 담고 있는 주름들이 켜켜이 쌓여가는 게 인생이고, 그것을 거부하지 않고 관망할 수 있게 되는 것이 자연스러운 '나이 듦'이라고 말하는 듯하다. 반기지 않아도 찾아오는 나이와 거부해도 생기는 주름. 그런데 주름은 화나거나 슬플 때만 생기는 것이 아니다. 기쁘고 행복할 때도 생긴다는 사실을 놓친다. 주름은 웃음, 울음, 분노 등 인생에 다양한 궤적이 있을 때 생겨 각기 저마다의 무늬를 만들며 온몸 구석구석 새겨진다는 사실을 말이다. 내 주름을 통해 삶을 찬찬히 회고해 보고 '나이 듦'에 대한 생각 정리가 필요한 노인들에게 권하고 싶은 책이다.

발문

단계		내용
동일시	텍스트 수준	이 책의 내용 중 가장 인상적인 장면은 어디였나요?
	내담자 수준	그 장면이 가장 인상적이었던 이유는 무엇인가요?
카타르시스	텍스트 수준	주름이 어떻게 하다 생겼냐는 손자의 물음을 받은 노인은 어떤 기분이었을까요?
	내담자 수준	내가 처음으로 나의 주름을 인식한 날 기분은 어땠나요?
통찰	텍스트 수준	기쁘고 행복할 때도 주름이 생겼다고 말하는 할아버지는 주름을 어떻게 받아들이고 있나요?
	내담자 수준	나에게 있어 주름은 어떤 의미로 다가 올까요?
내 삶 적용		주름은 인상을 만들어요. 자주 짓는 표정은 주름을 만들지요. 나는 어떤 주름을 만들고 싶나요?

활동 소개

활동 종류	작문	활동 제목	나의 주름 이야기
활동 목표	내 주름의 역사를 알 수 있다.		
준비물	필기도구		

■ **활동 방법**

① '스토리' 단어는 '이야기'라는 뜻도 있지만 역사나 일대기라는 의미도 있음에 대해 알려준다.

② 나의 주름 중에서 언제 무슨 이유로 생겼는지 기억나는 것에 대해 내용을 적어본다.
  - 주름이 생겨난 연유, 그 주름을 발견했을 때의 나의 감정, 주름을 어떻게 하려고 했는지(숨기고 싶어서 했던 행동들, 또는 드러나게 하려고 했던 행동들), 그 주름으로 인한 나에게 생긴 변화나 감정 등을 자세하게 써본다.

③ 이야기 하는 주름을 삽화처럼 그림으로 표현이 가능하면 표현하기

④ 주름이 나이 듦을 상징하는 자국으로 보였는지, 성숙함을 나타나는 무늬로 보였는지 등의 발표 및 소감 나누기를 한다.

■ **활동 예시**

▶ 내 주름 이야기

- 소재 : 내 (   ) 주름에는 이런 이야기가 담겨 있다.

휴독서치료연구소 선정 2023년 4월의 문학작품

순례 씨

채소 글·그림 | 고래뱃속 | 2022

대상	노인
종류	도서

 ### 소개

한평생 농사를 지으며 자식들을 키운 순례 씨. 정 붙이며 살아온 남편을 먼저 떠나보내고 홀로 누워 오늘 밤에 가도 아쉬울 것이 하나 없다고 말하는 순례 씨. 그러나 해가 뜨면 순례 씨는 누구보다도 부지런하고 씩씩하게 하루를 시작한다. 한술 가득 밥을 먹고, 흰머리를 검게 물들이고, 거울을 보며 곱게 화장한다. 사람들과 어울려 운동하고, 함께 모여 드라마 이야기를 하고, 빨갛게 익은 고추를 따러 밭으로 향한다. "걸어야 혀. 숨길이 트이니께. 말을 해야 혀. 가슴이 뚫리니께." 이 그림책은 주어진 오늘의 삶을 부지런히 움직이며 채워가는 순례 씨의 건강한 일상을 통해 노년기 주도적이고 능동적인 삶의 태도에 대해 생각할 수 있도록 해주는 책이다.

 ### 독서치료적 적용

노년기 발달과업인 자아 통합은 지난 생애의 의미와 가치를 수용하고 만족하는 동시에 현재와 미래의 삶을 활기차게 이어가려는 삶의 태도가 형성되었을 때 비로소 이루어진다. 즉 활기찬 노후를 위한 다양한 사교활동, 운동, 자기 계발, 여가 활동, 생산적 활동 등의 적극적인 사회참여의 기회와 타인과의 상호작용을 통해 삶의 만족감이 높아지면서 노년기 심리적 안녕 상태에 도달하게 되는 것이다. 따라서 이 그림책은 노년기 삶의 사건이나 변화, 기존 역할 상실로 인해 고립감과 무력감을 호소하는 노인들에게 활기차고 성공적인 노후를 위한 삶의 준비와 태도에 대해 생각해 볼 수 있는 기회를 제공할 것이다.

발문

단계		내용
동일시	텍스트 수준	가장 마음에 와 닿은 부분은 어디인가요?
	내담자 수준	그 부분이 마음에 와 닿은 이유는 무엇인가요?
카타르시스	텍스트 수준	순례 씨가 홀로 누워 오늘 밤에 가도 아쉬울 것 하나 없다고 말할 때의 기분은 어땠을까요?
	내담자 수준	당신이 만약 주인공이라면 기분이 어땠을까요?
통찰	텍스트 수준	해가 뜨면 부지런하고 씩씩하게 하루를 시작하고, 주어진 오늘의 삶을 받아들이고 열심히 채워가는 순례 씨의 하루를 보며 어떤 생각이 들었나요?
	내담자 수준	이 작품을 읽고 나서, 생각이 달라진 점이 있나요?
내 삶 적용		당신도 이런 경험을 한 적이 있나요? 그럴 때 어떻게 했나요?

활동 소개

활동 종류	미술	활동 제목	건강하고 행복한 삶
활동 목표	일상을 돌아보고, 건강하고 행복한 노년의 삶을 위해 필요한 것을 인식하여 표현할 수 있다.		
준비물	신문 또는 잡지, 가위, 풀, 8절 도화지, 필기도구		

■ **활동 방법**

① 참여자는 일상을 돌아보고, 자신이 주로 하는 일, 만나는 사람, 중요한 일 등을 떠올려 다른 참여자들에게 소개한다.

② 건강하고 행복한 노년의 삶을 살기 위해 앞으로 자신이 준비해야 할 것, 해야 할 중요한 일이나 사람, 태도 등과 연관된 이미지나 글자를 잡지에서 골라 오린 후 도화지에 붙인다. 이미지를 설명하는 단어를 함께 적는다.

③ 참여자는 한 사람씩 차례로 돌아가며 자신이 이미지로 구상한 '건강하고 행복한 노년의 삶'을 소개한다.

④ 활동을 마친 후 소감을 나눈다.

■ **활동 예시**

휴독서치료연구소 선정 2023년 5월의 문학작품

나이가 들면 어때요?

베티나 옵레히트 글 | 율리 뷜크 그림
전은경 옮김 | 라임 | 2023

대상	노인
종류	도서

 ## 소개

"할머니, 나이가 들면 어때요?" 아이의 질문에 할머니는 "어릴 때랑 똑같지. 그냥 조금만 달라"라고, 어릴 때는 많이 웃고, 가끔 입맛에 맞지 않는 게 있고, 가끔 춤을 추고 싶어하고, 아직 할 수 없는 일들이 많아서 화가 나는 것처럼 나이가 들어도 마찬가지라고 공감을 해 준다. 그리고나서 할머니는 나이가 들면 이제는 더는 할 수 없는 일들 때문에 화가 나고, 더는 참을 필요가 없고, 그냥 웃게 되는 대답이 많아지고 옛 친구들이 자꾸 떠난다고 말한다. 과연 나이가 든다는 건 삶에 어떤 변화가 생기는 것일까?

 ## 독서치료적 적용

나이가 든다는 것은 무엇일까? 100세 시대로 접어든 현대 사회에서 어떻게 늙어갈 것인가에 대한 물음은 중요해지고 있다. 나이가 들어간다는 것에 대해 자신의 잃어버린 젊음을 한탄만 하고 있다면 스스로 자신을 가치가 없다고 생각하게 된다. 가수 조항조의 '나이가 든다는 건(2019)'이라는 노래에는 '나이가 든다는 건 조금도 솔직해지고 스스로 더 많이 관대해지면서 여물어 가는 것'이라고 표현한다. 그런 맥락에서 이 그림책은 할머니와 아이의 대화를 통해서 삶이란 누구에게나 똑같이 소중하다는 것을 깨닫게 하고, 주어진 순간순간들이 나이가 듦에 따라 어떻게 달리 보아야 할지 고민하는 노인에게 방법을 찾을 수 있도록 도와줄 것이다.

발문

단계		내용
동일시	텍스트 수준	이 책에서 가장 인상적인 장면은 무엇인가요?
	내담자 수준	그 부분이 가장 인상적인 이유는 무엇인가요?
카타르시스	텍스트 수준	할머니는 "나이가 들면 어때요?"라는 질문을 받았을 때 어떤 기분이었을까요?
	내담자 수준	만약 당신이 그러한 질문을 받는다면 어떤 기분일까요?
통찰	텍스트 수준	할머니가 나이 든 것과 어린 것은 비슷하다고 말한 이유는 무엇일까요?
	내담자 수준	할머니의 이야기를 통해 당신이 깨달은 점이 있나요?
내 삶 적용		당신의 남은 삶을 보다 의미 있는 삶으로 변화시키기 위해 할 수 있는 것이 무엇인지 생각해 보세요.

 **활동 소개**

활동 종류	작문	활동 제목	나의 버킷리스트
활동 목표	버킷리스트 작성을 통해 내가 하고 싶은 것이 무엇이며, 그 이유는 무엇인지에 대해 생각해 봄으로써 삶의 의미를 찾도록 돕는 데 목표가 있다.		
준비물	활동지, 필기도구, 브릿지톡 카드		

■ **활동 방법**

① 과거 젊은 시절에 내가 원했던 것은 무엇이었는지 이야기 나눈다.
② 당장은 하지 못 하지만 기회가 되면 내가 하고 싶은 일이 무엇인지 잠시 눈을 감고 생각해 보도록 한다.
③ 나를 위해 해 보고 싶은 것, 가족을 위해 해 보고 싶은 것, 이웃이나 사회를 위해 해 보고 싶은 것을 적어본다.
④ 브릿지톡 카드를 이용해 서로 피드백을 한다.

■ **활동 예시**

① 나를 위해 해 보고 싶은 것 : 꽃꽂이 배우기, 수영 배우기, 내 건강 지키기, 캠핑카 여행, 둘레길 걷기, 텃밭 가꾸기 등
② 가족을 위해 해 보고 싶은 것 : 가족과 함께 하는 제주도 여행, 일주일에 하루는 손주 보기, 스스로 식사 해결과 집안일 등
③ 이웃이나 사회를 위해 해 보고 싶은 것 : 사용하지 않는 콘센트 빼기, 쓰레기 줍기, 노인 돌보기(노노케어), 봉사 등

※ 브릿지톡 카드를 활용한 피드백 예시

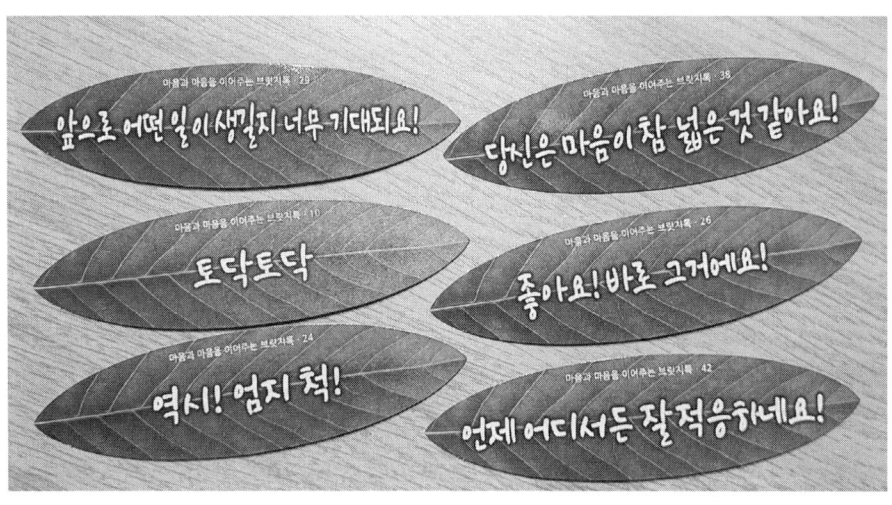

나의 버킷리스트

| 휴독서치료연구소 선정 2023년 9월의 문학작품 |

제자리를 찾습니다

막스 뒤코스 글·그림 | 이세진 옮김 | 국민서관 | 2023

대상	노인
종류	도서

 소개

옛날에 어떤 할아버지가 오랫동안 연못을 정성껏 가꾸고 돌보았다. 연못은 할아버지에게 소중한 친구였는데 땅 주인이 찾아와 내일 당장 연못을 가지고 떠나라고 말한다. 할아버지는 소중한 연못을 돗자리처럼 돌돌 말아 연못을 놓을 자리를 찾는다. 사람들은 연못에 관심을 보였지만 할아버지는 어디에도 연못을 놓아도 좋다는 말은 듣지 못한다. 쪼그라진 연못을 들고 할아버지는 기차를 타고 맨 끝 동네에서도 맨 끝 골목까지 가서 맨 끝 건물 교회 뒤 작은 정원을 찾아 연못을 놓으며 비가 오기를 기도한다. 비를 맞은 연못은 제 모습을 찾았고, 연못을 좋아하는 친절한 노부인을 만나 연못은 제자리를 찾았다는 이야기가 담긴 그림책이다.

 **독서치료적 적용**

노년기는 신체적 쇠퇴 및 은퇴에 따른 역할의 상실감 등으로 인해 다른 사람들과의 사회적 교류가 현저하게 줄어드는 시기이다. 사회적 장벽으로 인해 사회활동이 비자발적으로 감소하게 되고 자신의 자리를 찾지 못해 삶에 대한 만족도는 저하되며 방황하는 시간을 보내기도 한다. 이 도서는 자리를 찾기 위한 할아버지와 연못이 함께 겪게 되는 과정을 담고 있다. 그러한 과정은 자신의 자리를 찾기 위해 노력하고 있는 어르신들의 모습과도 닮아있다. 자신의 자리를 찾기 위해 애쓰고 있는 노인들에게 희망과 위안을 줄 것이다.

발문

단계		내용
동일시	텍스트 수준	가장 마음에 와 닿은 장면은 어디인가요?
	내담자 수준	그 장면이 마음에 와 닿은 이유는 무엇인가요?
카타르시스	텍스트 수준	연못의 자리를 찾지 못하고 이곳저곳을 떠돌 때, 할아버지는 어떤 기분이었을까요?
	내담자 수준	만약 내가 할아버지였다면 어떤 기분을 느꼈을까요?
통찰	텍스트 수준	할아버지에게 연못의 자리는 어떤 의미일까요?
	내담자 수준	제자리를 찾는 할아버지의 모습을 보면서 달라진 생각이나 깨달은 점이 있나요?
내 삶 적용		제자리를 찾으려 했던 경험이 있나요?

활동 소개

활동 종류	놀이, 이야기 나누기	활동 제목	○○야, 잘했어!
활동 목표	제자리를 찾기 위해 애썼던 나에게 칭찬하기		
준비물	이야기 카드		

■ 활동 방법

① 이야기 카드(休독서치료연구소)의 구성물 중 필요 선물 세트를 참여자들에게 준다.

② 21개의 선물 중 나에게 주고 싶은 선물을 선택하도록 한다.

③ 그 선물을 고른 이유를 설명하도록 한다.

④ 참여자가 고른 선물에 대한 설명을 들은 후, "○○야, 잘했어!"라고 큰 소리로 자신에게 칭찬을 할 수 있도록 한다.

■ 활동 예시

휴독서치료연구소 선정 2023년 10월의 문학작품

시간 계단

마스다 미리 글 | 히라사와 잇페이 그림
김수정 옮김 | 키위북스 | 2021

대상	노인
종류	도서

 소개

주인공 꼬마 오달이는 오징어 기차를 타고 조부모를 만나러 왔다. 밖에서 더 놀자고 떼써도 다 받아주시는 다정한 분들. 그들은 그렇게 놀다가 한 번도 본 적 없는 긴 계단을 발견한다. 오달이가 앞장서 내려가고, 조부모가 뒤따라 내려가는데 조금씩 젊어져 어려지는 것이 아닌가? 오달이는 친구가 생긴 것만 같아 너무나 기쁘다. 어려진 조부모가 오달이 만큼 쌩쌩해져 마음껏 놀아 주니 말이다. 시간을 거스르고 나이를 뛰어넘어 신나는 모험을 즐긴 셋은 과연 무사히 집으로 돌아갈 수 있을까? 할아버지, 할머니는 과연 시간을 다시 되돌리고 싶을까?

 독서치료적 적용

'다시 젊어질 수 있다면…', '시간을 되돌릴 수만 있다면…' 등의 생각을 자주 하는 노인들이 있다. 이는 지나간 시간에 대한 아쉬움과 현재에 대한 만족도가 낮기 때문일 텐데, 그 때나 지금이나 '나 자신'임에는 틀림이 없다. 이 그림책에는 손자로 인해 다시 어린 시절로 돌아갈 수 있었던 할머니와 할아버지가 등장한다. 시간의 계단을 내려가 젊음을 생생하게 느꼈던 그들은, "정말 할머니 할아버지로 돌아가도 괜찮겠어요?"라는 손자의 질문에, "당연하지. 늙는다는 게 그렇게 슬퍼할 일은 아니란다.", "그렇고말고, 할머니 모습 역시도 나 자신이니까."라고 답하며 계단 오르기를 선택한다. 따라서 이 그림책은 살아낸 모든 시기의 '나'에 대해 생각해 보고 싶은 노인들에게 권하고 싶다.

발문

단계		내용
동일시	텍스트 수준	이 책에서 가장 기억에 남는 장면은 어디인가요?
	내담자 수준	그 장면이 가장 기억에 남는 이유는 무엇인가요?
카타르시스	텍스트 수준	계단을 내려갈 때 마다 할아버지와 할머니는 젊어졌습니다. 할아버지와 할머니의 기분은 어땠을까요?
	내담자 수준	나도 책속 주인공처럼 다시 젊어진다면 어떤 기분일까요?
통찰	텍스트 수준	시간계단을 올라가면 다시 늙어지는데도 할아버지와 할머니는 괜찮다고 하셨습니다. 진짜 괜찮았을까요?
	내담자 수준	젊어도 늙어도 장애가 있어도 그 어떤 모습이든 나를, 나는 사랑할 수 있을까요?
내 삶 적용		지나온 '나'가 모여 지금의 '나'가 되었습니다. 앞으로의 '나'는 어떤 삶을 사는 사람이 될까요?

 **활동 소개**

활동 종류	미술	활동 제목	사진 액자 만들기
활동 목표	지나온 삶을 반추해 본다.		
준비물	A4 하드보드지, 노란 종이테이프, 빵 끈, 투명테이프, 가위, 개인 사진, 필기도구		

■ **활동 방법**

① 10대, 20대, 30대, 40대, 50대, 60대등의 나의 사진을 준비한다.

② A4 하드보드지에 적절한 위치에 사진을 붙인다.

③ 노란 종이테이프로 테두리를 마무리하여 액자 형식으로 만든다.

④ 뒷면에 빵 끈을 고리형식으로 만들어 투명테이프로 붙여서 벽에 걸 수 있는 형식으로 만든다.
(뒷면에 하드보드지를 대서 기댈 수 있게 하는 방식도 있음)

⑤ 액자를 만든 후 나에 대해서 발표하기

  예) 10대의 나의 미숙했던 점들 좀 더 나아진 20대
  발전해가던 30대, 성숙해짐을 느껴가던 40대,
  힘이 부침을 느끼던 50대 등등 변화하는 나를 발표한다.
  그리고 남은 삶을 어떻게 살 것인지 등도 발표하면서 이 작업 하면서 느꼈던 감정 등 소감도 나누기를 한다.

■ **활동 예시**

▶ 사진 액자 만들기

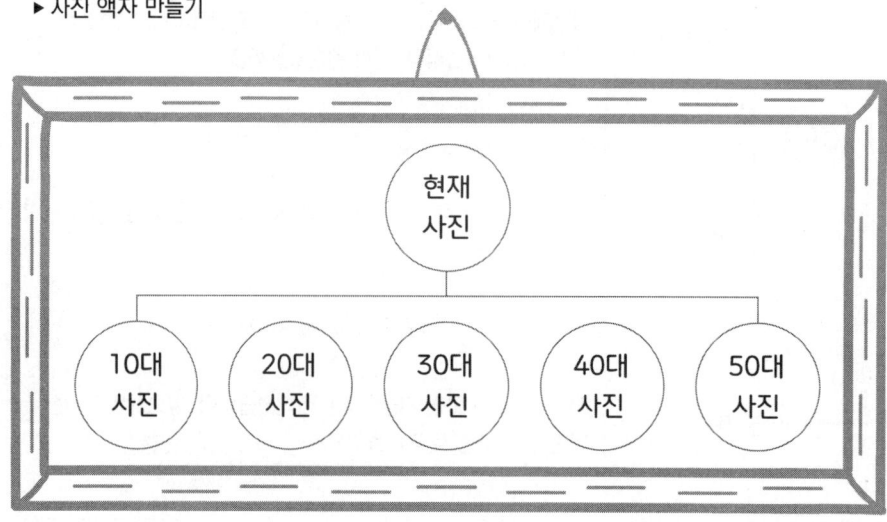

> 휴독서치료연구소 선정 2023년 11월의 문학작품

주름 때문이야

서영 글·그림 | 다그림책 | 2023

대상	노인
종류	도서

 ### 소개

주인공 멋진 씨는 매일 아침 산책을 하며 이웃들과 인사를 나누는 걸 좋아한다. 그러던 어느 날, 시력이 나빠져 안경을 맞추게 된 멋진 씨는 거울 속에 비친 자신의 얼굴에 주름이 가득하다는 사실을 발견한다. 큰 충격을 받은 멋진 씨는 주름이 많다는 사실을 사람들에게 들키고 싶지 않아 주름을 없앨 수 있다는 방법을 모두 시도해 본다. 하지만 잠을 설친 탓인지 주름은 어제보다 더 깊어지기만 한 것 같고 사람들이 모두 자신의 주름만 쳐다보는 것 같았다. 멋진 씨의 평범했던 일상이 괴롭고 불행하다고 느껴지는 건 정말 주름 때문일까?

 ### 독서치료적 적용

연령이 증가하면서 피부 탄력이 감소하고 주름이 생기는 것은 자연스러운 현상이다. 인간은 누구나 늙어가고 언젠가는 노인이 된다. 그러나 노년기의 자연스러운 신체 노화에 대해 민감하게 반응할 경우 대인기피, 우울증, 건강염려증 등으로 발전하기도 하며 스스로 병을 만들 수 있다. 이 책은 심리치료사와 노인들에게 노년기를 맞이하는 노인이 스스로를 어떻게 바라보고 어떤 삶을 살아갈지에 대해 깊이 고민해 볼 수 있는 기회를 제공할 것이다.

발문

단계		내용
동일시	텍스트 수준	어느 장면이 가장 마음에 와 닿았나요?
	내담자 수준	왜 그 장면이 가장 마음에 와 닿았나요?
카타르시스	텍스트 수준	멋진 씨가 자신의 얼굴이 온통 주름투성이라는 걸 알았을 때 기분이 어땠을까요?
	내담자 수준	당신이 만약 그 상황에 처했다면 기분이 어땠을까요?
통찰	텍스트 수준	멋진 씨가 주름을 가리지 않아도 된 이유는 무엇일까요?
	내담자 수준	이 그림책을 읽고 나서 생각이 달라진 점이나 새롭게 알게 된 점이 있나요?
내 삶 적용		여러분도 멋진 씨처럼 자신의 모습을 감추고 싶거나 마음에 들지 않는다고 생각한 적이 있었나요? 그럴 때 어떻게 했었나요?

 **활동 소개**

활동 종류	작문	활동 제목	내가 좋아하는 내 모습
활동 목표	있는 그대로의 내 모습을 수용하고 사랑할 수 있다.		
준비물	포스트잇, 활동지, 필기도구		

■ **활동 방법**

① 집단원을 4명씩 한 모둠으로 만들고 필기도구와 포스트잇을 나눠준다.

② 각 모둠은 나이 듦이 좋은 이유에 대해 브레인스토밍 방식으로 의견을 내놓는다. 브레인스토밍은 3인 이상이 모여 자유롭게 아이디어를 내놓은 방식이다. 강압적이지 않고 자유로운 분위기에서 좋고 나쁨을 판단하지 않고 생각나는 대로 많은 아이디어를 만든다. 포스트잇 하나에 아이디어 하나씩을 적도록 한다.

③ 브레인스토밍이 끝나면 모둠별로 완성된 아이디어를 발표하며 포스트잇을 칠판에 붙인다. 치료사는 모든 모둠 발표가 끝나면 발표한 내용에서 중복성이 높거나 가치가 없는 것은 제거하고 정리한다.

④ 최종적으로 얻은 결과는 집단원들이 볼 수 있게 칠판에 게시한다.

⑤ 게시된 내용을 바탕으로 활동지에 나이 듦에 대해 받아들일 수 있는 것들을 정리한다.

⑥ 정리된 활동지는 집단원들에게 발표하고 소감을 나눈다.

■ **활동 예시**

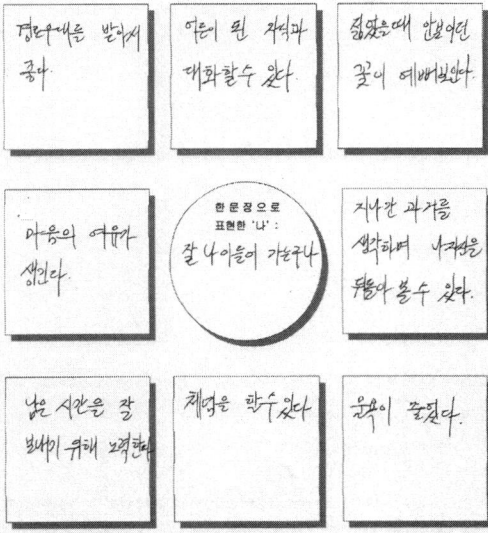

내가 좋아하는 내 모습

나이 듦이 좋은 이유에 대해 브레인스토밍을 통해 얻은 내용 중에서 자신이 받아들일 수 있는 점을 한 칸에 하나씩 적는다. 적은 내용을 바탕으로 '나'에 대해 문장으로 표현해 보세요.

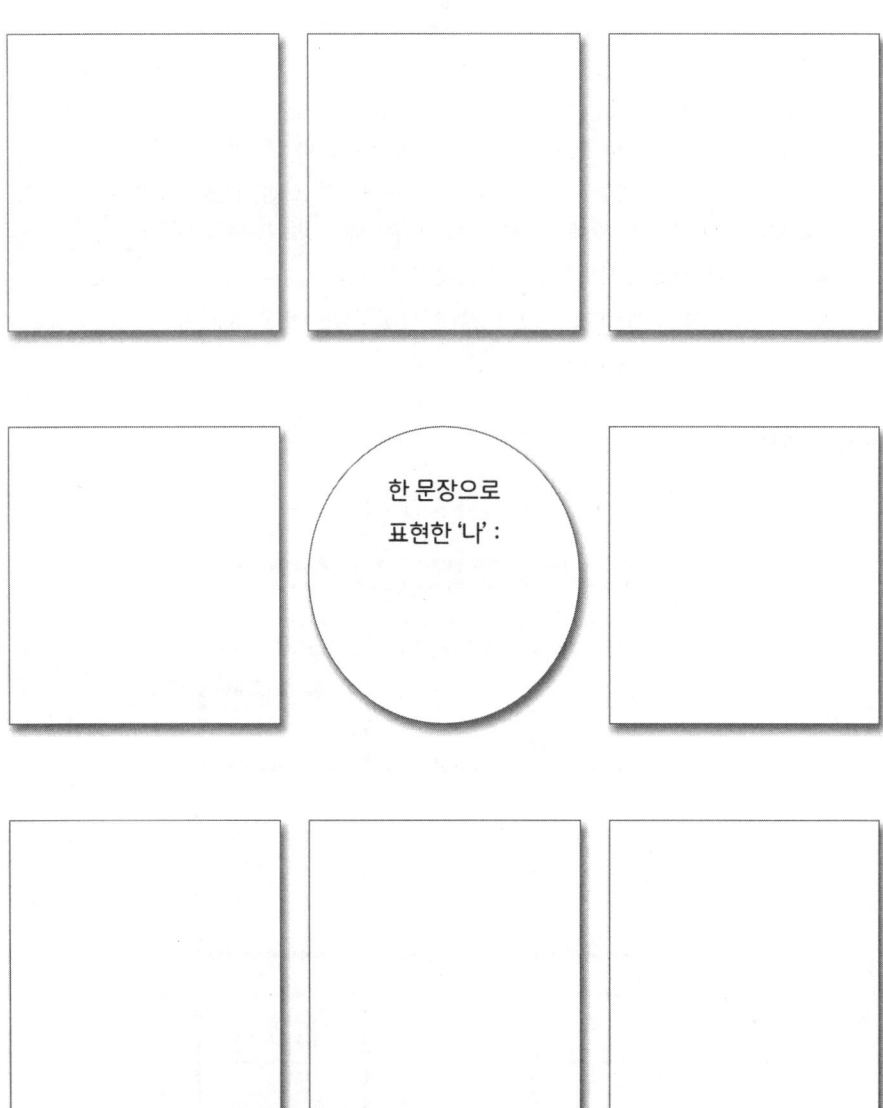

마음을 다스리는 그림책 읽기와 활동

마치며

마음을 다스리는 그림책 읽기와 활동

휴독서치료연구소는 2004년 2월에 설립되었다. 따라서 어느덧 20년 넘게 운영된 기관이 되었는데, 그동안 우리나라 독서치료 발전을 위해 많은 노력을 해왔다고 자부한다. 특히 우리 실정에 맞는 대상별 독서치료 프로그램을 개발하고, 여러 현장에 적용하여 효과를 검증했으며, 그 결과를 책이나 연구논문으로 발표하는 등의 성과는 타의 추종을 불허한다.

이 책도 그런 결과 중 하나로, '치료 대상에게 알맞은 문학작품 선정'-'발문을 바탕으로 이야기 나누기'-'표현을 돕는 활동하기'라는 독서치료에서의 3단계 상호작용을 어떻게 해야 하는가에 대해, 경험을 바탕으로 정리해 제시했다. 따라서 현장에서 독서치료를 실천하고 있는 전문 치료사들은 물론이고, 자가 치료가 필요한 사람들에게도 스스로 적용해 볼 수 있는 방안이 될 것이다.

독서치료의 힘을 믿고 묵묵히 연구 및 치료 활동을 실천하고 계신 휴독서치료연구소의 모든 선생님들께 존경의 마음을 전한다.

집필진 일동

부록

대상별 그림책 목록

1절 아동편

순	제목	저자	출판사	출간연도
1	나는 날 수 있어!	피피 쿠오 지음, 문혜진 옮김	보림	2020
2	내가 잘하는 건 뭘까	구스노키 시게노리 글, 이시이 기요타카 그림, 김보나 옮김	북뱅크	2020
3	위대한 깨달음	토모스 로버츠 글, 노모코 그림, 이현아 옮김	키다리	2020
4	나는 가끔 화가 나요!	칼레 스텐벡 글·그림, 허서윤 옮김	머스트비	2020
5	무지개 마을로 오세요!	에미 스미드 지음, 윤지원 옮김	지양사	2021
6	마음샘	조수경 글·그림	한솔수북	2017
7	감정 지도	빔바 란트만 글·그림, 김지연 옮김	꿈터	2020
8	나는 강물처럼 말해요	조던 스콧 글, 시드니 스미스 그림, 김지은 옮김	책읽는곰	2021
9	끼인 날	김고은 글·그림	천개의 바람	2021
10	어려워	라울 니에토 구리디 글·그림, 문주선 옮김	미디어창비	2021
11	내 마음 ㅅㅅㅎ	김지영 글·그림	사계절	2021
12	잊었던 용기	휘리 글·그림	창비	2022
13	두근두근 편의점	김영진 글·그림	책읽는곰	2022
14	이 선을 넘지 말아 줄래?	백혜영 글·그림	한울림어린이	2022
15	진짜 내 소원	이선미 글·그림	글로연	2020
16	반려 용 팝니다	안영은 글, 지은 그림	후즈갓마이테일	2023
17	좋아, 싫어 대신 뭐라고 말하지?	송현지 지음, 순두부 그림	이야기공간	2023
18	빨간 마음	최정아 글, 이유승 그림	코이북스	2023
19	착한 달걀	조리 존 글, 피트 오즈월드 그림, 김경희 옮김	길벗어린이	2022
20	무대 위로! 어서!	스테파니 보이어 글, 엘리사 곤잘레스 그림, 박재연 옮김	노는날	2023

2절 청소년편

순	제목	저자	출판사	출간연도
1	나의 구석	조오 글·그림	웅진주니어	2020
2	이름 없는 고양이	다케시타 후미코 글, 마치다 나오코 그림, 고향옥 옮김	살림	2020
3	똑, 딱	에스텔 비용-스파뇰 글·그림, 최혜진 옮김	여유당	2018
4	다 같은 나무인 줄 알았어	김선남 지음	그림책공작소	2021
5	다른 사람들	미안 글·그림	고래뱃속	2019
6	두려워하지 마, 나무야	로렌 롱 글·그림, 윤정숙 옮김	봄의정원	2016
7	순간 수집가	크빈트 부흐홀츠 글·그림, 이옥용 옮김	보물창고	2021
8	키오스크	아네테 멜레세 글·그림, 김서정 옮김	미래아이 (미래M&B)	2021
9	내 이름은… 라울	앙젤리크 빌뇌브 지음, 마르타 오르젤 그림, 정순 옮김	나무말미	2022
10	핑!	아니 카스티요 글·그림, 박소연 옮김	달리	2020
11	나와 다른 너에게	티모테 르 벨 글·그림, 이세진 옮김	책읽는곰	2022
12	나쁜 아이, 루치뇰로	로사리오 에스포지토 라 로싸 글, 빈첸조 델 베키오 그림, 황지영 옮김	작은코도마뱀	2022
13	나	조수경 글·그림	한솔수북	2018
14	숨고 싶은 아이	호세리네 뻬레즈 가야르도 글·그림, 공여진 옮김	산지니	2021
15	왼손에게	한지원 지음	사계절	2022
16	우리는 지금도 친구일까?	조은영 글·그림	사계절	2022
17	이게 바로 나야	라켈 디아스 레게라 지음, 정지완 옮김	썬더키즈	2020
18	틈만 나면	이순옥 글·그림	길벗어린이	2023
19	내겐 너무 무거운	노에미 볼라 지음, 홍한결 옮김	단추	2020
20	욕	김유강 글·그림	오올	2023

성인편

순	제목	저자	출판사	출간연도
1	당신은 빛나고 있어요	에런 베커 지음, 루시드 폴 옮김	웅진주니어	2019
2	메두사 엄마	키티 크라우더 지음, 김영미 옮김	논장	2018
3	스트레스 티라노	김유강 글·그림	오올	2020
4	내 안에 내가 있다	알렉스 쿠소 글, 키티 크라우더 그림, 신혜은 옮김	바람의아이들	2020
5	함께	루크 아담 호커 지음, 김지연 옮김	BARN	2021
6	엄마 도감	권정민 글·그림	웅진주니어	2021
7	나는 너는	김경신 글·그림	글로연	2021
8	우리는 안녕	박준 글, 김한나 그림	난다	2021
9	엄마가 그랬어	야엘 프랑켈 지음, 문주선 옮김	모래알	2022
10	고양이와 결혼한 쥐에게 일어난 일	아나 크리스티나 에레로스 글, 비올레타 로피스 그림, 정원정·박서영 옮김	오후의소묘	2021
11	너는 나의 모든 계절이야	유혜율 글, 이수연 그림	후즈갓마이테일	2022
12	내 차를 운전하기 위해서는	채인선 글, 박현주 그림	논장	2021
13	나의 아기 오리에게 : 삶을 더욱 반짝이게 하려면	코비 야마다 글, 찰스 산토소 그림, 김여진 옮김	상상의힘	2022
14	동행	우유수염 글·그림	단비어린이	2022
15	엄마, 우리는 왜 울어요?	프란 핀타데라 글, 아나 센데르 그림, 김정하 옮김	그린북	2020
16	나는…	엘리스 월크 글·그림, 이경혜 옮김	문학과지성사	2023
17	인생이라는 이름의 영화관	지미 리아오 글·그림, 문현선 옮김	대교북스주니어	2021
18	오늘 상회	한라경 글, 김유진 그림	노란상상	2021
19	벽 타는 아이	최민지 글·그림	모든요일그림책	2023
20	금쪽같은 우리 오리	이지 글·그림	바이시클	2022

4절 노인편

순	제목	저자	출판사	출간연도
1	어느 늙은 산양 이야기	고정순 글·그림	만만한책방	2020
2	오늘도 기다립니다	정혜경 글·그림	한울림어린이	2020
3	선물이 툭!	김도아 지음	파란자전거	2021
4	인생은 지금	다비드 칼리 지음, 정원정·박서영 옮김	오후의 소묘	2021
5	끝의 아름다움	알프레도 코렐라 지음, 이현경 옮김	소원나무	2021
6	푸른 빛의 소녀가 : 박노해 시 그림책	박노해 글, 카지미르 말레비치 그림	느린걸음	2020
7	결코 늦지 않았다	신현수 글, 오희령 그림	백화만발	2020
8	삶의 모든 색	라사 아이사토 글·그림, 김지은 옮김	길벗어린이	2021
9	지금이 딱 좋아	하수정 글·그림	웅진주니어	2022
10	할머니의 저녁 식사	M. B. 고프스타인 글·그림, 이수지 옮김	미디어창비	2021
11	나는 한때	지우 글·그림	반달	2021
12	옥춘당	고정순 글·그림	길벗어린이	2022
13	백살공주 꽃대할배	박일례 글·그림	출판놀이	2021
14	당신과 함께	잔디어 글·그림, 정세경 옮김	다림	2019
15	모든 주름에는 스토리가 있다	다비드 그로스만 글, 안나 마시니 그림, 황유진 옮김	샘터	2021
16	순례 씨	채소 글·그림	고래뱃속	2022
17	나이가 들면 어때요?	베티나 옵레히트 글, 율리 퓔크 그림, 전은경 옮김	라임	2023
18	제자리를 찾습니다	막스 뒤코스 글·그림, 이세진 옮김	국민서관	2023
19	시간 계단	마스다 미리 글, 히라사와 잇페이 그림, 김수정 옮김	키위북스	2021
20	주름 때문이야	서영 글·그림	다그림책	2023

마음을 다스리는
그림책 읽기와 활동

초판인쇄 2024년 06월 14일
초판발행 2024년 06월 21일
저   자 임성관·민경애·홍경심·김은하·이연실·이현정
         이환주·오순열·전영실
발 행 인 권호순
발 행 처 시간의물레
등   록 2004년 6월 5일
주   소 경기도 파주시 숲속노을로 150, 708-701
전   화 031-945-3867
팩   스 031-945-3868
전자우편 timeofr@naver.com
블 로 그 http://blog.naver.com/mulretime
홈페이지 http://www.mulretime.com
I S B N 978-89-6511-462-8 (93020)
정   가 25,000원

* 이 책의 저작권은 저자에게 출판권은 시간의물레에 있습니다.
* 잘못된 책은 바꿔드립니다.